英国 西班牙王位继承战争（1701~1714）法国 ··▸ 沙俄 北方战争（1700~1721）瑞典

- 宗教改革
- 海洋的国家战略取向
- 君主立宪制

- 彼得一世的全方位改革
- 叶卡捷琳娜二世的对外征服

德国 普法战争（1870~1871）法国 ··▸ 日本 日俄战争（1904~1905）沙俄

- 关税同盟
- 铁路网
- 参谋本部

- 明治维新
- 甲午战争

大国崛起路线图

The Roadmap of the Rise of the Great Powers

荷兰 —— 八十年战争（1568~1648）—— **西班牙** →
- 海洋经济
- 商业资本主义
- 莫里斯的军事改革
- 代议制政府

法国 —— 三十年战争（1618~1648）—— **西班牙** →
- 平定贵族叛乱
- 君主专制制度
- 资本主义工商业
- 强大的职业常备军

普鲁士 —— 七年战争（1756~1763）—— **奥地利** →
- 职业常备军
- 腓特烈二世的改革

英国 —— 拿破仑战争（1803~1815）—— **法国** →
- 海外扩张
- 工业革命

美国 —— 第一次世界大战（1914~1918）—— **同盟国** →
- 1787 年宪法
- 西进运动
- 南北战争

苏联 ——（1939~1945）—— **德国**
- 社会主义工业化

WAR AND RISE OF GREAT POWERS

战争与大国崛起

邵永灵◎著

辽宁人民出版社

图书在版编目（CIP）数据

战争与大国崛起 / 邵永灵著. —沈阳：辽宁人民出版社，2015.1（2023.1重印）
ISBN 978-7-205-08167-6

Ⅰ. ①战… Ⅱ. ①邵… Ⅲ. ①战争史—研究—世界 ②发展战略—研究—中国 Ⅳ. ①E19 ②D60

中国版本图书馆 CIP 数据核字（2014）第293793号

出版发行：辽宁人民出版社
地址：沈阳市和平区十一纬路 25 号　邮编：110003
电话：024-23284321（邮　购）　024-23284324（发行部）
传真：024-23284191（发行部）　024-23284304（办公室）
http://www.lnpph.com.cn
印　　刷：辽宁新华印务有限公司
幅面尺寸：170mm × 240mm
印　　张：17.5
插　　页：1
字　　数：230千字
出版时间：2015 年 1 月第 1 版
印刷时间：2023 年 1 月第 7 次印刷
责任编辑：张天恒
装帧设计：先知传媒
责任校对：吴艳杰　耿　珺
书　　号：ISBN 978-7-205-08167-6
定　　价：58.00元

Preface | 自序·

大国好还是小国好通常是一个在哲学上可以讨论而在现实中却往往无法选择的问题。古往今来，推崇和向往小国的不乏其人。我国古代哲学家老子就是“小国寡民”的提倡者。他在《道德经》第八十章《小国寡民》中这样写道:“使民有什伯之器而不用，使民重死而不远徙。虽有舟舆，无所乘之。虽有甲兵，无所陈之。使民复结绳而用之。甘其食，美其服，安其居，乐其俗。邻国相望，鸡犬之声相闻，民至老死不相往来。”就连法国伟大的历史学家、政治家托克维尔也指出:“尽管道德和文化水平不同，小国一般都比大国容易谋生和安居乐业。”的确，从理论上说，小国是幸福的，因为国家小，统治者就很难有太大的野心，因此不会将资源浪费在追求荣誉上，而对荣誉的追求，在几千年的人类文明史上造就了累累白骨，使无数的财富和文明成果化为灰烬。

但是，国家定位又总是无法选择的。且不说作为其基础的国土规模、人口数量、资源多寡及地理位置是与生俱来或难以更改的，就生长于竞争激烈、弱肉强食的近代国际体系的每一个国家而言，如果没有大国的身份（特指具备客观条件的国家），似乎很难有国家的繁荣与生存。托克维尔在指出小国幸福的同时，更强调了大国的好处和必要性。他认为，“大国的存在为国家繁荣提供了一个新的因素，即力量”。因此，“小国之所以往往贫困，绝不是因为它小，而是因为它弱。大国之所以繁荣，绝不是因为它大，而是因为它强”。而且，“在大国，由于领土辽阔，所以即使战祸连绵，也能使人民群众少受灾难”。从另一方面看，黑格尔所说的个人寻求承认的欲望也体现在国家身上。作为国际体系的一员，国家就像个人在社会中所做的那样，渴望荣耀与成功，希望能名垂青史。寻求承认的斗争既是个人行为，也是国家行为。

所以，一个意料之中的结果就是，几乎稍有条件的国家都会奔着大国地位而去，大国的兴衰与浮沉成为近代以来世界历史最为引人注目的现象，而与之相伴的连绵不断的战争似乎也就成为大国崛起的不二法门。

当然，大国的崛起并非易事，有成功的，就必然有失意和失败的。从中世纪晚期开始，波兰就是欧洲的大国，但至18世纪末终被俄普奥三国瓜分殆尽；中世纪欧洲盛极一时的神圣罗马帝国在进入近代之后也沦为一盘散沙；至于说曾经辉煌的大帝国——奥斯曼帝国、中华帝国，在19世纪更是遭受了彻底失败和被掠夺、被瓜分的命运。而对那些成功者来说，其秘诀不外乎拥有了天时、地利、人和三项条件，换句话说，就是由正确的人在正确的时间和正确的地点做了正确的事。所谓天时就是机遇，即正确的时间。机遇是转瞬即逝的或时过境迁的，每个大国在崛起时几乎都抓住了某种机遇，如大航海时代的贸易与殖民机遇、工业革命时代的经济发展机遇以及被迫开国后的改革机遇等；所谓地利就是有利的地理位置和地缘环境，即正确的地点。保罗·肯尼迪在论述近代早期影响一国国运或者说国际竞争能力的因素时特别强调了两点：财政与地缘政治。他非常推崇所谓的侧翼大国，如英国、俄国、美国、日本等。这些国家进可攻、退可守，既可以避免对国际事务不必要的卷入，又能使国家战略选择相对简单化。所谓人和就是要有英明的领导人或统治精英群体，即有正确的人做正确的事。纵观各个崛起的大国，在国家的关键时刻无一不涌现出一个或若干杰出人物，由他们引领国家走向正确方向，如英国的资产阶级新贵族，沙皇俄国的彼得大帝，法国的亨利四世和路易十四，德国的俾斯麦，等等。

不可否认，以上种种天时、地利、人和最终又是通过战场的较量，以血与火的形式将一国推向大国宝座的，大国的崛起与战争之间就这样建立起某种似乎是不解的渊源与必然的联系。至少，这是第二次世界大战之前人类历史给予我们的“启示”。

接下来，我们的话题很自然要转向中国。

无论从哪个角度看，在当下的中国，大国崛起都已经是事实而非未来愿景——如果作为世界第二大经济体的国家还不算大国，那还有谁能算是大国呢？但是，中国的崛起如果用更高的标准来要求——譬如说中华民族的伟大复兴或者说中国梦，现实与理想之间显然还存在不小的差距。毕竟，中国此时仍是一个发展中国家的身份，人均 GDP 和科研创新能力还有待提升；中国的软实力仍不够强大。

回顾过去，如果说中国已经完成了大国崛起的 1.0 版本，那么下一步就是向 2.0 版本迈进。这两个版本之间的差异，用著名学者许纪霖的话说，就是“富强的崛起”与“文明的崛起”的区别，前者指的是以 GDP 为核心的一组统计数据，即所谓“民富国强”，是综合国力的展现；而后者则是一种文明价值与制度体系，是人类历史演化中新的生存方式和意义系统的诞生。中国作为一个文明大国，曾经向人类贡献了影响至今的轴心文明——儒家文明，显然，中国的崛起决不能止步于“富强”，而必须要走向“文明”。

那么中国将走向何种文明？毫无疑问，它既不是与西方对着干的封闭式文明，也不是对西方文明的简单模仿和追随。中国需要的是在世界文明之内走自己的道路，通过在融合主流价值的基础上发展自身文明的独特性，从而扩展普世文明的内涵。

这样的崛起对中国来说任重而道远。

然而，问题并没有结束，还有一个似乎更大的悬念摆在中国面前：以和平方式实现了“富强的崛起”的中国，还依然能够不通过战争达到“文明的崛起”吗？中国能否终结大国崛起必须以战争来完成的魔咒？

这又一个巨大的考验。

希望《战争与大国崛起》一书能够为回答上述问题提供有益思考与启发。

2014年12月22日，武汉

Catalogue | 目 录·

自 序 ·001

第一章 大国、崛起与战争 ·001

一、什么是大国？谁是大国？ ·005

二、战争形态的演进 ·010

三、何为崛起？ ·017

第二章 八十年战争与荷兰的崛起 ·023

一、低地——欧洲的富饶之地 ·026

二、八十年战争与莫里斯亲王的军事改革 ·030

三、在战火中崛起的海权帝国 ·036

第三章 三十年战争与法国的崛起 ·041

一、冲破哈布斯堡家族的包围 ·045

二、确立君主专制制度 ·048
三、三十年战争与法国大国地位的最终确立 ·053
四、“太阳”照耀欧洲 ·059

第四章　西班牙王位继承战争与英国的崛起 ·065

一、都铎王朝统治下的英国 ·071
二、共和国时期的海权建设 ·079
三、君主立宪制的确立 ·082
四、西班牙王位继承战争及其国际影响 ·089

第五章　北方战争与俄国的崛起 ·097

一、彼得大帝的改革 ·101
二、军事天才查理十二 ·106
三、波尔塔瓦大捷与《尼斯塔特和约》 ·108
四、叶卡捷琳娜二世与俄大国地位的巩固 ·111

第六章　七年战争与普鲁士的崛起 ·117

一、普鲁士的前世今生 ·121
二、奥地利王位继承战争 ·125

三、七年战争与普鲁士的崛起 ·129
四、全能的“腓特烈大帝” ·134

第七章　拿破仑战争与英国世界霸权的确立 ·139

一、18 世纪的英国 ·143
二、工业革命 1.0 ·147
三、法国大革命与拿破仑战争 ·151
四、开启新时代——不列颠治下的和平 ·160

第八章　普法战争与德国的崛起 ·167

一、拿破仑战争之后的普鲁士 ·172
二、铁血宰相俾斯麦与走向统一的德国 ·177
三、普法战争与德意志第二帝国的建立 ·182
四、一个全新的德意志 ·188

第九章　日俄战争与日本的崛起 ·193

一、被迫开国与变法图新 ·197
二、甲午战争——从亚洲脱颖而出 ·202
三、日俄战争——非西方国家对西方的首次胜利 ·207
四、日俄战争的影响 ·211

第十章　第一次世界大战与美国的崛起 ·215

一、得天独厚的强国之路 ·220

二、走向战争的欧洲 ·226

三、一场全新的战争 ·232

四、重建欧洲秩序的凡尔赛体制 ·238

第十一章　第二次世界大战与苏联的崛起 ·243

一、在废墟上起步 ·247

二、一个工业强国的诞生 ·248

三、第二次世界大战爆发 ·252

四、两极世界的到来 ·258

结束语　21 世纪的大国崛起之路 ·265

Chapter Ⅰ

Great Powers, Rise and War

第一章

大国、崛起与战争

什么是大国？历史上有哪些国家可以称之为大国？近代以来战争的形态经历了怎样的演进？大国崛起的内涵是什么？大国崛起为什么要以战争的方式完成？

2014年10月，当中国人从“黄金周”假期休假回来后，突然发现自己即将成为全球GDP第一国家的公民。10月7日，国际货币基金组织（IMF）发布2014年10月号《世界经济展望》，该报告显示，2014年美国GDP将是17.416万亿美元，中国GDP将达17.632万亿美元。这意味着，中国将超越美国，成为世界第一大经济体。这是自从1872年美国成为世界头号经济体至今，首次在购买力水平衡量的GDP上落后于另一国家。

无独有偶，世界银行也进行了类似统计，显示以购买力平价计算，中国经济规模将在2014年10月10日超过美国。

对于中国经济规模此次“第一”，各界人士几乎均表示“要淡定”。大部分普通民众也认为，这个“第一”与实际感受“有出入”。

而媒体给出的标题则是：中国经济又“被第一”了。

对购买力平价这一衡量经济规模的标准存在质疑只是问题的一个方面。几乎所有人都认为，即便中国名义GDP超过美国，也不能说明什么——中国GDP总量超越美国，只是时间问题，这在学界不是秘密。

首先，英国和美国成为世界第一大经济体的时候，人均收入也达到世界前沿水平。而在人均GDP方面，中国跟美国的差距可能是50年或70年。2013年世界各国GDP的排名，虽然中国位居第二，但按人均算，中国GDP远远排在了第九十九位；而以人均收入而论，2013年中国人均收入6629美元，不仅低于世界平均水平，也被甩在了一些名不见经传的国家之后。看着这样的清单，我们又如何能领受GDP“世界第一”这份“殊荣”呢？

其次，在国际竞争的舞台上，经济总量往往并不能发挥太大作用。不论是国家还是企业，最终依靠的是自身创新能力，这决定了经济发展的质量。按照英国著名经济史和经济统计学家安格斯·麦迪森的说法，直到1895年，中国经济总量才被美国超越，但这并不妨碍西方列强在战场上一次次打败中国。保罗·肯尼迪认为，经济总量本身并无太大意义，因为“数亿农民的物质产量可以使500万工人的产量相形失色，但由于他们生产的大部分都被消费了，所以远不可能形成剩余财富或决定性的军事打击力量”。所以，他并未将19世纪和20世纪上半叶的中国看作是大国。当前，中国虽已经成为全球制造业大国，但是仍处于产业链的最低端，出口产品附加值低。如果继续依赖这样的增长模式，不但国际竞争力难以提高，而且也会威胁到国家经济安全。

总之，先进的生产力比GDP更重要。

另外，从老百姓的角度看，GDP指标并不能体现诸如生活环境、社会安定、生活服务条件等与自身生活质量切实相关的因素。

对于今天中国的实力与处境，著名国际政治学者王辑思教授有如下定位：

“今天的中国是一个独特的大国。我们是国力最雄厚的发展中国家，却在许多方面与发达国家相距甚远；我们的影响正在迅速传遍全球，却还没有在亚洲获得主导地位；我们拥有独特的政治体制和意识形态，却还不具备足以影响外部世界的价值体系；我们是现存国际政治经济秩序的受益者，却又受到西方的制约，需要努力推动国际秩序的改革。”

这说明，建设一个强大而美好的国家，中国任重而道远，我们仍要虚其心，淡其名，顺时应势，自强不息。

进入 21 世纪，伴随着我国综合国力的爆炸式增长，有关大国崛起的话题开始在国内媒体和学术界走红。不仅保罗·肯尼迪出版于 20 世纪 80 年代末的名著《大国的兴衰》再度出版并畅销，中央电视台还制作了既叫好又叫座的《大国崛起》系列专题片。意大利历史学家克罗奇说“一切历史都是当代史”，即人们按照当下的需要去重构历史。对大国崛起的研究反映了今天中国的现实和需求。

大国崛起总是与战争相伴，以致造成一种思维定式，即战争是大国崛起的助产士、催生婆，大国崛起必须以战争的方式才能完成。在历史地考察大国崛起与战争的关联之前，我们需要对本书所涉及的三个关键词做一个严格界定——什么是大国？什么是崛起？什么是战争？只有这样，我们才能真正厘清历史上大国崛起与战争的关系，以及战争在 21 世纪大国崛起中将扮演怎样的角色。

一、什么是大国？谁是大国？

从中文的字面意思来看，大国显然包括了两层含义——规模的大与实力的强。据此标准，近代以来可归入大国之列的国家屈指可数，即便英、法、德这样世界近现代史上的强国，若去掉殖民地，也达不到大国的标准——从国土和人口的规模上看，它们只能算是中等强国。显然，大国之大，更多是指强的意思，英文的“great powers”更贴切。过去我国称西方大国为“列强”，其实是一个非常精准的翻译。

今天意义上的民族国家诞生于 16 世纪大西洋沿岸的西部欧洲。以 15 世纪末的地理大发现为契机，西欧人凭借其在技术，尤其是在武器和船舶制造方面的领先地位，通过海洋这个四通八达的载体，获得了以往一向为欧亚大草原游牧民族所独有的机动性和军事优势。结果，世界局势发生根本性变化，在新的权势格局里，欧洲成为核心，成为非欧世界的入侵者、统治者。这一政治组织形式在 18 世纪末传到美洲，在 20 世纪又扩散至全世界。所谓大国，实际上指的是近代以来民族国家体系中的佼佼者。

那么，大国或者说强国的标准到底是什么呢？

首先，大国必须是能够自保的国家，在竞争激烈、弱肉强食的近代国际体系中能够依靠自己的力量生存下来，并确保国家的领土主权完整。当今世界，虽然真正意义上的公平、正义与秩序还有待实现，但小国、弱国的基本生存是有保证的，国际法、同盟关系、地区组织、联合国都构成了对潜在侵略者的强大威慑与制约。因此，从二战结束至今，鲜有哪个国家丧失了主权。

但是，在近代的欧洲乃至世界，一国使用武力吞并另一国或强迫其割让领土是一种被普遍接受的做法。也正是凭借此种方式，英国、法国、西班牙、葡萄牙等国才能建立起比本土大若干倍的海外帝国，沙皇俄国、美国才能扩张至今天的洲际规模。在这一过程中，一些国家暂时消失了，如波兰、印度、朝鲜，一些国家则永久性地成为一个更大国家的一部分，如 17、18 世纪的德意志诸邦国，在 19 世纪由普鲁士统一成德意志第二帝国，更多的国家被迫出让领土以满足大国的贪婪，如中国、墨西哥等。

当然，这并不等于说大国就没有在战争中失败过。事实上，在近代欧洲，大国间的战争极为常见，胜败也乃国之常事。但总的来看，每一场战场结束后大国基本都可以全身而退，如在经历了近 1/4 世纪的拿破仑战争之后，作为战争的挑起者法国居然又回到了战争爆发前的疆界之内。彼时，大国间的权势调整常常以牺牲弱小国家为代价完成，波兰就是在此种名义下通过三次被瓜分而最终消亡。

按照这一标准，自近代以来，历经多次战争而毫发未损，甚至领土面积还在扩大的国家并不多，英国、法国、德国、俄国、日本、美国无可争议地属于这一行列。在这一过程中，它们或者一直占据一流强国的位置，或者成功地跻身其中，对内完成了政治经济的整合，对外扩充了权势，实现了民族国家或大帝国的成长。

其次，所谓大国，必须在某一方面有重要创新以至能够在较长时期内支撑其大国地位。

大国之所以能成为大国，必须要有内在的、使其可以强大的创新，也就是说，其大国地位需要有赖以存在的机制，而不是单凭某些偶然因素。这方面，西班牙是一个很好的例子。

16 世纪，西班牙成为欧洲首屈一指的大国，但其大国地位的获得与其说是靠能力，不如说是运气使然。它主要得益于两个偶然事件：

一是发现美洲。1492 年，哥伦布代表西班牙王室发现了美洲。之后，整个中、南美洲渐次落入西班牙手中，成为其殖民地。但是，西班牙发现美洲与葡萄牙发现新航路在性质上完全不同，后者是一个多世纪不懈努力的结果，前者则纯属偶然。事实上，葡萄牙王室之所以拒绝了哥伦布的游说，恰恰是因为它有较多的实践经验，并掌握了当时最先进的地理知识。那个时代，稍有常识的人都知道地球是圆的，问题在于地球到底有多大以及大陆与海洋的关系。根据哥伦布推断，分割欧洲和日本的海洋宽不到 3000 英里，通往亚洲最便捷的路线是横渡大西洋。而葡萄牙人确信，地球比哥伦布认为的要大得多，海洋也更宽，前往东方的最近之路是绕过非洲而不是横越大西洋。事实证明，葡萄牙人是对的。哥伦布则歪打正着，发现了一个此前不为欧洲大陆所知的新世界。颇具讽刺意味的是，哥伦布至死都认为自己到达的地方是印度。

二是王朝联姻。1516 年，来自哈布斯堡家族的勃艮第大公查理继承了其外祖父和外祖母的西班牙王位，称查理一世。1519 年，查理一世又继承祖父马克西米利安一世的大业，成为神圣罗马帝国皇帝和哈布斯堡家族在奥地利世袭领地的统治者，查理一世因此改为皇帝查理五世。1526 年，查理五世又戴上了匈牙利和波希米亚的王冠。至此，哈布斯堡王朝的领地联合成为一个规模空前的国家，其领土计有：西班牙

查理曼大帝
（742~814）

法兰克王国加洛林王朝国王，神圣罗马帝国的奠基人，扑克牌里的红桃K。他建立了囊括西欧大部分地区的庞大帝国，800年，由罗马教皇加冕“罗马人的皇帝”。查理曼死后，帝国陷于内战。843年，根据《凡尔登和约》，帝国分裂为三部分，大体奠定了近代德意志、法兰西、意大利三国的雏形。

及其广大的美洲殖民地、在欧洲的属地西西里、那不勒斯、撒丁岛和巴利阿里克群岛，奥地利，尼德兰和勃艮第，匈牙利，波希米亚。欧洲自700年前查理曼大帝时代以后，就再没有出现过如此庞大的家族王朝，这是一个比大英帝国还早上300年的“日不落”帝国。1555年，查理五世将神圣罗马帝国的皇位让给弟弟斐迪南一世（1555~1564年在位）；1556年，将西班牙王位传给儿子腓力二世（1556~1598年在位）。虽然失去了东部领地（奥地利、匈牙利、波希米亚），西班牙仍然是欧洲首屈一指的国家。1580年葡萄牙国王死后无嗣，腓力二世又成为葡萄牙及其广大殖民地的主人。

得益于上述两个因素，西班牙在16世纪显赫一时。但由于缺乏创新，没有内在的机制支撑其权势，西班牙在17世纪之后一蹶不振，从此绝缘于大国之列，沦落为欧洲国家体系的二流，甚至三流国家。非但如此，其庞大的领地日后又成为强邻觊觎、瓜分的对象。

反观其他大国，几乎都有自己的创新或独到之处，如英国的君主立宪制度和强大海权、俄国的彼得大帝改革、美国的宪法、德国的参谋本部、日本的明治维新，等等。正因为有某一方面或多方面的创新，上述国家才足以积累起强大的综合国力并在竞争中脱颖而出，亦使其能够在较长时期内拥有大国地位。

以英国为例。一个小小的欧洲岛国，为何能变成欧洲强国，最终成为世界霸主？其所凭借的不是简单的武力征服，而是它所创造出来的一种新的制度文明。英国的创新性主要表现在：英国率先建立了现代意义的议会民主制度；英国是工业革命的发源地，领先世界所有国家；英国是第一个全球金融资本的中心；英国拥有有史以来最强大的海上力量；另外，英国在欧洲列强间纵横捭阖、折冲樽俎，一向居于主动地位，它的外交文化也具有创新性。正是这些创新将英国送上了霸权巅峰，使其能独领风骚200多年。

再次，大国一经崛起，就必须具备相对的稳定性，即在国际体系中长期发挥重要作用。换句话说，大国不能是昙花一现式的，大国一旦成为大国，几乎注定了将长期保持这一身份。

纵观欧洲近代史，英国、法国、普鲁士（德）、俄国等国自崛起之后，就一直保持着大国的地位，哪怕在这一过程中经历了重大挫折，其大国地位也未丧失，或很快恢复。如拿破仑战争之后的法国，第一次世界大战之后的德国和苏联，第二次世界大战之后的德国、日本。事实上，自近代以来，世界大国俱乐部成员的扩充是非常缓慢的。18世纪形成的英、法、普、俄、奥五大国格局，到了20世纪初，也只是增加了日本和美国两个国家。到了21世纪，有世界影响力的大国依然只有美、俄、中、英、法、日、德7个国家。

为什么会出现这种现象呢？其实这背后的玄机恰恰是，成为大国需要一定的先天条件，比如国土面积、人口数量、民族特性、资源禀赋、地理环境，等等。具备了一定的先天条件，也就决定了一个国家具备了抵御挫折和在灾难之后复兴的能力。以德国为例，其前身普鲁士崛起于七年战争，但是在拿破仑战争中遭受重创；19世纪中叶之后，普鲁士通过3场战争最终于1871年统一德国；到20世纪初，德国的工业产值已经超过英国，位列欧洲第一，世界第二；第一次世界大战及战后的《凡尔赛和约》沉重地打击了德国，但20世纪30年代，德国再度成为欧洲第一经济大国；第二次世界大战后，即便在分裂的情形下，联邦德国也是欧洲经济的发动机。在德国一次次失败又快速复兴的背后，其决定性因素是德意志民族严谨、务实、勤劳、执着的个性以及相对较大的人口和国土规模。

与此相反的是，个别国家在突然崛起之后又快速消失。如瑞典，在三十年战争之后成为北欧霸主，但在18世纪初的北方战争中输给俄国后就永久地失去了大国地位，在18~19世纪的欧洲政治中，瑞典已是一个无足轻重的角色。再如葡萄牙，在15~16世纪凭借新航路的发现而成为强国，但16世纪80年代却被西班牙合并，后来虽重获独立但再未拥有大国身份。究其原因，无论是瑞典还是葡萄牙，人口太少（不足200万），国家抗风险和打击的能力极弱，一个失误即可造成致命的后果。

按照以上标准，截至第二次世界大战结束，在国际体系中真正具备大国资格只有8个国家，按出现的先后顺序为：法国、英国、俄国、普鲁士、德国、日本、美国、苏联，其中普鲁士为德国前身，苏联为俄国的继承国家。唯一例外的是荷兰。这个国家虽然在18世纪之后沦为二流国家，并几次在战争中被他国占领，但是，其在17世纪却是真正意义的世界性大国，拥有最大规模的商业船队和最强大的海军，同时，它又在诸多方面奠定了近代资本主义商业的基础。以荷兰区区规模而言，这些实在是一个巨大而了不起的成就。基于此，本书也将荷兰列入大国行列予以考察。

二、战争形态的演进

近代早期，欧洲发生了一场“军事革命”，它指的是在16世纪20年代以后的150年里，欧洲战争在规模、费用以及组织上的剧烈膨胀。这场革命涉及很多方面，包括步兵的兴起、职业化的常备军的出现、火器的广泛使用以及用于抵御新式炮兵进攻的防御工事的迅速发展，等等。

与此同时，欧洲也开始了宗教改革（与宗教改革力量相对应的就是反宗教改革力量）。宗教和政治问题互为表里、紧密交织，几乎所有国家的战略思维当中都蕴含一种“天定命运”成分，几乎每个民族都自视为新的“上帝选民”。其中，西班牙国王腓力二世尤为狂热。关于信仰的力量，法国社会心理学家勒庞，在《乌合之众》一书中这样写道：

在人类所能支配的一切力量中，信仰的力量最为惊人，《福音书》上说，它有移山填海的力量，一点也不假。使一个人具有信仰，就是让他强大了十倍。

> **宗教改革**
>
> 1517年，马丁·路德发表《九十五条论纲》抨击教皇出售赎罪券，此举标志着宗教改革的开始。宗教改革运动的主张包括：反对教皇对各国教会的控制；反对教会拥有地产；认为《圣经》为信仰的最高准则，不承认教会享有解释教义的绝对权威；强调教徒个人直接与上帝沟通，不需要由神父作中介；等等。宗教改革运动产生了脱离天主教的新教各宗派。

军事革命所带来的新的战争技术与宗教激情结合在一起，诞生了近代早期的总体战。无论是荷兰争取独立的八十年战争，还是发生在德意志土地上的全欧洲规模的三十年战争，总体战的性质都非常突出。八十年战争既有宗教战争的性质——天主教的西班牙想消灭新教的荷兰，又是一场独立战争——荷兰要脱离西班牙人的统治。对荷兰和西班牙而言，信仰都是不能妥协的；荷兰人不能放弃独立的目标，西班牙亦不愿失去自己最富饶的领地，并担心荷兰独立将在其他地方产生示范效应。双方目标的不可妥协性决定了这场战争必将历经多年，直到有一方获胜或双方都精疲力竭、打不下去为止。三十年战争也是因宗教而起，天主教的哈布斯堡家族（西班牙、奥地利）想以天主教一统德意志；同时，嫉妒、恐惧哈布斯堡家族权势的国家，如法国、丹麦、瑞典、英国也趁机加入战争，支持德意志新教国家，以打击哈布斯堡家族。宗教的特性使这场战争难以妥协，不断有新的大国加入则注定了战争的漫长，因为一个国家失败了，又会有另一个国家顶上。

与工业化时代的总体战相比，早期总体战虽然技术手段较为落后，但宗教的激情显然更胜于日后的政治激情，因此战争的残酷性、破坏性有过之而无不及。例如，三十年战争使德意志几乎成为废墟，有的地方人口减少达一半以上，曾经富饶、繁华的城市生灵涂炭，饿殍遍野。到 17 世纪中期时，许多观察家害怕战争已将欧洲带到了自我毁灭的边缘。德国牧师保罗·格哈特在一首赞美诗中写道：

哦，快啊！醒来吧，从这严酷的世界中醒来吧，在恐惧猝不及防地突降以前，睁开你的双眼吧！

三十年战争之后，欧洲的战争进入了有限战争阶段，直至第一次世界大战（其间具有总体战性质的拿破仑战争是个例外）。

在这一有限战争形态下，参战国家都不追求压倒性的政治目标，如消灭一个重要国家或颠覆他国政权，其战争目的是有限的、局部的，比如为了平衡某一国家过分的权势、得到某一块领土或贸易权利，甚至就是一个承诺——1866 年的普奥战争的目的就是使奥地利承认普鲁士统一德国的权利。

不仅目标有限，战争的规模、波及的范围也是有限的。在 18 世纪，一场战役投入的兵力几乎没有超过 10 万人的，能够集中四五万人已经属于很大规模了；三十年战争那种就地取材的补给方式已非常罕见，军队通常都是自带粮草。普鲁士的腓特烈大帝曾说："当我的将士们打仗的时候，我的臣民可以不知道。"在一定意义上，18 世纪的战争就是王朝战争，是几个有着复杂姻亲和血缘关系的王族内部的家务事。那个时候的战争非常鲜明地表现出了克劳塞维茨的论断——战争是政治另一种手段的继续，战争不是为了消灭对手。

在 19 世纪的大部分时间里，战争形态依旧表现为有限战争。虽然此时已全无 18 世纪的政治氛围——王朝战争正在让位于民族战争，但战争目标并没有改变其有限的性质，战争仍然是政治的工具而不是政治本身。所以，在 1866 年的普奥战争中，尽管普鲁士大胜但却没有进军维也纳，战败的奥地利除了承认普鲁士有权统一德国外什么都没有失去。

欧洲为什么能够在 200 年的时间里（除却拿破仑战争）保持着有限战争的状态？主要原因有以下几个方面：

首先是宗教激情的消失。三十年战争的结果证明，天主教消灭不了新教，新、旧教彼此之间只有共处一条出路。根据 1648 年的《威斯特伐利亚和约》，加尔文教派取得了与路德教派同等的地位，并且规定，1624 年元旦日为一切宗教纠纷总解决之期。之后，民族国家的君主们不再像当年的西班牙国王腓力二世或神圣罗马帝国的皇帝那样，担负着沉重的宗教使命，他们将王朝利益进而也就是国家利益置于头等重要位置。如果说宗教的激情令人疯狂，那么利益的计算则使人清醒。当战争无关信仰而成为一桩有关成本和收益的买卖时，其必然是理性的行为，你死我活让位于适可而止。战争中的双方在彼此的眼中，不再是必须置于死地的魔鬼，而是随时可以放下恩怨的伙伴。

其次是王朝间的共同利益和君权神授的观念。君权神授的观念在基督教的欧洲深入人心，在 18 世纪，推翻一个合法君主是不可想象的事情。而且，欧洲的王室之间有着复杂的联姻关系，彼此之间存在千丝万缕的联系，不仅没有理由置其他王室于死地，相反，他们在面对威胁旧秩序的革命力量时又是同一个战壕的战友。所以，当 1793 年 1 月 21 日路易十六被推上断头台后，整个欧洲王室从中看到的是自己的危险，故联合起来对法国进行干涉。1848 年欧洲爆发革命后，俄国、奥地利、普鲁士、法国组成神圣同盟携手镇压，以维护王朝的共同利益。

再次，后勤条件的限制也使得战争难以突破有限战争的框架。铁路出现于 19 世纪上半叶，真正在战争中发挥作用是在 1870 年的普法战争。没有铁路，只靠畜力和步行来动员军队和进行保障，战争规模必然有限，而且一进入冬季就需要休战过冬。

最后，封建王朝既没有足够的财力供养一支规模庞大的常备军，也无全民皆兵的意愿。任何时代，军队都是一件昂贵的必需品，但工业化时代的国家显然有更充足的税收支持一支较大规模的军队，而在近代欧洲，君主收入有限，除了英国，几乎所有国家都面临缺钱的窘境，战争基本可以简化为钱的问题——有钱就可以征募到兵源和作战物资，就能将战争打下去，而一旦没钱，就只有求和一条出路。所以，17~18 世纪的君主们在打仗时都非常谨慎，极力避免人员伤亡。有人在 1677 年曾经这样写道：

我们在战争时像狐狸而不像狮子，有20次围攻还不能做一次决战。

20 多年之后，又有人写道：

现在的情形常常是这样的，双方各以 5 万人的大军，彼此互相对峙着，一无所获，然后各自宿营过冬。

另外，封建王朝对于武装大众也持警惕的态度，因为这将导致社会秩序的颠覆。

法国大革命的爆发预示着总体战时代的到来。1792 年 9 月 20 日，毫无作战经验、临时拼凑起来的法军凭借“保卫共和国”的高昂热情，在瓦尔密战役中出人意料地击败了训练有素的普鲁士职业军队，世人由此见证了革命的激情所带来的巨大力量。诗人歌德对此评价说：

此时此刻世界开启了一个新的时代，你们都可以说是亲自看着它诞生。

1793 年，法国的国民公会为了确定“所有法国人均应入伍以保卫国家”的原则，通过了一个法律，其内容是：

青年人应该战争；已婚的男人应该铸造兵器和运输补给；妇女应该制造帐篷和被服并在医院中服务；儿童们应将旧布制成绷带；老人们应抬到公共场所，以鼓励战斗人员的勇气，并宣传对国王的仇恨和对共和国的拥护。

公共建筑物应该改成营舍，公共广场应该改成兵工厂。一切具有适当口径的火器均应移交给部队，在国内的警察应使用短枪和刀剑。一切配鞍的马匹都应集中以供骑兵使用；一切挽马凡不作耕种之用者，都应用来拉曳炮车和补给车辆。

这就是总体战诞生的信号。此后，法国军队的构成和规模发生了翻天覆地的变化。到1794年夏天，贵族们在部队军官中所占的比例由革命前的大约85%下降到低于3%；按照花名册，革命军登记有100万人，其中75万人是武装队伍。革命政府还发起了一场政治教育运动，向军队散发了上百万份官方布告、激进报纸，甚至爱国歌单，以引导年轻人的思想。这些都是前所未有的现象。

在民族主义激励下的法国公民军队打败了欧洲各国职业军人，显示了民族主义和征兵制相结合的巨大威力。换言之，总体战的法国战胜了仍然处在有限战争状态下的欧洲其他封建王朝。法国军队开创的以普遍征兵制、就地补给制和多兵种合成编制为核心的现代军事体制随着拿破仑战争传遍了欧洲，彻底改变了人类战争的形态，使得席卷全民的残酷的世界大战成为可能。

拿破仑战争毕竟发生在前工业化时代，战争在经济动员方面尚不具备工业化时代的总体战性质。所以，拿破仑战争只能算是总体战的雏形。

美国南北战争是工业化时代第一场货真价实的总体战，预示了未来战争的发展方向。南方和北方就像法国大革命一样，都将经济力量和人力的动员与政治意图结合起来，军事技术的进步则使战争更残酷、更血腥。北方之所以胜出，在于其比南方拥有更大的工业基础、更多的人口。但美国南北战争因其内战性质而未能得到外界应有的关注和重视。

1870年的普法战争是首次真正利用了工业化成果的国家间战争，当时的人们往往将其当做是下一场战争的模板，并据此得出结论——工业化时代的战争是短促的。其实，这场战争短促的特点主要不是源于其工业化的成果，而是其目标的有限性——俾斯麦对战争实施了高度的政治掌控。

事实上，技术和工业革命对战争的影响远远超出了19世纪晚期政治家与军人们的想象力。武器的进步迅速提高了战场上的杀伤力，同时蒸汽机使国家能在越来越远的距离上分散、供应军队，毫无疑问，战争的规模和残酷性将因此而大大增加。至19世纪末，美国和德国的工业化加速发展；同时，法国、奥匈帝国，甚至沙皇俄国，也加入到了西方世界经济力量扩张的浪潮。西方的经济力量和工业化进程不仅为20世纪灾难性的总体战提供了资源，也使得战争在一定程度上难以避免。取代王朝政治的民族主义思潮更驱使着从政治家到将军、从资产阶级到普罗大众都变得鲁莽狂热、渴望战争，将其视为一种可接受的，甚至是必要的选择。

第一次世界大战宣告了总体战时代的正式来临。一战之所以被称为总体战，首先是因为它的手段和规模。工业化带来了很多新的杀人武器，铁路使更多的军队在短时间内投入战斗，军队的后勤需求更加复杂和庞大。所以，一个国家的战争能力越来越依赖它的工业实力和技术水平，最终决定胜负的是一个国家或者国家联盟的经济和人力资源，即综合国力。换句话说，总体战更像是一场全能竞赛，18世纪有钱就能打仗的时光已经过去了。总体战对国家工业能力的依赖恰好说明了工业时代战争与农业时代战争的区别，前者需要的是钢铁、石油、粮食，即供养一支庞大军队并使后方百姓不致饿死的能力，拥有这些资源，就能够将战争进行到底，就能够赢得胜利。

其次是它的战争目标，它所进行的战争动员。在这场战争当中，关于开战的理由，开始出现了日后司空见惯的神圣化自己、妖魔化别人的现象。德国人说，为了保卫祖国，反对沙皇制度，捍卫文化发展和民族发展的自由，在被迫的情况下，我们用纯洁的良心和纯洁的手，拿起宝剑。俄国声称，自己被迫作战纯系抗议斯拉夫兄弟的尊严受到奥匈帝国的侮辱。法国总统说，法国再一次为人类的自由、理性和正义而斗争。英国强调，德国破坏了庄严的国际条约，英国是为了捍卫比利时的中立，反对强大民族欺凌弱小民族。这些美丽的辞藻反映出，随着大众政治的兴起，民众由政治和国家命运、前途的旁观者变成了积极的参与者、决定者，战争不再与人民无关，当权者既需要给人民一个冠冕堂皇的战争理由，标明战争的正义性质，同时它也需要把人民的力量动员起来。既然战争双方有好与坏、善与恶的分别，那么战争的目标就必然是一方彻底压倒另一方，是“完胜”，而不会是适可而止或妥协让步，曾经支配了欧洲政治的均势原则没有了市场；对于战败的对手必须严惩，因为它们是邪恶的化身，当年维也纳和会战胜国与战败国欢聚一堂的和谐的场面已经一去不复返了。

在总体战时代，战争有利于拥有更强大工业基础的一方，因而超级大国对中等强国有明显的优势；如果一方打总体战，另一方打局部战争，那么获胜的更可能是总体战的一方，哪怕其实力弱于局部战争的一方，这就足以解释为什么在争取民族独立的战争中西方殖民者都以失败告终。

如果说有限战争可以成为灵活有效的政治工具的话，那么总体战未免伤筋动骨、难有真正的赢家，即便是战争的胜利者亦如此。

三、何为崛起?

所谓崛起，首先是“起”，即兴起、强盛之意，指一个国家发展到一定程度后的状态；其次是崛，强调发展的快速性、突然性，将二者合起来，指的是一个国家在较短的时间内实现了国力的发展与强盛。

虽然“崛起”一词强调了发展的快速、突然性质，但这通常是表面现象。如同任何事态的发展都有一个过程一样，国家的强大也不可能一蹴而就，其必然经历一个漫长而艰苦卓绝的历程，其间充斥着内乱、内战、改革、创新，甚至失败和倒退，等等。总之，一个大国的崛起绝对不像其结果看起来的那样简单和轻松，没有多年的积累和历练，是不可能一鸣惊人的。国家的所谓崛起，其实是其内部力量充分整合、积累后的外在表现，而不是简单的一场战争就足以造就的。正如《大国的兴衰》一书的作者、耶鲁大学教授保罗·肯尼迪所说：

单一的因素一定是错误的，一定是各种因素的综合造成了大国的崛起。

让我们简单回顾一下几个大国崛起的历程。

法国的崛起是在三十年战争之后实现的。17 世纪中叶，在西班牙这个巨人衰落后，欧洲国家突然发现，一个规模虽然比不上西班牙、但国土更紧凑、民族成分更单一的法国成为欧洲大陆第一强国。而在此之前将近一个世纪的时间里，法国深陷宗教冲突和王权与贵族的内战，在一个时期里甚至处于分裂状态，首都巴黎被分裂的贵族势力占据着。法国的崛起，其实是在克服了这种分裂、对抗因素之后才实现的。

英国崛起的第一个重要标志是 18 世纪初的西班牙王位继承战争，但在这之前，英国已经有了超过两个世纪的积累。先是两代亨利国王消灭了贵族割据势力、实现了宗教独立，接着伊丽莎白女王奠定了英国海权的基础，将英国发展成一个殖民地、海军和贸易大国。17 世纪，英国又以内战和不流血革命的方式，解决了政治体制的问题。在此基础上，才有了英国在 18 世纪初的崛起。

德国在崛起之前也是经历了关税同盟、修建铁路网、军事改革等不可或缺的国力积累。如果从拿破仑战争后期算起（参谋本部成立于 1809 年），至 1871 年第二帝国宣告成立，德国崛起的过程也超过一个甲子的时间。

美国就更为典型。长期以来，流传着“战争造就了美国”这一观点。事实并非如此。独立之后，美国先是以制定 1787 年宪法为手段，解决了独立之初政治体制松散、无力的弊端；之后开始对外扩张，到 19 世纪中叶，除了阿拉斯加尚未购买，美国的领土已经达到了今天的规模；1861~1865 年的内战解决了阻碍国家发展的南北分裂问题。此后，美国经济步入高速发展期，在一战之前，美国的政治、经济、军事等各方面实力就已经达到了很高的水平。1900 年，美国的工业产值约占世界工业产值的 30%。当然，一战和二战不可避免地给美国带来了更大的发展机遇。它不仅因为远离欧洲主战场而几乎没受到什么损失，更重要的是，它借战争之机，大力扩充自己的经济实力。而且，战争加速了欧洲列强的衰落，使美国在战后的地位更加突出。

为什么一个大国在经历了漫长的积累、整合、发展之后，反而会予人以崛起的感觉？即令外界感觉到其国力爆炸式地增长，世界或地区权势格局突然间改变。个中原因在于，外界对一个国家实力变化的感知总是滞后于现实，也即在一个国家实力已有较大提升的情况下，外界往往低估其实力；反之，若一个大国衰落了，外界也往往倾向于高估其实力。尤其是在交通、通讯、统计以及媒体技术尚不十分发达的时代，真实了解一个国家的情况并不容易。所以，往往是因为一个重大事件的发生，才让外界如梦方醒，意识到一个新的大国已然诞生。

以日本的崛起为例。1904~1905 年的日俄战争标志着日本崛起为大国，成为非西方世界首个跻身于列强行列的国家，而且是在被迫开国、签署了不平等条约的情况下。事实上，自 1868 年明治维新之后，日本就在“富国强兵”的口号下开始了快速发展。在 1894~1895 年的甲午战争中，日本打败了一直雄踞东亚权势之首的中华帝国，获得巨额赔偿和领土割让。此事虽令外界有所震动，但毕竟中国的实力已今非昔比，日本的胜利亦不完全出人意料。真正让全世界震动的是日本在日俄战争中的胜利。开战前，没有一个国家预测日本会获胜，当时的沙皇俄国拥有世界规模最大的陆军，日本只不过是一个亚洲的黄种人国家。而事实则是，沙皇俄国内部早就腐朽不堪，日本经过 30 多年的埋头苦干，也已不是当年的日本了。但要想在战前对两国实力做准确估量则很难做到，正因为如此，战争的结果才会令世界震惊。

此外，对于一个大国而言，在实力积累阶段，虽然国力已有大幅增长，但仍处于硬实力发展时期，尚未拥有威信、威望、感召力、吸引力等软实力，所以，该国在国际体系中的地位、作用、影响等尚不能与其真实国力相匹配。只有这一实力的增长被外界承认之后，该国才能参与国际规则的制定、世界秩序的安排，等等，其崛起也才能算最终完成。

在这方面，美国的经历非常有代表性。早在一战之前，美国就已经贵为世界第一经济大国，但其外在影响力尚未得到世界认可，在政治谋略和外交技巧方面也显得极为稚嫩、青涩。当时的世界政治仍被英国、法国等欧洲大国把持着。一战爆发后，随着欧洲西线战场陷入僵局，美国被推到了决定欧洲命运的位置。战后，美国总统威尔逊的政治理念如公开外交、民族自决等在《凡尔赛和约》中得到体现，这些是对欧洲几百年来外交实践和政治思维方式的颠覆。二战结束后，美国更是一手主导了联合国的创立和布雷顿森林体系的建立，成为 20 世纪世界政治经济游戏规则的制定者。

回顾历史，大国崛起的“东风”通常就是战争，不管其参加战争是主动还是被动，战争都是成就大国身份最后、也是最关键的步骤。那么，大国的崛起为什么要通过战争方式完成？

首先，战争是检验、验证一国实力最具权威性的手段。如前所述，在交通、通信、媒体及统计学尚不发达的近代，一国国力的增加、积累在平时很难被感知，因此也难以得到他国承认。一国在战争中的出色表现不仅使其有了以强力贯彻自己意志的可能，而且也使其实力得到他国认可，从而转化为构成大国地位不可或缺的威信、威望，即我们今天所说的软实力。反之，一个国家的衰落也是通过战争被感知的。如日俄战争之于日、俄两国，一兴、一衰，当沙皇俄国的衰落终于呈现在世人面前时，更加速了其最终的灭亡。所以，一个国家只有赢得了战争，才能赢得他国对自己大国身份的认同，其漫长的强大历程才能画上一个完美的句号。

其次，一个大国在成为大国之后，通常都会产生新的利益诉求，如建立有利于己的国际规则和利益分配格局，获得更多的领土或贸易机会，控制战略要道以拥有对他国的战略优势，等等。这些要求势必会与其他大国，特别是主导性大国的利益发生冲突。如普鲁士要统一德国，而法国极力阻挠；日本独占朝鲜的想法与俄国产生矛盾。在近现代，这些矛盾有的可以通过外交的方式解决，但更多的则是在战场上决出胜负，况且在那个时代，战争是一国合法的政策工具。

再次，大国通过战争最终实现崛起也与时代背景有直接关系。在20世纪之前，国家发动战争不存在任何伦理的禁忌、法律的制约，国家领土的扩大、贸易权利的获取都可以通过战争方式实现。因此，在近现代的欧洲乃至世界历史上，战争是一个非常正常而且频繁的现象，和平反倒更像是两次战争之间的间歇。而且，在有限战争的时代里，因战争规模、目标受到严格限制，战争也的确能够为相关国家带来收益。如英国通过18世纪的几次战争一步步夺取了法国在北美和中美洲的殖民地；沙皇俄国通过战争将其版图扩大至洲际规模，并赢得了黑海、波罗的海出海口；日本通过甲午战争和日俄战争得到了台湾、朝鲜和在南满的有关权利。

进入总体战时代后，情况发生了巨大变化。以第一次世界大战为例，除了美国、日本这两个在战争后期加入、而且本土远离主战场的国家，其他欧洲国家，无论是战胜国还是战败国，都成为这场战争的输家，战争直接导致欧洲丧失了在世界政治、经济、安全中的主导地位。正如丘吉尔所说，战争带给他们的是“胜利与悲剧”。导致这一状况出现的原因在于，总体战的成本过于高昂，加之在联盟战争的背景下，战争持续的时间又被延长，因而难以有真正的赢家。

第二次世界大战之后，虽然战乱不断，但战争似乎已失去了与大国崛起的关联性。一方面，大国之间鲜有战争发生，核威慑、经济上的相互依存使大国间任何形式的战争都无法成为灵活有效的政策工具；另一方面，一些国家利用开放的国际贸易体系和经济的全球化实现了和平崛起，如联邦德国在20世纪50年代、日本在60年代、中国在90年代所取得的成就。

由此可见，大国以战争方式崛起有着鲜明的时代特性，而并非是放之四海而皆准的定律。未来的大国崛起之路有望摆脱战争模式。

Chapter Ⅱ

Eighty Years' War and the Rise of Holland

第二章
八十年战争与荷兰的崛起

八十年战争是荷兰与其统治者西班牙打的一场独立战争，也是借这场战争，荷兰完成了崛起。一个仅有不到200万人口的新生国家，成为17世纪国际体系的主导者、世界头号海洋强国、贸易大国，马克思称其为当时的“海上第一强国”。

2014年6月14日，巴西世界杯，卫冕冠亚军西班牙与荷兰在B组小组赛上遭遇。当荷兰最终以5:1的悬殊比分狂虐西班牙后，他们报的不仅是2010年世界杯决赛0:1输给西班牙的一箭之仇，还有400多年前的恩恩怨怨。就在场内身着橙色球衣的荷兰运动员和观众高唱国歌《威廉颂》时，也许，很多人并不知道，这是一首反西班牙的歌曲。这首全球最古老的国歌，以荷兰国父奥兰治的威廉第一人称方式撰写，诉说了荷兰人反抗西班牙统治者、争取民族独立的艰辛历程。

《威廉颂》歌词共有十五节，采用离合诗的形式，各节首字母组合成一个名字WILLEM VAN NASSOV（荷兰语，拿骚的威廉）。曲调来自当时的一支法国军乐。在一般的场合下只唱第一节，如果还需要唱一节，一般是第六节。歌词第一节和第六节内容如下：

第一节

我，拿骚的威廉

流着日耳曼血液。

忠于祖国；

坚守这信念，直到死亡。

我，奥兰治亲王

自由又无畏；

西班牙的国王，

我一向尊重。

第六节

我所皈依者

就是上帝呀，我的主。

您是我所依靠，

我从来不想背弃您。

请赐勇气于我——

您永远的仆人。

赐予我消灭那让我痛心的

暴君的力量。

有意思的是，因为歌词太长，很多荷兰人不能完整地唱完整首歌曲。在荷兰国内，运动员因不懂国歌而常引来媒体批评，因此，不少运动员会在比赛前专门学习歌词。

荷兰法理上的独立地位是在1648年的威斯特伐利亚和会上获得的，但它从1590年代开始就成为国际政治经济中一支举足轻重的力量。17世纪上半叶是荷兰权势和影响无与伦比的时期。它执欧洲（当然也是世界）经济牛耳，拥有第一流海军，其陆军在莫里斯亲王（1585~1625年担任荷兰执政）统率下曾是欧洲军队建设的样板。它还频频插手北欧、波罗的海国家事务，维持那里对己有利的均势。荷兰也是17世纪欧洲外交折冲樽俎的进行地、许多国家竞相追求的盟友及联盟的核心。世界体系理论的创始人沃勒斯坦、提出国际政治长周期解释的莫德尔斯基都把荷兰看成是当时世界体系内的主导性国家。

一、低地——欧洲的富饶之地

荷兰在17世纪上半叶的崛起并非横空出世、毫无征兆，其基础在于低地自中世纪以来的繁荣与发达。

荷兰的全称是尼德兰联合省（因为荷兰省在其中实力最强，故称荷兰），由尼德兰北方七省组成。尼德兰即低地之意，指莱茵河、马斯河、斯海尔德河下游及北海沿岸一带地势低洼的地区，包括今天的荷兰、比利时、卢森堡及法国北部一些地方，在中世纪时，它们是一系列相互独立的政治实体。

哈布斯堡家族徽章

15 世纪初，低地成为勃艮第大公的领地，1477 年，由于王朝联姻又落入哈布斯堡家族之手。1516 年，西班牙国王斐迪南死后，他的外孙查理一世即位。此前，查理已经于 1506 年从他父亲（神圣罗马帝国皇帝马克西米利安一世和勃艮第女公爵玛丽之子）方面继承了尼德兰，这时又以西班牙国王的身份领有这片土地。从此，尼德兰就成为西班牙的属地。在中世纪和近代早期的欧洲，这是一个十分常见的现象，即某一国家或领地由于婚姻和继承的原因变更统治家族，而被统治者往往也能够与其新的统治者和平相处、相安无事。

若干世纪以来，低地都是欧洲经济最发达、人口最密集、城市化水平最高的地区之一，富饶程度仅次于南欧的意大利。早在 13~15 世纪，尼德兰的手工业和商业就已发展起

哈布斯堡家族

哈布斯堡家族是欧洲历史上统治时间最长、统治地域最广的封建家族，其主要分支在奥地利，统治时期从 1282 年起一直延续到第一次世界大战结束。11 世纪初，由于该家族的主教斯特拉斯堡的维尔纳建立哈布斯堡，其家族即以哈布斯堡为名。从 1438 年起，神圣罗马帝国皇帝基本上由哈布斯堡家族世袭。哈布斯堡家族也曾是西班牙、波西米亚、匈牙利、葡萄牙等国的统治家族。

来，特别是呢绒业非常著名。

而面向大海的地理位置也使尼德兰很早就成为一个海洋民族。斯海尔德河、马斯河、莱茵河在这里入海，为尼德兰提供了众多优良的港口。它还是两条古老的商船航线的交汇处：一条为北南走向，从卑尔根到直布罗陀；另一条为东西走向，从芬兰湾到英国。北海及邻近各海盛产鱼类，是欧洲重要的渔场。国土的狭小和贫瘠迫使低地居民自古以来就向海上发展，在那里寻找生活来源，他们在北海海面学会了捕鱼、近海航行、远程运输和海战。

渔业是尼德兰经济的基础。由于海流的变化，每到夏季，就有大批的鲱鱼洄游到尼德兰北部的沿海区域。14 世纪时，尼德兰的人口不到 100 万，约有 20 万人从事捕鱼业，小小的鲱鱼为五分之一的人提供了生计。

在被誉为“荷兰金矿”的淹鲱鱼上，尼德兰人取得了非凡的效益，这一效益源于1400年左右发明的一种大帆船。此船的两大优势表现在：船的设计可以使船使用巨大的拖网捕捞鲱鱼；宽大的甲板使鱼可以在船上得到加工处理。这种“航船工厂”的产生使船能够远离尼德兰海岸线，在外逗留 6~8 周。至 15 世纪中叶，尼德兰的荷兰、泽兰和弗兰德尔三省的鲱鱼船队几乎垄断了北海的鲱鱼业。在天主教欧洲，鱼是斋月时必不可少的食品，也是在波罗的海市场采购谷物、木材、铁和造船物资的重要交换手段。

渔业还成为带动航运业（主要是大宗物品运输）和其他辅助工业的龙头。尼德兰人设计了一种造价更加低廉的船只。此前，典型的欧洲商船都建造有可以架设火炮的平台，这样做能有效地防止海盗袭击。尼德兰人第一个冒险建造出了一种仅能运送货物而不能装置火炮的商船。这样做当然是有代价的，因为每一次航行都变成了一场赌博，但它的好处也显而易见，即造船的成本低，例如同时期的英国，造船成本比尼德兰高 50％。船的成本低，货物的运费也随之下降。对于商业中的风险问题，尼德兰人通过股份制来应对，即将每一条船分成若干个股份，投资者往往不是单独购买一条船而是在很多船里都有股份，即便某一条船失事，也不影响总体的盈利。

为了能获得尽可能多的利润，勇于创新的尼德兰人又在船上加了一种特殊的设计——船肚子很大而甲板很小。这样做是因为，在斯堪的纳维亚，船所缴纳的税取决于甲板的宽度，甲板越窄，付的钱越少。所以，尼德兰人造的船甲板很小，船肚子很大，利润自然也就越多。

这就形成了一种良性循环：便宜的运费导致了尼德兰对世界贸易的控制，对贸易的控制又可以获得低廉的造船木材，便宜的木材又使造船费用大为降低，船只的低价位在货运竞争中便占有优势。这一连串的优势合起来，就是尼德兰成为“海上马车夫”的奥秘。

进入 16 世纪以后，尼德兰的经济发展更为迅速。在尼德兰 17 省当中，约有 300 多个城市。北部 7 省（即后来的荷兰）以荷兰和西兰两省的工商业最为发达。除了航海业、造船业和渔业，这里的毛、麻纺织业也颇负盛名。其中阿姆斯特丹是北方诸省的经济中心，与英国、波罗的海沿岸各国以及俄罗斯有着频繁的贸易往来，呢绒业非常发达。南方 10 省中经济最发达的是弗兰德尔和布拉奔，在纺织、冶金、制糖、印刷等工业中普遍出现手工工场。南方的中心城市安特卫普是当时世界上最重要的商业和信贷中心之一，欧洲各国在这里设立的商行和代办处约千余家，每日往来的外国商人有 5000~6000 人，城内国际性交易所大门前悬挂“供所有国家和民族的商人使用”的标牌。

对于他们所取得的经济成就，尼德兰人是这样形容的：

他们在各国采蜜，北欧是他们的森林，莱茵河沿岸是他们的葡萄园，德国、西班牙、爱尔兰是他们的羊圈，普鲁士和波兰是他们的谷仓。

然而，在竞争激烈的近代欧洲，只有财富不仅不足以使荷兰完成大国崛起，甚至连自身的独立与安全都无法保障，更加富饶的意大利各城邦的命运（它们在 16 世纪之后纷纷丧失独立地位，成为哈布斯堡家族的领地）就是证明。好在，荷兰并没有止步于一个经济上的巨人。事实上，除了在经济领域的诸多创新外，16 世纪晚期荷兰的军事改革也一度在欧洲独领风骚。这是他们得以打败西班牙，赢得国家独立，并在近代早期的欧洲脱颖而出的重要原因。

二、八十年战争与莫里斯亲王的军事改革

促使荷兰进行军事改革的直接动因是反抗西班牙当局高压统治的需要。原本尼德兰的各个省和城市都享有一定的自治权和传统权利，但是，在查理五世（1515~1555 年统治尼德兰），特别是其子腓力二世的统治下，西班牙的宗教镇压和经济剥削导致尼德兰诸省与其宗主国的矛盾逐渐激化。

查理五世（1500~1558）

16 世纪是欧洲宗教改革的时代，路德、加尔文等新教教派先后传入尼德兰，其中加尔文教派的影响最为广泛。而查理五世以维护正宗天主教信仰为己任，当然不能容忍尼德兰新教势力的发展。他在尼德兰设立宗教裁判所，残酷迫害新教徒。1550 年，查理五世发布敕令（被称为“血腥敕令”），规定禁止传抄、保藏、散发、买卖路德或加尔文等改革者的文集，凡散布“异端”学说者，男的杀头，女的活埋，就连帮助过新教徒或和他们谈过话的人也要治罪，没收财产。在查理五世统治期间，有 5 万 ~10 万尼德兰人死于宗教迫害。

另外，从查理五世到其子腓力二世，西班牙一直处在连绵不断的战争之中，用保罗 · 肯尼迪的话说，西班牙要管的事太多了，它的敌人既有东方的异教国家土耳其，又有西欧的近邻法国，既有帝国内部离心离

德的意大利城邦，又有在海上不停骚扰它的英格兰，既要维护西班牙的世俗权势，又要镇压欧洲的宗教异端。为了维持帝国庞大的军队和战争开支，西班牙哈布斯堡家族的查理父子必须征到足够多的钱款，尼德兰最富庶，他们在这里的勒索也最疯狂。

起初，尼德兰省议会和三级会议享有一定的自治权，例如征收新税，需经省议会批准。但查理五世不顾尼德兰的传统权利，破坏游戏规则，肆意加强政治控制和搜刮捐税，以至这里为当时西班牙国王提供了一半税收，被称为“王冠上的珍珠”。

腓力二世（1556~1598 年在位）即位后，更加疯狂地推行专制政策。他任命其同父异母的姐姐玛格丽特公爵（查理五世的私生女）为尼德兰总督。玛格丽特进一步剥夺了尼德兰 17 省残存的自治权利，向各地加派驻军，利用天主教会大肆镇压尼德兰人民，宗教迫害案件激增，许多加尔文教徒和再洗礼派教徒被处死。

腓力二世（1527~1598）

更让尼德兰人不能容忍的是，腓力二世为了保护本国资产阶级的利益，限制尼德兰商人进入西班牙港口，禁止他们同西属美洲殖民地直接进行贸易，提高从西班牙运出羊毛的税额，从而使尼德兰从西班牙进口的羊毛锐减，许多手工工场倒闭。腓力二世还公开拒付国债，致使尼德兰银行家蒙受巨大损失。

1566 年 4 月 5 日，由尼德兰中小贵族组成的“贵族同盟”向玛格丽特总督呈递请愿书，提出废除“血腥敕令”，召开三级会议，撤退西班牙驻军等要求，遭到西班牙政府拒绝。至此，和平抗争的路线已经走入死胡同。

事态发展到这一步，无论是为了维护自己的信仰自由，还是为了保护古老的自治权利，抑或是为了商业阶级的利益，尼德兰与西班牙的君臣关系都难以为继了。

1566年8月，尼德兰爆发反西班牙统治的起义。1567年8月，腓力二世派以狂暴著名的阿尔瓦公爵率18000名讨伐军来到尼德兰。阿尔瓦宣称：

宁把一个贫穷的尼德兰留给上帝，不把一个富庶的尼德兰留给魔鬼。

1568年，威廉·奥兰治率领23000名雇佣军进攻弗里斯兰，尼德兰人民反抗西班牙统治的八十年战争正式打响。

威廉·奥兰治（1523~1584）

威廉·奥兰治，即威廉一世，是奥兰治亲王、荷兰执政、荷兰国父，因头脑冷静，也称沉默的威廉。威廉·奥兰治出生在拿骚伯爵家族，22岁时就被任命为马斯军团司令，并进入尼德兰总督府政务院，26岁成为荷兰、泽兰、乌得勒支三省执政。在荷兰独立运动开始后，威廉·奥兰治放弃了显贵的身份和优裕的生活，毅然加入到尼德兰民众一方，成为全国抵抗力量公认的领袖。

至1572年，几乎整个荷兰省和西兰省都摆脱了西班牙的统治，威廉·奥兰治被推举为荷兰、西兰和乌得勒支三省的合法总督。到1573年底，北方七省先后从西班牙的占领下解放出来。北方革命的胜利推动了南方各省人民的反抗运动。1576年11月，尼德兰南北各省代表签订了“根特协定”，决定联合起来共同反对西班牙。1579年1月，由于南方贵族承认腓力二世为“合法的统治者和君主”，天主教为唯一合法的宗教，尼德兰南、北方因此分道扬镳。尼德兰南北分裂后，威廉·奥兰治加入了北方的乌得勒支同盟。1581年7月26日，乌得勒支同盟各省的三级会议正式宣布废黜腓力二世，在尼德兰北部成立联合省共和国，即荷兰，威廉·奥兰治就任联省共和国执政。

由于历史上各省之间都是相互独立的政治实体，所以荷兰人的国家民族观念比较淡薄，而威廉·奥兰治作为在独立战争中成长起来的本土领导人，对提高荷兰国家的凝聚力和认同感起到了很大作用。遗憾的是，在荷兰宣布独立后不久，威廉·奥兰治就遇刺身亡（1584年7月）。

莫里斯亲王（1567~1625）

共和国的建立只是在形式上完成了与宗主国的切割，而这一切割若要成为事实，关键还在于荷兰人能否打败能征善战、人数众多的西班牙陆军。为此，富有创新精神的荷兰寡头统治集团授权奥兰治家族组建了一支新式军队，这支军队的灵魂人物就是欧洲近代早期最伟大的军事改革家、职业化军队的鼻祖莫里斯亲王。莫里斯亲王（拿骚的莫里斯）是威廉·奥兰治的次子，在其父于1584年遭暗杀后，他被推选为“民族委员会”主席，1588年出任联省共和国海陆军总司令。莫里斯亲王和他的兄弟们既熟悉古代军事家的著作，同时也敏锐地认识到了火药革命给欧洲各国军队带来的冲击。他们的军事改革，不是简单地模仿罗马人的做法，而是适应了火药革命对军队战术和编制的新要求。

16世纪中叶之后，滑膛枪在欧洲兴起，军队的火力大大增加。面对这一全新的武器，欧洲军事家们都面临同一个问题：怎样才能通过战术的改变而使火力的效果最大化？1594年，莫里斯的堂兄弟威廉·路易在阅读罗马人埃利亚的《战术》一书时意识到，滑膛枪手的循环编队可以重复形成连续不断的弹雨，就像罗马军团中的标枪手和弹弓射手做的那样。这个方法克服了前转式滑膛枪的最大弱点——缓慢的发射率，因为当一个步兵队伍排成一系列的横队时，第一排可以一起开枪，然后退下重新装弹，由别的横队重复他们的动作，这样就产生了连续不断的杀伤性弹雨，滑膛枪的火力优势也就得到了充分体现。

排枪发射又催生了另外的问题。现在，军队在作战时必须散开，既为了使火力的发挥达到最大程度，又能使自己被敌方枪弹命中的可能性降至最小。这样就产生了两个重要后果。一是需要将 50 排的长矛方队变成 10 排（甚至更少）的滑膛枪队，同时，因为更多的人处在与敌人面对面厮杀的恐惧中，所以要求每个士兵都要有杰出的技巧、勇气和纪律；二是整个战术单位的能力成为重点，客观上要求他们在完成动作时既快速敏捷又整齐划一。

围绕上述两个问题的解决形成了莫里斯亲王的军事改革。

改革首先从裁减员额开始，目的是使部队兵力与国家财政状况相符。在 17 世纪之前，荷兰的野战兵力一般不超过 1.2 万人，其中骑兵 2000 人，步兵 1 万人，由一支较强的炮兵部队支持（1595 年时火炮数量为 42 门，其中野战炮仅 6 门）。由于环境所限（本国人口太少），荷兰摒弃了公民军队概念而采用职业雇佣军。这些人虽然大多是外国人，但他们常年受雇，且能及时领到佣金，因而愿意接受纪律约束，极少发生逃跑和兵变的情况，从而避免了雇佣军在其他地方存在的种种弊端。

其次，将操练引入军队。奥兰治家族的亲王们认识到，要使滑膛枪和长枪发挥尽可能大的威力，就必须加强对军队的控制管理，同时还必须采取新的作战指挥方式和进行更多的训练。莫里斯采取罗马军事著作者们所倡导的训练方式训练他的军队，通过日常性的操练使军队的队形变换更加精确，使射击和枪刺之间的协调得到改善，并且通过采用一种新式的反向步伐，增加了开火的速率。即使在战争的间隙，他的士兵也要不停顿地训练，直到精疲力尽为止。为了教会士兵如何操练，莫里斯的堂兄弟约翰伯爵发展了一种极其重要的军训工具——操练手册，而且在1616年开办了欧洲第一所真正的军事院校，目的是教育年轻的贵族们懂得战争艺术。士兵日日操练，其目标不只是提高士兵个人或单位整体的作战技能，这也是一种灌输纪律意识的方法，因为正确地执行武器规程是纪律的外在体现，以此教导士兵随时服从命令，培育部队凝聚力。

将日常操练重新引入军队是莫里斯军事改革的一项核心内容，也是奥兰治家族对现代军事制度的重要贡献。对此，德国思想家马克斯·韦伯评价道：

> 纪律而非火药开创了这一变革，只是在有纪律的情况下，火药以及与之相关的一切战争技术才有意义。

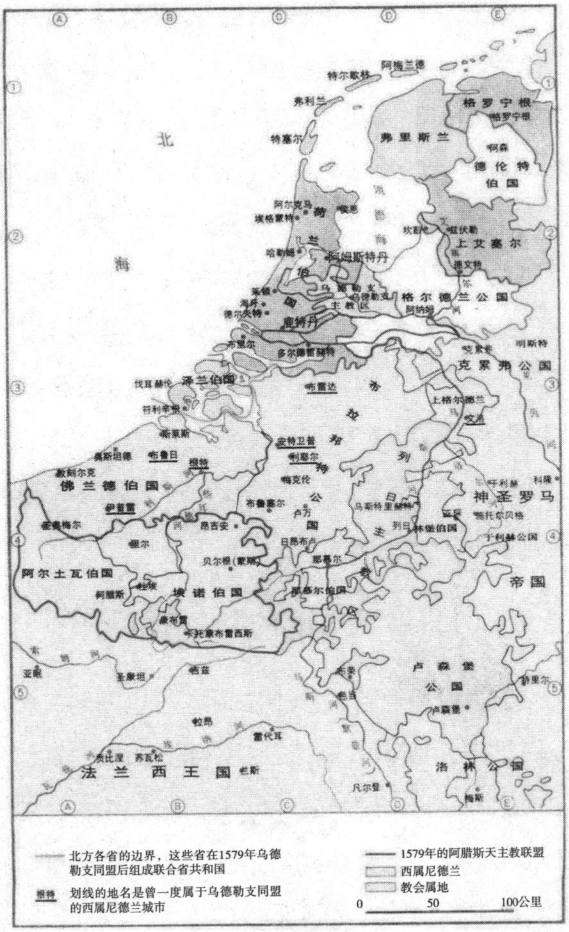

尼德兰独立战争

再次，将作战单位小型化。为了达到最大限度的火力和机动性，步兵已不能继续以大型密集编队的方式部署了，而是必须分编成一个个较小的单位。当时，西班牙人的战斗单位是团，而莫里斯改革后的步兵战斗单位是连。他将连队从旧建制的150人减少到115人，后来又减少到

80 人，滑膛枪步兵和长矛兵各占一半，采取长矛兵居中而火枪兵位于两侧的战术。遇到作战，各连队便被合并成若干个营。他还将火枪兵的纵深行列减至 10 列，战线加宽到最大宽度为 250 米。从最佳角度使用兵力也是莫里斯对战争艺术的重要贡献之一。

莫里斯军事改革成为后来欧洲各国军队遵循的规范性标准，17 世纪上半叶最伟大的军事家、瑞典国王古斯塔夫就是莫里斯的忠实拥趸。在 1631 年 9 月 17 日的布赖滕费尔德战役中，古斯塔夫国王的胜利证明了排枪和线形编队的巨大优势。

经过莫里斯改革后的荷兰军队被认为是当时欧洲最优秀的军队。莫里斯手下的部队通常不超过 1 万人，远不能和西班牙相比，却逐渐在战场上占了上风。1597 年，荷西两军在图霍特展开激战，莫里斯的 7000 人打败了西班牙 6000 人，西班牙 2000 官兵战死，500 人被俘，而莫里斯的军队只有 100 人战死。这次战役决定性地宣告，荷兰的独立已不可逆，西班牙无可挽回地失去了尼德兰北方七省。

1609 年 4 月 9 日，西班牙与联合省共和国签订 12 年休战协定，事实上承认了联合省共和国的独立。但这场独立战争的正式结束却是 1648 年《威斯特伐利亚和约》的签署。从 1568 年奥兰治・威廉起兵反抗到 1648 年三十年战争结束，荷兰独立战争前后历时 80 年，故这场战争被称为八十年战争。

三、在战火中崛起的海权帝国

在争取独立的过程中，荷兰人也在另一条战线上奋战着，即着手建设自己的新国家。摧毁西班牙的海陆霸权，不仅使荷兰赢得了国家独立，也同时成长为“17 世纪标准的资本主义国家”。所以，这是一个在战火中诞生、又在硝烟中强大的神奇国度。

荷兰人首先在经济领域推出了一系列创新，这些创新不仅开时代的风气之先，而且奠定了现代经济制度的基础，后逐渐被其他欧洲国家采纳。1602年，荷兰联合东印度公司成立，这是全世界第一个联合的股份公司。股份公司这一商业形式在保证投资人巨大利润的同时减少了投资风险。通过向全社会融资，东印度公司成功地将分散的财富变成了自己对外扩张的资本。荷兰政府也是东印度公司的股东之一，它将一些只有国家才能拥有的权利折合为25000荷兰盾入股。政府给东印度公司的特权是可以协商签订条约，发动战争。这样一来，东印度公司就成了在亚洲的独立主权个体，可以像一个国家那样运作。1621年，荷兰又成立了西印度公司，垄断西北非洲与美洲之间的贸易。

荷兰人同时还创造了一种新的资本流转体制。1609年，世界历史上第一个股票交易所诞生在阿姆斯特丹。只要愿意，东印度公司的股东们可以随时通过股票交易所将自己手中的股票变成现金，其他投资者也可以随时用现金买入股票。

世界第一个现代意义的银行——阿姆斯特丹银行成立于1609年，它吸收存款，发放贷款，所有一定数量的支付款都要经过银行。因此，阿姆斯特丹银行对于荷兰的经济稳定起到了重要作用。更关键的是，它发明了信用，这是现代经济生活中不可或缺的要素。

就这样，荷兰人将银行、证券交易所、信用，以及有限责任公司有机地统一成一个相互贯通的金融和商业体系，由此带来了财富爆炸式的增长。

到1650年，荷兰拥有的商船数量全球第一。当时世界的商船大约有2万艘，荷兰占1.5~1.6万艘，大洋之上遍布着挂着荷兰旗帜的商船。1670年，荷兰拥有的商船吨位是英国的3倍，比英格兰、法国、葡萄牙、西班牙和德意志拥有的吨位总和还要多。它的船队控制了欧洲和远东大部分贸易，挪威的木材、丹麦的鱼类、波兰的粮食、俄国的毛皮、东南亚的香料、印度的棉纺织品、中国的丝绸和瓷器，等等，大都由荷兰商船转运，经荷兰商人转手销售；阿姆斯特丹成为世界货物集散地和银行、保险、证券业的中心，港内经常有2000多艘商船停泊。船在当时就像陆路运输的马车一样，因此，人们就形象地称荷兰为“海上马车夫”。

17 世纪前期，荷兰资本主义经济也获得迅速发展，呢绒业、麻织业、陶瓷业等均在国际上享有盛名。直到 17 世纪初，英国的呢绒还要靠荷兰最后加工和染色，荷兰从事该项职业的工人达数千人。荷兰的造船业居当时世界首位，他们为西班牙造大型船，向英国供应平底船、渔船和运煤船。

对于荷兰人在经济领域的成就，17 世纪的英国商人托马斯·曼（Thomas Mun）有如下描述：

这样一个小国，还不及我们两个最好的郡大，天然的财富、粮食、木材或军需品很少，然而却能够大量拥有这些东西，并以船只、大炮、绳索、火药、子弹、谷物供应欧洲。

荷兰人的成就当然不只是经济层面上的，他们还建立了一支强大的海军，这既是共和国生存和繁荣的保证，也是国家推行对外政策的工具。这支海军不仅成功地袭击西班牙本土、拦截其运兵船，迫使西班牙放弃了重新征服荷兰的想法，而且通过对佛来芒海岸进行封锁（以防西属尼德兰从荷兰手中夺取贸易）、为商船护航、海上巡逻、打击海盗等为国家经济成就做出了举足轻重的贡献。荷兰还在 1611~1614 年的波罗的海危机中动用海军迫使丹麦国王克里斯琴四世让步，取消松德海峡的额外关税。1645 年，荷兰舰队在波罗的海进行干涉，以结束丹麦和瑞典之间对己不利的战争。荷兰的海军建设虽然随着战争与和平的交替而出现较大变化，但直到 17 世纪 70 年代，它在大部分时间里仍保持着欧洲最强大的阵容。

在君主专制盛行的欧洲，荷兰人还开创了一种新的政治体制，即以代议制为基础的共和国（奥兰治家族成员只是担任执政而非国王）。在这一宪政体制下，统治者与代议机构分享权力，商人成为国家政治生活中的重要角色。他们与统治者结成同盟，把从贸易，特别是海外贸易中赚取的金钱用来支持国家，统治者也遵循保护商人的政策，为他们的经济利益保驾护航。荷兰因此在17世纪成为欧洲最富裕的国家。而且，在面对政治危机时，宪政体制也使荷兰的领袖更能够获得民众的有利支持。所以，与同时期其他专制君主国家相比，貌似权力弱小的荷兰反而凭借宪政体制加强了国家实力。

以商业霸权和强大的海军为后盾，荷兰人将殖民的触角伸向了全世界。

在东亚，他们占据了中国的台湾；

在东南亚，他们把印度尼西亚变成了自己的殖民地，在那里建立了第一个殖民据点——巴达维亚城，即今天的雅加达；

在非洲，他们从葡萄牙手中夺取了新航线的要塞好望角，在那里修筑要塞、营建殖民地、开辟种植园。今天的南非白人，主要是当年荷兰殖民者的后裔；

在大洋洲，他们用荷兰一个省的名字（西兰）命名了一个国家——新西兰；

在南美洲，他们占领了巴西；

在北美大陆的哈得逊河河口，他们建造了以新阿姆斯特丹为中心的新荷兰。新阿姆斯特丹，即现在的纽约。

但是，荷兰的海洋霸权是不稳固的。到17世纪下半期，英法两国分别在海上和欧陆崛起，在海陆两大强权的夹击下，荷兰的海上霸权很快走到尽头。1651年，英国颁布《航海条例》，规定英国的进出口产品只准英国船只或原生产国船只运送，这无疑是对荷兰航运业的巨大打击，因此导致1652~1653年、1665~1667年、1672~1674年三次英荷战争。战争以英国胜利告终，荷兰接受《航海条例》。差不多在同一时间，法国在陆上又多次入侵荷兰，不仅使荷兰元气大伤，而且为进行大陆战争被迫与英国结盟，其结果是将自己的海上优势让渡给英国，并逐渐丧失外交上的独立性。到1713年西班牙王位继承战争结束的时候，精疲力竭的荷兰已不再是欧洲政治必须加以考虑的因素。

归根结底，作为一个国土狭小、被英法两大强国包围起来的陆海复合国家，荷兰的战略回旋余地很小。短暂的兴盛只是特殊情势下的产物，最终它只能屈服于强权中的某一个，它不具备在近代欧洲推行独立对外政策、自主发挥国际作用的环境和条件。但无论如何，以区区 200 万的人口，荷兰人达到了令当时其他国家所望尘莫及的成就和高度，其军事改革和经济创新不仅影响了当时，也惠及后代，故 18 世纪后的衰落丝毫不影响其曾经的荣光。

Chapter Ⅲ

Thirty Years' War and the Rise of France

第三章

三十年战争与法国的崛起

16世纪，借助于美洲的发现和复杂的王朝联姻，西班牙几乎是在一夜之间成为领地遍布世界的大帝国，也就此揭开了法国与西班牙长达一个多世纪的权力争斗。在此期间，法国完成了内部整合，确立了君主专制制度。1618~1648年的三十年战争最终使西班牙从大国地位上跌落下来，法国取而代之，崛起为欧洲头号强国。之后，其大国地位虽有起伏，但一直延续至今。

1638年9月5日，法国圣日耳曼莱昂的宫殿里，传来了一个激动人心的喜讯：结婚23年膝下无子的法王路易十三夫妇终于有了一个男性继承人。这个健康的男婴堪称“上帝赐予的礼物”，使人到中年的路易十三倍感安慰。4岁时，做父亲的问这个男孩：“我的孩子，你叫什么名字？”小男孩回答：“路易十四。”父亲说：“我的孩子，时候还没到呢！”是的，刚过40的路易十三按常理来说还远未走到生命的尽头。谁知孩子的童言却一语成谶，1643年5月14日，路易十三因骑马落水引起的肺炎而去世，不到5岁的小路易成为法王路易十四。

父子二人命运有诸多相似之处：都是年幼即位（路易十三9岁），都是太后摄政，都有一个强势的红衣主教做宰相（黎塞留、马扎然），都娶了西班牙公主为妻。但路易十三终其一生都未能摆脱母后的阴影，在内政外交上也始终依靠手腕高超的黎塞留。而路易十四则在动荡中开始了他最初的君主生涯。1648~1653年，法国巴黎发生贵族暴乱，即投石党运动，小路易两次被迫逃出巴黎。这给他的一生带来了深远影响。他在亲政后紧紧抓住权力不放，决不允许贵族暴乱重现，并最终在凡尔赛建立王宫，离开了在他心里留下沉重负面印象的巴黎。在贵族叛乱的同时，法国还在与宿敌西班牙作战（1635~1659年）。法西战争的过程就像保罗·肯尼迪所形容的那样：“在1648年《威斯特伐利亚和约》

以后的法、西11年战争中，两个对手就像被打得昏头昏脑的拳击手一样，在几乎耗尽体力的情况下，互相紧紧地抓住对方，而不能将另一方打倒。双方都遭受国内叛乱、普遍贫困化和厌战情绪的折磨，也都处于财政崩溃的边缘。”一直到1659年，法国才彻底击败西班牙，签订《比利牛斯条约》。西班牙将阿图瓦和鲁西永割让给法国，并承诺在隔年将王室公主玛丽亚·特雷莎嫁给路易十四。

当然，与父亲最大的不同在于，路易十四开创了一个法国历史上最辉煌最荣耀的时代，也创立了在18世纪欧洲大陆风靡一时的专制君主统治模式。自从23岁亲政之后，路易十四不再任命宰相，而是亲力亲为，一天工作8小时以上，以无比的热诚与精神治理国家。在能干的柯尔贝尔、卢瓦等人的辅佐下，法国国库充盈，在战场上所向披靡，并在文学、艺术、生活方式上引领欧洲。他还彻底解决了贵族对王权和国家稳定的威胁，将贵族召进凡尔赛宫，变成了他宫廷的成员。

虽幼年丧父，但路易十四的人生是幸运的。他在位72年，是法国有史以来在位时间最长的君主，在亲政的54年时间里，一直国家强盛，大权在握。而他那些在欧洲同样做着国王的表兄弟们则远不如他这般幸运。英国国王查理二世和詹姆斯二世的父亲查理一世上了断头台，詹姆斯二世本人则被推翻。作为近亲结婚的牺牲品，西班牙国王查理二世一出生就被断定不能长大成人，后来勉强活到成年却被强邻虎视眈眈地谋划着瓜分他的国家。路易十四虽然与表妹近亲结婚，但仍然育有健康的男性后代，长寿的他比自己的儿子和长孙活得都要长。他身高仅有1.54米，但通过穿高跟鞋和戴蓬松的假发也是仪表堂堂、风度翩翩，甚至还成为时尚潮流。热衷于芭蕾舞的他因亲自出演希腊神话太阳神而得到“太阳王”的美誉。中年之前的路易十四情感生活丰富多彩，拥有众多情人和私生子，但是在玛丽亚·特蕾莎王后1683年去世后，他又与身份低微并年长他3岁的弗朗索瓦·德·奥比尼结婚（是他私生子的保姆，后被封为曼特农侯爵夫人），这样的选择除了爱情，无法用别的理由来解释。尽管他输掉了西班牙王位继承战争，但他的孙子还是当上了西班牙国王。而他的宿敌、小他12岁的荷兰执政、英国国王威廉一世早在1702年就英年早逝了，路易十四则活到1715年。他比自己的对手——除了威廉，还有皇帝利奥波德——活得都要久，在某种程度上这就是最大的胜利。最终，继承他王位的是5岁的曾孙——当年他也是这个年龄成为国王的。

德国诗人歌德这样评价他："他是自然造就的帝王中的完美样本，但是这样做，却使他自身耗竭，且毁掉了模子。"

法国是欧洲最早形成的民族国家之一，人口众多，国土广阔。从15世纪末到17世纪中叶，内忧外患主宰了这100多年的法国历史，对内要解决宗教分裂和贵族叛乱，对外要打破哈布斯堡家族对法国的包围及其炙手可热的权势。1648年之后，在三十年战争的废墟上，在西班牙巨人无可挽回地倒下之后，又一个法兰西巨人站起来了。与西班牙戏剧般强大、而后永久性跌倒的结局相比，法国虽然在近现代历史上经历了一个又一个的挫折——西班牙王位继承战争、七年战争、拿破仑战争、普法战争都以法国的失败而告终，一战、二战也只是徒有其表的战胜国，但神奇的是，法国始终没有丧失大国身份。时至今天，无论是作为极具象征意义的安理会五常之一和合法有核国家（法国是第四个拥有核武器的国家），还是在国际事务中实实在在的政治、经济与军事影响力，抑或是在全世界推广法语文化的热情与力度，从任何角度看，法国都是现时代货真价实、掷地有声的大国。

一、冲破哈布斯堡家族的包围

一部法国崛起的历史，几乎就可以简化为与哈布斯堡家族的战争史，尽管这两个王室之间有着长期的联姻传统。

古往今来，霸权一直是一代又一代统治者的梦想。但霸权又总是那么遥不可及，为赢得她的芳心，无数帝王将相使出浑身解数，却功败垂成。不过，当命运特别垂青于某个家族时，一切似乎又是那么轻而易举，仿佛就是“踏破铁鞋无觅处，得来全不费功夫”。16 世纪，西班牙的哈布斯堡家族就被如此好运砸中了，它们比此前、此后的任何一个统治者都更近距离地感受了霸权的气息。

盛极一时的哈布斯堡家族既从三面包围并威胁了法国，也成为其嫉妒和觊觎对象。两国的争斗过程从 15 世纪末就开始了，最终结束于 1659 年《比利牛斯条约》的签署，其间共经历了三个阶段：

第一个阶段斗争的舞台集中在意大利，至 1559 年《卡托—冈布雷齐条约》签订为止。

15 世纪的意大利是一个经济繁荣、文化灿烂的富庶之地，但是在政治上却四分五裂（罗马教廷、威尼斯、佛罗伦萨、那不勒斯、米兰五个国家旗鼓相当），军事上因依赖极不可靠的雇佣军也十分薄弱。与此同时，相邻的法国和西班牙已成长为统一的近代国家。火药革命带来的战争成本的急剧增加有利于这些规模较大，并拥有专制君主的政治实体。以强大的常备军为后盾，野心勃勃的新式君主们急于攫取财富和土地，并以战场上的胜利提升王朝声誉。富裕但分裂的意大利自然成为其

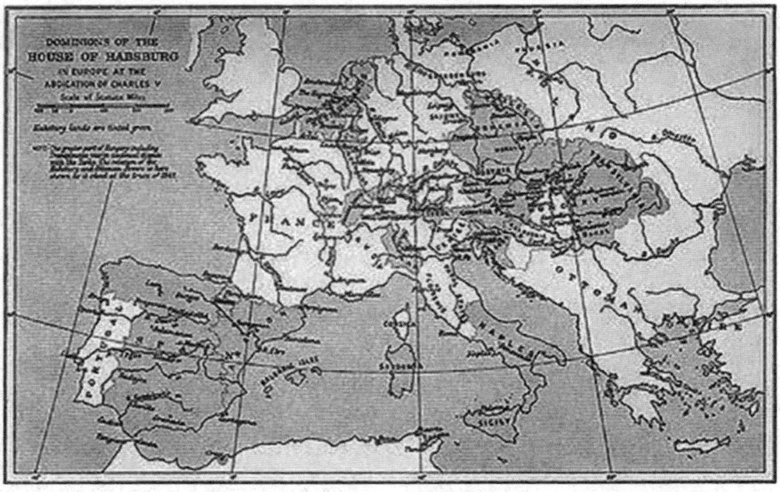

1547年米尔贝格战役后哈布斯堡帝国的版图

对外扩张的首选目标。

意大利各城邦国家历来有在内斗中寻求外国支持的传统。1494年，米兰公国内部的权力之争引发与那不勒斯关系的恶化，米兰“引狮捕鼠”，请求法王查理八世出兵，帮助其对抗那不勒斯。这年8月底，查理八世率兵3万多人入侵意大利。法国的行为立即引起西班牙国王斐迪南二世和神圣罗马帝国皇帝马克西米利安一世的警觉，他们加入到了反法的“威尼斯同盟”一边，并成为对抗法国的主力。1525年，法王弗朗西斯一世战败被俘，丧失在意大利占有的全部土地，并花费重金才得以赎身。1559年，弗朗西斯的儿子亨利二世（1547~1559年在位）与西班牙缔结了《卡托—冈布雷齐条约》，法国放弃在意大利的大部分领土，西班牙哈布斯堡家族取得对意大利的支配权。

第二阶段从1598年开始至1609年，主要交锋地在尼德兰。

意大利战争结束之后不久，法国陷入了一场长达32年之久的宗教战争（1562~1594年）。这场内战分裂了国家，也瘫痪了国家，并导致西班牙入侵。最后，纳瓦尔的亨利（亨利四世）在内战中胜出，于1598年重新统一法国。此时正值西班牙国王腓力二世去世，法西两国达成《韦尔芬和平协议》，西班牙同意放弃对法国的一切干涉。但是，法国并没有同样放弃对西班牙的干涉。内战结束后，与反叛的荷兰结盟就是法国的既定外交政策之一，法国或通过补助金的方式资助荷兰，或亲自参战。天主教的法国与新教的荷兰在信仰上南辕北辙，这一同盟关系完全是基于削弱西班牙权势的考量。长期的战争和多次失败使西班牙元气大伤，遂被迫于1606年同荷兰谈判，并于1609年4月签订《十二年停战协定》，事实上承认了荷兰共和国的独立。至此，哈布斯堡家族在北方对法国的包围已经被解除。

第三个阶段即1618~1648年的三十年战争，法国最终完成了对哈布斯堡家族的削弱。

三十年战争是因神圣罗马帝国内部皇帝与诸侯、诸侯与诸侯之间的宗教分歧和权势竞争而起，但迅速演变为大国之间的争斗。如果说在三十年战争之前哈布斯堡家族，特别是其西班牙分支对法国的威胁是客观存在的话，那么，经过1588年无敌舰队覆灭和1609年荷兰独立之后，西班牙哈布斯堡的权势已经走上了衰落的不归路，对法国的包围至少在北部已不复存在。法国加入三十年战争，其目的早已不是防御性的，而是要趁乱彻底削弱哈布斯堡家族、称霸欧洲。

黎塞留是法国参与三十年战争的实际推动者和幕后策划人之一，他从1624年起担任首相，共执政18年之久。尽管黎塞留是天主教枢机，但是为了法国的兴盛，他毅然决然地推动法国加入新教同盟，将主权置于教权之上。在三十年战争中，法国并不是完全公开地与哈布斯堡家族对抗，而是通过秘密资助的方式支持哈布斯堡家族的敌人。黎塞留和他的后任首相马扎然通过阻止德意志统一、打破哈布斯堡家族的包围，为路易十四时期法国的兴旺发达奠定了良好基础。最终，在西班牙哈布斯堡的废墟上，法国——这个新的巨人站立起来了。

二、确立君主专制制度

16世纪是法国崛起的关键百年，在对外致力于削弱哈布斯堡家族的权势的同时，对内发生了两件重要的事情：一是摆脱了罗马教廷的控制，建立了中央集权的君主专制制度，二是结束了内部的宗教纷争和贵族叛乱，使国家避免了被分裂的命运。

欧洲的中世纪是一个王权软弱，而教权和地方贵族权力强大的时代。幸运的是，法国王权从11世纪开始逐渐加强，到15世纪末，在政治上已经实现统一。王室通过对市场买卖、家庭财产和贩盐交易课以赋税，为自己开辟了新的财源，掌握了大量财富。在不断提高自身财政能力的基础上，法国君主增加了行政人员，更好地保障了税收和政策的贯彻。他们还设有常备军，拥有贵族们难以匹敌的数以千计的步兵，装备着贵族们无力购买的昂贵大炮，使自身的军事实力凌驾于贵族之上。

内部的统一、王权的强大也使法国君主有了与罗马教廷谈判的本钱。1516 年，弗朗西斯一世（1515~1547 年在位）与教皇利奥十世订约，规定法国教会神职人员均由国王任命，教会大部分收入也归国王，法国因而摆脱了罗马教廷的控制，国王实际上成为教会的首脑，教会变成王权的工具。此后，法王集大权于一身，其颁布的诏令往往用“这就是朕的意志”作结束，说明君主的命令已经成为必须遵守的法律，法国已成为一个中央集权的君主专制国家。

政治上的统一促进了法国经济的发展。16 世纪前期，法国约有人口 1500 万，巴黎是欧洲最大的城市，拥有居民 30 万，在呢绒、纺织、印刷、玻璃、制陶等行业中开始出现资本主义手工工场，法国制造的大炮被欧洲公认为是最好的。

但法国专制王权的建立并非一帆风顺，王权的强化和确立是在同贵族权威和割据势力进行斗争的曲折过程中逐步实现的。封建贵族不甘心权势的衰落，竭力维护自己的特权和对国王的控制权，伺机向王权挑战。在宗教改革的大背景下，贵族与王权之间的较量又与新、旧教的斗争纠缠在一起。

法国是一个天主教国家，法王坚持传统的信仰，反对宗教改革。约翰·加尔文（1509-1564）是法国著名的宗教改革家、神学家、基督教新教的重要派别加尔文教派（在法国称胡格诺派）创始人，著有神学名著《基督教要义》。加尔文教强调信仰得救，否认罗马教廷权威和封建等级观念，主张废除繁琐的宗教礼仪，取消偶像崇拜、朝圣和斋戒，教徒选举产生神职人员，建立简化、纯洁和廉价的教会，其教义在荷兰、苏格兰和英格兰影响很大，在法国主要流行于南部的手工业者、雇工、一部分城市中产阶级、低级神父机修道僧当中。1534 年之后，法国开始镇压新教徒，成立了异端裁判所、“火焰法庭”等。可是，新教运动在严厉的镇压下却获得长足发展。40 年代，特别是 50 年代以后，许多大贵族也接受了加尔文教。法国新教贵族企图乘意大利战争法国国王战败、王权衰落之机，效仿德国新教诸侯，在法国没收教会财产，割地称雄与王权相抗衡。1559 年，各地新教教会的代表举行全国大会，正式确认加尔文信条，从此法国的新教徒被称为“胡格诺派”。

1559 年，年仅 15 岁的弗朗西斯二世继位，实权落在军功显赫的吉斯家族手中，新旧教派之间的冲突骤然加剧。1562 年 3 月 1 日，吉斯公爵弗朗索瓦·德·洛林在路过瓦西镇附近时，发现新教徒违反国王的禁令在城内做新教仪式，他认为这是对他的权威的公然挑战，立即下令对犯禁的新教徒进行攻击，死伤近 200 人。“瓦西镇屠杀”成为持续 30 多年的胡格诺战争的直接导火线。

吉斯家族

法国著名的贵族世家，家族始祖克洛德·德·洛林是洛林公爵勒内二世的次子，1528 年受封为第一代吉斯公爵，控制了法国北部与东部诸省。克洛德之子弗朗索瓦·德·洛林是杰出的军事指挥官，为查理九世时执政的三巨头之一。从弗朗索瓦开始，吉斯家族积极卷入法国宗教战争，并充任天主教方面的领袖。弗朗索瓦·德·洛林之子亨利一世·德·洛林竞争法国王位，被法国国王亨利三世杀害。之后，吉斯家族迅速没落，在 17 世纪与首相黎塞留的斗争中失去了大部分政治力量。1696 年，吉斯家族绝嗣。

胡格诺战争虽然是打着宗教的旗号进行的，但就其性质和内容而言，则是法国的一场内战，是法国国内诸矛盾的总爆发，战争的原因是王权同封建割据势力之间的矛盾和宗教派别矛盾的激化。这场战争是法国历史上的一段无政府时期，正在上升的王权面临崩溃，贵族分裂势力抬头，同时还夹杂着复杂的国际因素，法国有可能面临着尼德兰和德意志那样的命运，即按照宗教边界被永久地分割。

反对王权专制制度的封建贵族分裂成两大集团：一个集团是天主教派势力，他们聚集在王室近亲吉斯家族周围，以吉斯公爵和洛林红衣主教查理为首形成了强大的天主教营垒，对国王起着举足轻重的影响；另一个集团是新教胡格诺派势力，以波旁王朝家族的成员 L. 孔代亲王、纳瓦尔国王（亨利）和 G. 代·科利尼海军上将为代表。

双方的兵力不多，在战争中都依靠外国——天主教派依靠西班牙，胡格诺派依靠英国、德意志新教王公和荷兰教友。之后，双方历经多次战争，互有胜负，形成了一个战争——和解——废除和解——再战的循环。

1585 年，法王亨利三世（1574~1589 年在位）的兄弟安茹公爵死去，亨利三世宣布信奉新教的近亲纳瓦尔的亨利（亨利三世的妹夫）为王位继承人。此举导致天主教同盟与王权决裂，北部各城市纷纷独立，巴黎天主教徒拒绝服从国王。全国各地又掀起农民运动，法国四分五裂，国王政府濒临垮台。

转机发生在 1589 年 8 月 1 日，亨利三世被刺身亡，新教徒纳瓦尔国王亨利成为法王亨利四世（1589~1610 年在位）。但由于天主教派拒不承认，亨利四世无法攻入巴黎。鉴于法国 90% 以上的人口都信仰天主教，善于变通的亨利四世于 1593 年 7 月 25 日在圣德尼大教堂改信天主教。他声

亨利四世（1553~1610）

法国波旁王朝的创建者，原为纳瓦尔（今西班牙北部的一个自治区，与法国接壤，濒临大西洋）王国国王，是法国瓦卢瓦王室的远亲。亨利自青年时代起，就作为胡格诺派的领袖卷入了法国残酷的宗教战争。他娶了瓦卢瓦王室的小女儿玛格丽特为后，并因此而获得了法国王位的继承权。二人后来友好分手，亨利四世再娶佛罗伦萨的玛丽·德·梅迪奇，并生有一子，即路易十三。亨利四世以他的名言“要使每个法国农民的锅里都有一只鸡”而流芳后世，但最终被天主教徒刺杀身亡。

称，“为了巴黎是值得做弥撒（天主教的宗教仪式）的”，巴黎大门由此而为他打开。1594 年 3 月 22 日，亨利四世凯旋进入巴黎，受到隆重欢迎，历时 30 多年的内战结束。此后的 4 年中，各地纷纷归附，亨利四世还赶走了混战之中攻入法国的西班牙军队。

为了平息胡格诺教徒的愤懑和安抚在战争中受到打击的天主教徒，亨利四世于 1598 年 4 月颁布“南特敕令”，宣布天主教为法国国教，已没收的天主教会土地和财产一律归还；胡格诺教徒得到信仰自由和传教自由，有权召集自己的宗教会议，在担任国家官职上享受与旧教徒同等的权利。此外，作为国王履行敕令的担保，胡格诺教徒还保留 25000 人的军队及 100 多个堡寨。巴黎高等法院由天主教徒和胡格诺教徒共同担任法官，以处理宗教争端。至此，宗教宽容在法国得到实现，导致国家分裂的一个极其重要的因素消失了。

内战期间，由于王权式微，地方和贵族的自治权与特权有所抬头，内战的结束使法国王权得到振兴，为亨利四世统一民族国家和复兴经济创造了条件。亨利四世在首相苏利的协助下进行了全面整顿和改革，在财政税收上节约开支，降低部分税额，鼓励农业生产，奖励工商业和发展海外殖民贸易。1604 年，法国成立东印度公司和加拿大商业公司，1608 年，法国殖民者在北美圣劳伦斯河下游建立了魁北克城，法国的海外事业由此开始起步。在长期混乱之后，亨利四世重新建立了一个统一且蒸蒸日上的法国。

路易十三在位时（1610~1643 年），枢机主教黎塞留任首相（1624~1642 年在位），法国专制王权获得进一步加强。黎塞留设立非常法庭，惩治叛乱贵族。在他执政期间，被处死的大贵族有公爵 2 人、伯爵 4 人、其他 41 人；封建主的堡垒被拆除，贵族必须遵守国王的法律，向国王效忠。1625 年，黎塞留亲自率军队平定胡格诺贵族的叛乱，废除了“南特敕令”给予胡格诺教徒的一切政治和军事特权，仅允许他们信仰自由。黎塞留在中央设立各部大臣，权力归国王直接控制。

为了削弱原贵族把持的省长职权，黎塞留改由中央直接任命总督，统管各省的司法、警察、财政大权。专制统治强化后，由贵族参加的国务会议形同虚设，三级会议自1614年被解散，直到1789年，175年间未曾召开。

黎塞留（1585~1642）

黎塞留实行重商主义经济政策，促进工商业的发展，鼓励航海和殖民活动。17世纪上半叶，法国殖民者除巩固了在加拿大的地位外，还侵入西印度群岛和非洲的塞内加尔、马尔加什等地。

在临终前，神父问黎塞留："要不要宽恕你的敌人？"他答道："除了公敌之外，我没有敌人。"

这当然不是事实。黎塞留想表达的是，他一生为国家服务，忠诚王室，从无私心。

三、三十年战争与法国大国地位的最终确立

外部哈布斯堡权势的衰落，内部君主专制的确立，为法国在17世纪中叶之后的崛起奠定了坚实基础，而三十年战争成为压垮西班牙哈布斯堡的最后一块巨石，并因此将法国推向欧洲第一大国地位。

三十年战争是一场以德国为主战场，发生在17世纪上半叶的战争。与此前的很多战争一样，宗教是三十年战争的重要缘起。

16~17世纪的欧洲是一个宗教改革的时代，改革发端于德国（神圣罗马帝国）。德国政治的分裂和皇权的软弱无力使教会权力在德意志得以扩大。当时教会占有德国三分之一的土地，很多高级僧侣本身就是诸侯，罗马教廷的挥霍主要来自德国教会的供给，所以德国在当时被称

为“教皇的乳牛”。

马丁·路德（1483~1546），出生于德国，是16世纪欧洲宗教改革的倡导者，基督教新教路德教派创始人。1517年，路德发表《九十五条论纲》，抨击教皇出售赎罪券，此举标志着宗教改革的开始。德国的诸侯们分成了天主教（旧教）和新教两大阵营，皇帝属于天主教。其他诸侯内部也出现了新教与旧教的对立。

三十年战争从波希米亚开始。波希米亚即今天的捷克，它本是一个独立国家，1526年之后并入神圣罗马帝国版图，隶属于奥地利，由皇帝兼任国王，但保持了很大的自治权。对于波希米亚新教运动的发展，皇帝做了一定的让步，于1609年签署了“大诏书”，给捷克所有非天主教徒以信仰自由和选举自己“信仰保护人”的权利。马提亚（1612~1619年在位）继承皇位后也承认了大诏书，但是1617年马提亚指派自己的堂弟、帝位继承人斐迪南为捷克国王后，情况发生了变化。斐迪南是一个狂热的天主教活动家，他公开违反大诏书，把捷克当作附庸对待，极力推行天主教的反改革运动，要求其属地统一信仰天主教，残酷镇压捷克新教徒，新教教堂被拆毁，参加新教活动的教徒被囚禁。捷克与哈布斯堡家族的矛盾因此日益激化。1618年5月23日，布拉格人民举行起义，新教徒冲进王宫，按照捷克惩罚叛徒的古老习惯，把斐迪南派来的两个钦差从20多米高的窗口扔了出去，史称“掷出窗外事件”。由此引发三十年战争。

三十年战争虽然以宗教为导火索，但宗教并不是唯一的赌注。对于皇帝来说，他要趁机扩大权力，把神圣罗马帝国建立成一个类似英国和法国那样的中央集权的专制君主国；而新教诸侯们要保持自己的独立权，让皇帝继续做一个名义上的领袖，这样就出现了一个国家体制的分歧。所以也就不难理解，两大阵营的对立并不完全以宗教为标准，也有天主教诸侯担心皇帝扩大权力而加入了新教阵营的。同时，周边国家都想趁德意志混乱牟取利益，三十年战争因此迅速演变成了一场国际战争。西班牙因与奥地利同属哈布斯堡家族，在宗教信仰方面亦远比皇帝狂热，所以毫无疑问站在了皇帝一边；荷兰正在和西班牙进行一场带有宗教色彩的独立战争，当然支持新教阵营；新教国家丹麦和瑞典既为宗教利益驱使，更想夺取德意志领土，也支持新教诸侯；法国的情况比较特殊，它虽是天主教国家，但与哈布斯堡家族是世仇，从 15 世纪末起断断续续打了 100 多年，自然不会放过任何能够削弱它的机会。因此，整个三十年战争的对垒情况就是：皇帝、西班牙、天主教诸侯、教皇 VS. 法国、瑞典、丹麦、荷兰、新教诸侯。

神圣罗马帝国
（962～1806）

全称德意志民族神圣罗马帝国或日耳曼民族神圣罗马帝国。公元 962 年，德意志国王、萨克森王朝的奥托一世在罗马由教皇约翰十二世加冕称帝，成为罗马的监护人和罗马天主教世界的最高统治者。1157 年，这一帝国得到了“神圣帝国”的称号。1254 年，帝国第一次开始使用“神圣罗马帝国”头衔，此后作为官方名称沿用至 1806 年。帝国极盛时期的疆域包括近代的德意志、奥地利、意大利北部和中部、捷克、斯洛伐克、法国东部、荷兰、比利时、卢森堡和瑞士。神圣罗马帝国早期为统一的国家，中世纪后演变为由一些承认皇帝最高权威的公国、侯国、伯国、宗教贵族领地和自由市组成的松散的政治联合体，皇帝通常由来自奥地利的哈布斯堡家族成员担任。法国文学家伏尔泰曾这样评价它：“既不神圣，也不罗马，更非帝国。”

三十年战争分成四个阶段，双方打打停停，互有胜负，但几乎没有决定性意义的战役，彼此都不可能彻底赢得对方。

战争的第一阶段是捷克—巴拉丁（普法尔茨）时期（1618~1624）。巴拉丁的选帝侯腓特烈五世是德意志新教联盟的首领，也是英国国王詹姆斯一世的女婿、未来英国国王乔治一世的外公。捷克为了争得新教联盟和英国的支持，在起义的第二年选举腓特烈五世为国王。在这个阶段，皇帝、西班牙和旧教联盟的军队取得了胜利，捷克失去自治权，新教遭到禁止，巴拉丁被占领，腓特烈五世逃往荷兰。

选帝侯

指那些拥有选举罗马人民的国王和神圣罗马帝国皇帝的权利的诸侯。1356年，卢森堡王朝的查理四世皇帝为了谋求诸侯对其子继承王位的承认，在纽伦堡制定了著名的宪章“金玺诏书”，正式确认大封建诸侯选举皇帝的合法性。诏书以反对俗世的七宗罪为宗教依据，确立了帝国的七个选帝侯，分别是美茵茨大主教，科隆大主教，特里尔大主教，萨克森－维滕堡公爵，勃兰登堡藩侯，莱茵－普法尔茨伯爵以及波希米亚国王。事实上，七选侯选举出来的人只能称“罗马人民的国王”，只有经过进军罗马，并由教皇加冕后的“罗马人民的国王”，才能使用“神圣罗马帝国皇帝”头衔。17世纪，又增加了普法尔茨选侯和汉诺威选侯。

战争的第二阶段是丹麦阶段（1625~1629）。哈布斯堡家族的胜利不仅引起了新教诸侯的恐慌，也让周围国家紧张起来。法国和荷兰对皇帝实力的加强和西班牙军队占领莱茵河流域非常不安，它们不能允许这个家族的势力进一步扩大；英王关心自己女婿的命运；丹麦和瑞典垂涎北德意志领土，反对皇帝加强对德意志的控制。1625年，在法国首相黎塞留的倡议下，英国、荷兰、丹麦缔结了反哈布斯堡联盟，英、荷两国答应给丹麦补助金。当年，丹麦在英国、荷兰的军费补助和北德意志诸侯的支持下进入德国作战。但是瓦伦斯坦率领的帝国军队和西班牙蒂利将军率领的天主教联盟军获得胜利，将丹麦赶出了德意志。

战争的第三阶段是瑞典阶段（1630~1635）。丹麦失败之后，皇帝直接控制了德国北部。皇帝还于1629年3月颁布了“归还教产敕令”，规定新教诸侯要将1552年之后所侵占的领地和教会财产全部归还天主教诸侯，于是又挑起了新的教派纠纷。同时，天主教势力的北进、哈布斯堡家族权势的扩张、皇帝在波罗的海建立舰队的打算更是引起荷兰、法国、英国的不安，特别是瑞典，一直以来都企图向北德意志扩张和独

古斯塔夫二世（1594~1632）

霸波罗的海。恰好此时瑞典刚刚与波兰—立陶宛结束战争，可以腾出手来。1630 年 7 月，在国王古斯塔夫的率领下，瑞典大军在波美拉尼亚登陆，开始了三十年战争的第三个阶段。

这个时期，皇帝的阵营发生了一个重要变故——在对丹麦的战争中发挥重要作用的瓦伦斯坦被皇帝解除了职务。原因是天主教诸侯也不能容忍皇帝权力的无限扩大，它们把矛头对准了皇帝的左膀右臂瓦伦斯坦，因为他不仅帮助皇帝扩大权威，而且还有把德意志建成一个集权制君主国的想法。在天主教同盟首领巴伐利亚选侯马克西米利安一世的策动下，皇帝被迫解除了瓦伦斯坦的职务。这个举动造成了帝国军队指挥的混乱，给了对

瓦伦斯坦（1583~1634）

手以可乘之机。古斯塔夫的大军长驱直入，新教诸侯纷纷倒向瑞典，1631 年 11 月古斯塔夫占领布拉格，直逼哈布斯堡的权力中心奥地利。1632 年 11 月 16 日，在萨克森的吕岑会战中，瑞典取得胜利，但古斯塔夫国王阵亡。此后战局呈对峙状态，到 1634 年，瑞典军队受重挫，皇帝和天主教同盟的势力又得到扩大。

战争的第四个阶段是法国—瑞典阶段（1635~1648）。在此之前法国对这场战争一直采取幕后支持的态度，比如向瑞典提供补助金。局势的发展使法国不得不从幕后走到前台，这也使这场战争彻底脱下了宗教的外衣，成为大国权势争夺战，因为法国也是一个天主教国家。对于法国来说，这场战争是持续了一个多世纪的反哈布斯堡家族霸权斗争的新阶段。最初西班牙曾经从南北两面攻入法国，到 40 年代之后，法国和瑞典逐渐掌握了战场的优势，1646 年，法、瑞联军攻入巴伐利亚，瑞军占领布拉格，皇帝被迫求和。

1648 年 10 月 24 日，交战各方签订《威斯特伐利亚和约》，内容主要包括三个方面：领土问题、宗教问题和德意志国家体制问题。

（一）在领土方面，瑞典与法国以德意志为代价扩大了自己的版图。其中，法国获得了阿尔萨斯的大部，并确认了法国对洛林的所有权。这一所得埋下了 200 多年之后普鲁士夺取阿尔萨斯和洛林的种子，这两个地方的丢失又是法德结怨、一战爆发的主要原因。另外，德意志的几个大邦也都扩大了领土，其中勃兰登堡扩张最多，奠定了普鲁士王国在 18 世纪崛起的基础。荷兰和瑞士的独立获得国际承认。

（二）在宗教方面，规定新教与旧教享有平等地位，诸侯在其领地内有规定信奉任何宗教之权，在帝国法庭中，天主教徒和新教徒的法官人数相等。通过血与火的洗礼，通过无数的杀戮，宗教宽容原则终于被确定下来，欧洲为了宗教而厮杀的历史到此结束，从此也开启了欧洲有限战争的时代。

（三）在德意志国家体制方面，政治分裂的局面更加巩固了。德国被分成296个小邦，还有大量的“帝国骑士”领地，各邦国都享有内政、外交的全部主权，帝国的重要事务由各邦平等参与的帝国议会决定。皇权遭到进一步削弱，皇帝的宝座除了在威望和礼仪方面还有一定的价值外，其他方面基本形同虚设。

三十年战争使整个欧洲大陆的力量对比发生了巨大变化，法国成为最大赢家。首先，它以奥地利和神圣罗马帝国为代价在其易受攻击的东部边界获取了一系列极富战略价值的领土。其次，德意志作为三十年战争的主战场，在战后几成一片废墟。战争期间，德国共有1976所寺院、1629座城市、18310个村庄被洗劫，许多矿山、制铁和铸造的工厂也被毁灭，工商业普遍衰落。人民的生活濒临绝境。人口的骤减更为惊人，萨克森、勃兰登堡等许多地区的居民减少了一半以上，战前有8万居民的奥格斯堡城战后变成仅有1.2万人的荒凉市镇。德意志的衰落在法国东部造就一个巨大的权力真空。而且，德意志的分裂以国际条约形式被确认，法国又成为这一解决保证人。这一切不仅奠定了法国未来扩张的基础，也使其安全大为增加。尤其重要的是，奥地利的权势被削弱。“西班牙道路”即意大利与南尼德兰之间的军事交通线被打断，后者和弗朗什－孔代已被有效地孤立起来。1659年的《比利牛斯条约》又使哈布斯堡家族的另一成员西班牙向法国认输，比利牛斯山脉以北的领土全部让予法国。经历了漫长战争之后的西班牙此时已耗尽元气，沦落为欧洲二流强国。

1661年，当年轻、能干、野心勃勃的路易十四亲政时，法国内忧外患的时代已成为历史。在有利的国际政治格局的衬托下，法国崛起为欧陆最显赫的国家，并开始走上追逐大陆霸权的道路。

四、“太阳”照耀欧洲

1643年路易十四即位后，国家大权由首相马扎然掌握。1661年3月马扎然去世，23岁的路易十四亲政，法国专制主义进入鼎盛时期。

路易十四（1638~1715）

路易十四凡事亲躬，把国家权力集中于自己手中，宣称“朕即国家”，“法出于我”，声明不再需要首相，自己单独行使王权。他召开仅由3~5人组成的最高委员会处理国政。路易十四还建立了内政、外交、财政、陆军、宗教委员会等机构，但这些机构只起咨询作用，决定权仍掌握在他自己手中。路易十四宣布，教士会议必须听命于国王，各大臣未经国王同意不得发出任何政令，高等法院和地方高等法院不得讨论和表决国王的敕令。1664年，他派出官员到各郡整肃地方官吏，完善监督官制度以加强对各郡的控制，后来监督官逐步成为代表中央政府常驻各郡的行政官员。

针对当时法律混乱的状况，路易十四颁布了一系列新法律：1667年的《民法》，1669年的《水利森林法》，1670年的《刑法》、1673年的《商法》、1687年的《海运法》，以及1685年关于殖民地奴隶的《黑人法》。这些法律对于有效维持国家的政治、经济和社会秩序发挥了重要作用。

为了维护专制王权、对外推行扩张政策，路易十四扩充了军队，改进了军队管理。在他统治期间，法国军队的规模空前扩大，由其执政初年的8万增到17世纪90年代的33.5万人，到其统治末年更增长至38万人，而之前在与西班牙的长期战争中，法军人数最多时大约为12.5万人。军中大批平民出身的有才干者被提升为将军，进而又被封为贵族，对一些具有反叛倾向的贵族将领则采用削弱军权的办法，并将他们置于重重监视之下，军队因此完全掌控在国王手中。陆军的装备也得到改进，引进了刺刀，换发了新型火石枪，炮兵被列入与各兵种平等地位，并开办炮兵学校，培养炮兵指挥人才。法国军队在后勤管理上也是欧洲一流，同时代人是这样记载的：

在法国，战时与在和平时一样治理得井然有序——今天，她有一项优于敌人的长处，那就是她军队的必需品供应得极好，其他国家——不会使用法国人常用弹药车，他们也没有排放整齐、贮满了军队各项军需品的仓库。

路易十四不仅建立了当时规模最大、素质精良的陆军，也曾有过非常强大的海军。财政总监柯尔贝尔重组法国海军，战舰数量由1661年初建时的20艘船增加到1671年的196艘，进而到1677年的270艘。他改进旧港口和兵工厂，使土伦、罗什福尔、布列斯特、勒阿费尔、敦刻尔克等港口现代化。

在经济领域，路易十四采取重商主义政策。作为路易十四重商主义政策的执行者，财政总监柯尔贝尔首先从整顿财政做起。他监督收税官吏，力求收支平衡，一年之内就使法国国库从亏空转为盈余。

其次，鼓励国家工商业的发展。近代早期流行于欧洲各国的重商主义思潮认为，金银或货币是财富的唯一形态，一切经济活动的目的就是为了获取金银。除了开采金银矿以外，对外贸易是货币财富的真正来源。为此，柯尔贝尔大力扶植和发展本国工业，推行保护关税政策。他招聘外国工匠，给企业主以专利和各种补助。在其担任财政总监期间，共开办了45家手工工场，使手工工场增加到113家。柯尔贝尔还制定手工工场条例，对不合格产品予以惩罚。他取消了国内关卡，改善道路，开凿运河，为工商业发展创造良好的环境。为阻止外国商品进口，保护国内商业，柯尔贝尔先后于1664年、1667年两次修改关税条例，对英国的羊毛和地毯、安特卫普和布鲁塞尔的挂毯以及荷兰、西班牙的呢绒等货物课以重税。

再次，促进海外贸易和殖民扩张。柯尔贝尔创办了一系列垄断公司，包括东印度公司、西印度公司、利凡特公司、北方公司等，给这些公司以贸易垄断权；海外殖民地得以扩大，在印度，法国占领了本地治理，在北美，占领了路易斯安那，在非洲，占领了马达加斯加沿海、塞内加尔河口一带。

工商业的繁荣、税收制度的整顿以及海外扩张使路易十四拥有远远超过其他国家的收入，国力大幅增长。以强大的实力为后盾，路易十四取得了一系列战争的胜利，扩张了法国的领土。

除了硬力量，路易十四治下的法国还具备卓著的软实力。当时，欧洲君主竞相模仿法国的官僚体制、税收制度、军队、宫廷以及统治方式，17 世纪和 18 世纪，法语取代拉丁语成为欧洲外交的通用语言，各国上流社会都以能讲一口流利的法语为时髦的标志。据说，18 世纪的俄罗斯上层贵族说法语的比说俄语的还多，小孩一生下来就由法国的家庭女教师教育，俄语水平只要能跟仆人说话就行了。路易十四对历史的影响还远不止这些。他因为身材较矮，便穿上了特制的 15 厘米高的鞋子以增强威严感，结果全国上下争相效仿，发展成后来风靡全世界的高跟鞋。路易十四一生痴迷芭蕾舞，多次亲自参加芭蕾舞剧的演出，在他的倡导下，芭蕾舞艺术日臻完美，并逐渐成为风靡欧洲的时髦艺术。由于他曾扮演了芭蕾舞剧中的太阳神的角色，而被人们誉为“太阳王”。他下令修建凡尔赛宫，于 1689 年全部竣工。凡尔赛宫是当时欧洲最宏伟的建筑，有 230 英亩错落有致的花园，1400 处喷泉。路易十四没有耐心等待树苗慢慢长大，便从别处挖出 25000 棵大树重新栽到这里。凡尔赛宫也成为路易十四控制贵族的场所。他鼓励贵族生活在宫廷中，每天出席各种宴会、音乐会、舞会，观看歌剧、戏剧表演，用奢华的招待、没完没了的娱乐活动来换取绝对的权力。

但是，持续的对外战争消耗了法国的大量财力和人力，臃肿的官僚机构开支浩大，贵族生活奢侈无度，国民的赋税负担越来越重，专制主义法国开始走向衰落。1701~1713 年的西班牙王位继承战争对法国的打击是决定性的。虽然路易十四的孙子如愿以偿成为西班牙国王，但这一获得更多是王朝声望上的，并没有实际的收益，反倒是与其他大国联盟（英国、奥地利、普鲁士等）十几年的战争导致国家负债累累。1715 年路易十四去世时，他留下 24 亿里尔国债，其中 1/3 已经到期，而 1715 年国家财政纯收入只有 6900 万里尔，财政支出达到 1.447 亿里尔，国家财政处于极大困难之中。另外，法国在西班牙王位继承战争中丢掉了北美和西印度的一些属地，英国还获得了西班牙海外领地的贸易权，从西班牙手里夺得了战略地位极其重要、可以封锁地中海的直布罗陀海峡。毫无疑问，西班牙王位继承战争最终的结果是，英国崛起了，法国则走过了其国力、影响力的巅峰时刻，此后再未获得过欧洲第一强国的位置，拿破仑时代的辉煌不过是短暂的回光返照而已。

Chapter IV

The War of Spanish Succession and the Rise of England

第四章

西班牙王位继承战争与英国的崛起

西班牙王位继承战争结束了法国在欧洲大陆近乎霸权的时代，完成了内部整合、蓄势待发的英国则借此成为欧洲头号强国和第一殖民大国、海军大国。在此后超过200年的时间里，这一地位几乎无人可以撼动。

将英伦诸岛与欧洲大陆分隔开的英吉利海峡长560公里，平均宽180公里，最窄处33公里。仅从数字上看，渡过海峡登陆英国应该是一件很容易的事。在10世纪之前，盎格鲁－撒克逊人、罗马人、维京人曾频繁进入英国。但是自从1066年法国诺曼底公爵威廉（史称“征服者威廉”）入侵英格兰成为英格兰国王威廉一世后，英吉利海峡突然成为所有试图入侵者的天堑——无论是腓力二世的西班牙还是路易十四的法国，无论是称霸欧洲大陆的拿破仑还是不可一世的希特勒，都没有成功渡过这条不算宽的海峡。其中的原因，一方面是因为海峡本身浪高风急，英国可登陆的地点也不多；另一方面，英国自都铎王朝开始，始终保持着一支欧洲首屈一指的海军。渡海峡、登陆本已不易，再有虎视眈眈、时刻监视着欧陆动向的强大海军，各路入侵者铩羽而归也就是情理之中的事了。

不过也有例外。1688年11月1日，英王詹姆斯二世的女婿、荷兰执政威廉三世率领1.5万人渡过英吉利海峡，11月5日在德文郡的托尔湾登陆，当年12月进入伦敦。1689年1月，詹姆斯二世逊位，由威廉和妻子玛丽共同统治英国，称威廉一世和玛丽二世。

但这次成功的入侵却事出有因，它是里应外合的产物。

让我们把目光拉到1685年2月6日。这一天英王查理二世去世，因没有婚生子女，王位由其弟弟、天主教徒约克公爵继承，史称詹姆斯二世。此时的英国，国教（即英国血统的新教）的统治地位已经确立一个半世纪，英国各界，尤其是政治和宗教界，强烈反对由天主教徒担任国王，因为这可能导致天主教在英国卷土重来。事实上，查理二世就是一个天主教徒，但他一直隐瞒自己的真实信仰，直到死前才正式皈依天主教。而詹姆斯二世却是一个公开的天主教徒。当然，公开也未尝不可，只要在宗教政策上不倒行逆施。这，恰恰是詹姆斯二世没做到的。

詹姆斯二世一即位，就违背以前政府制定的关于禁止天主教徒担任公职的"宣誓条例"，委任天主教徒到军队里任职，此后任命更多的天主教徒到政府部门、教会、大学去担任重要职务。1687 年 4 月和 1688 年 4 月，詹姆斯二世先后发布两个"宽容宣言"，给予包括天主教徒在内的所有非国教教徒以信教自由，并命令英国国教会的主教在各主教区的教坛上宣读，引起普遍反对。同时，詹姆斯二世还向英国工商业主要竞争者——法国靠拢，严重危害了资产阶级和新贵族的利益。

不过，经历了惨痛内战的英国人此时还没有想到废黜国王另立新君。詹姆斯二世即位时已经 52 岁，没有男性继承人，而将来可以继承其王位的是他的两个成年女儿——玛丽和安妮，她们都是新教徒。考虑到那一时代的人均寿命，也基于对一个 52 岁男人生育能力的判断，英国人抱有一种希望，即在信奉天主教的詹姆斯二世死后，将由信奉新教的玛丽公主或安妮公主继位，君臣之间由于宗教问题而引起的矛盾可望自然消失。

但就在英格兰各政治、宗教派别的人士联合一致反对詹姆斯二世的时候，突然传来了一个令人震惊的消息——王后玛丽在 6 月 10 日生了一男孩。国王有了男性后裔，未来必将由他继承王位，而这个王子将很可能是一个天主教徒。人民的希望破灭了，情绪当然也就更加激动。

面对执迷不悟的詹姆斯二世，英国人民已经别无选择。6 月 30 日，以伦敦主教为首的"七圣人"商量致书给詹姆斯二世的女婿、荷兰执政威廉三世，邀请他率军到英国来反对詹姆斯二世，他们则保证给予协助。信中说："我们深信我们的状况将一天比一天坏，而我们又无力保卫我们自己，因而我们恳切希望在为时不太晚的时候，能找到一种补救的办法，我们也将对此做出我们的贡献。"

现在该轮到未来的英国国王、此刻的荷兰执政威廉出场了。威廉1650年出身于大名鼎鼎的奥兰治家族，其曾祖就是荷兰国父"沉默的威廉"。因为荷兰是共和国而非君主国，所以奥兰治家族并非是荷兰的统治家族，只是传统上由其家族成员担任最高领导人。威廉虽出身显赫，但也命运多舛。就在他出生前八天，其父荷兰执政威廉二世突染小儿天花病而死，他的母亲——英王查理一世的女儿和他的祖母不和。威廉自幼沉默寡言，而且患有肺结核和气喘病。不仅如此，他还曾失去作为荷兰执政的资格。自1648年终获独立后，原本凝聚力就不强的荷兰各省人，在独立后出现了分裂，以各地方议会商业寡头为代表的地方自治派反对中央集权，主张维持一个各省的松散联合。1650年，地方自治派马上召开议会大会，宣布共和国不再设置统一的军队，各省的防务自己负责，同时有五个省宣布取消执政一职。这样，荷兰进入了"第一次无执政时期"（1650-1672年）。

问题是，荷兰没有一条像英国那样的能免遭欧陆强国入侵的如天堑般的海峡，在它的身边，有一个雄心勃勃的路易十四，他将这个富裕的邻邦当作了自己首先要侵略的对象。1672年，路易十四派遣12万大军压境而来。国难当头，年轻的威廉三世被任命为陆海军统帅，他以出色的战绩证明了他不愧为能征善战的奥兰治家族的后代。1673年底，法国军队全部被赶出国土，年轻的威廉三世在欢呼声中就任荷兰执政。

面对英国人的邀请，威廉有什么理由拒绝呢？此时的他，紧邻一个国力日盛的法国，既要防止路易十四随时可能的入侵，又要提防英法两国联手——同为天主教徒的詹姆斯二世与路易十四是表兄弟，二人关系密切，前者还接受后者的补助金。入主英格兰，就能借英国之力保卫他的祖国。只是威廉没有想到，恰恰是因为英荷的联合使荷兰在欧洲政治中渐渐被边缘化，其海上霸主地位最终被英国取代。

1689 年 1 月，英国议会在宣布邀请威廉和玛丽共同统治英国的同时，又向后者提出一项“权利宣言”，其核心内容是：国王不经议会同意不能制定或终止任何法律的效力，不能征税。威廉和玛丽接受了宣言，当年 10 月，宣言经议会正式批准定为法律，即《权利法案》。

面对众叛亲离的局面，詹姆斯二世哀叹：“我在受到这样的遭遇之后，如果我要出走的话，谁还会感到奇怪呢？我的女儿抛弃了我，我的军队也背叛了我。这支军队是我从几乎一无所有的状况下建立起来的，我对它给予了大量恩宠。如果像这样的一些人都背叛了我，那么我还能对那些我未曾给予过什么恩惠的人抱什么希望呢？”最终，经威廉同意，詹姆斯二世逃亡法国。

对这个固执的表兄，路易十四的评价是：他是“为了一台弥撒而抛弃三个王国（英格兰、苏格兰、爱尔兰）的傻瓜”。是的，路易十四的祖父亨利四世在宗教问题上就灵活多了。当年，为了争取信仰天主教的巴黎民众的支持，亨利四世由新教改宗天主教，他的名言是：“巴黎是值得做弥撒的。”据说，詹姆斯二世的兄长查理二世生前曾讲过这样的话：“你们将会看到，当我的兄弟作了国王之后，他将由于他的宗教狂热而丢掉他的王国，并将由于他的不加检点的放肆行为而丧魂落魄。”真是一语成谶。

对于 1688~1689 年在英国所发生的这场和平入侵和政权更迭，英国历史学家称之为“光荣革命”。经过这次变革之后，在英国的政治生活中逐渐确立起了立宪君主制的原则，这是日后英国在欧洲脱颖而出并称霸世界的制度基础。

在历史上，“英国”是一个外延不断扩大的概念，汉语将“不列颠”（Britain）通称作“英国”，更加深了“英国”概念的模糊性和不确定。严格来说，“英国”只是“英格兰王国”的简称。13 世纪 ~14 世纪之交，威尔士并入英格兰王国。1707 年，苏格兰与英格兰王国正式合并；爱尔兰则长期作为英格兰王国的属地存在。正因为在相当长的时间里英格兰王国在英伦诸岛（不列颠群岛）中一直发挥着绝对的主导作用，并逐渐合并了其他部分，所以，“英国”或“英格兰王国”往往被当作可与“不列颠”互换的概念。从地理位置上看，英国算是欧洲的边缘地带，但是经过 16~17 世纪的内部整合，到 18 世纪初，英国终于以一个大国的身份强势回归欧洲政治，并从此成为任何企图称霸欧洲大陆的国家的克星。

一、都铎王朝统治下的英国

1455~1485 年，英格兰爆发了一场长达 30 年的内战，史称玫瑰战争，或蔷薇战争，这是兰开斯特家族（红玫瑰）和约克家族（白玫瑰）的支持者之间为了争夺英格兰王位而发生的断续内战。1485 年，亨利·都铎击败了约克家族理查德的军队，成为国王亨利七世。为了缓和政治矛盾，并加强自己成为英王的合法性，1486 年 1 月 18 日，在伦敦的威斯敏斯特大教堂，亨利七世同约克王朝爱德华四世之女伊丽莎白举行了结婚典礼，他们原本都是爱德华三世的后裔。亨利七世宣布约克和兰开斯特两大家族合并，平息了对其继位的争论，更以这场敌对家族之间的联姻结束了蔷薇战争（玫瑰战争），并将兰开斯

兰开斯特家族（红玫瑰）徽章

约克家族（白玫瑰）徽章

都铎战争徽章

特的红玫瑰和约克的白玫瑰合并组成都铎王朝的王徽，即红白“都铎玫瑰”。

此时，英国人口不到 300 万人，分别约为当时西欧两个大国法国和西班牙的 1/5 和 1/2，领土面积也远比它们的小。英国没有常备军，更没有日后作为国家安全支柱的海军。现代英国，就是在这样寒酸的基础上开始自己的大国之旅的。

都铎王朝（1485~1603）是英国崛起的关键阶段。在这 100 多年的时间里，英国解决了三个重要问题：一是对内建立了中央集权的君主专制制度，二是对外摆脱了罗马教廷的控制，三是明确了国家海洋取向即海权的发展道路。经过三代都铎君主的努力，英国最终由一个中世纪的政治实体成功转变为近代民族国家，奠定了其在 18 世纪崛起的基础。

在中世纪的欧洲，贵族强大而王权式微，英格兰也不例外。国家内部主权因封建贵族拥有独立的经济权、军事权以及司法权而不能正常运行，国王对封建贵族只有“宗主权”而没有“主权”，国王的权力无法在贵族的领地内执行，而且有些边境地区和威尔士仍然独立于国家权力之外。得益于 30 余年的玫瑰战争，英格兰两大王族兰开斯特家族和约克家族同归于尽，大批封建旧贵族在互相残杀中或阵亡或被处决：男爵以上贵族阵亡约 65 人，中小封建主数以千计，家兵 80000 余人。因此，玫瑰战争不仅仅是一场成王败寇的王位争夺战，也是英格兰贵族封建力量遭到削弱的主要原因之一，导致了都铎王朝控制下的强大的中央集权君主制的发展。在封建贵族势力遭受重挫的同时，新兴贵族和资产阶级力量在战争中迅速增长，成为都铎王朝新建立的君主专制政体的支柱。从这个意义上说，英国由于玫瑰战争消灭了封建贵族而统一成具有凝聚力的民族国家。这对于即将跨入近代世界的英国来说，无疑是一件来得及时的好事，因为一个内部没有实现统一、王权软弱的国家，是无法汇集国家资源形成力量的，从而也就无法在竞争激烈的近代欧洲生存下来。

亨利七世即位后将巩固王权作为首要任务。在中央政府中，新成立的枢密院取代了受制于贵族的谘议会；在地方政府，各郡治安法官的职权被扩大了；在郡以下，权力集中于小型教区会议手中；在司法体制上建立一系列特权法庭；等等。通过这些手段进一步限制贵族权力，加强了王权对整个国家的控制。

亨利七世（1457~1509）

王权的竞争者不仅是贵族，还包括议会。议会掌握着征收新税的权力，因而从财政上形成了对王权的制约。亨利七世采取措施扩大财源，通过实现经济独立摆脱议会的掣肘（国王如果不征新税，就可以不召开议会）。首先，亨利七世依靠继承权获得了里士满伯爵、兰开斯特公爵、约克公爵的大片领地，他还连续5次下令恢复内战期间被贵族侵夺的王室领地，同时利用叛国罪审判了1348名贵族，使他们的土地成为王室领地。王室领地的扩大使其收入从1485年的2.9万英镑增加到1509年的4.2万英镑，占到亨利七世财政总收入的1/3。其次，亨利七世时期英国海外贸易大增，关税收入年均超过4万英镑，成为王室的又一项重要收入。

强大的王权需要有强大的军事力量做后盾。在亨利七世时期，英国虽然没有像法国、西班牙那样建立常备军，但是它解散了封建大贵族们的私人武装，在国内招募雇佣军，其来源一部分是流浪无业者，一部分是那些破落骑士。雇佣军削弱了贵族，使国王有了足以贯彻自己意志的强大的武装力量。

亨利八世（1491~1547）

对英国王权的另一威胁来自罗马的天主教廷和教皇。中世纪的欧洲，各国教会听命于罗马教廷，教会不仅掌握了诸多精神与世俗的权力，而且还拥有大量的土地和财富。亨利八世（1491~1547 年在位）是都铎王朝的第二任君主，他在位期间正值宗教改革运动在欧洲大陆兴起，亨利八世以“自我革命”的方式完成了英国的宗教独立，为英国王冠增加了“信仰的守护者”和“教会之首”的头衔。

亨利八世与教皇决裂的导火索是离婚问题。亨利原本不是王位继承人，真正的王储是其兄长阿瑟，阿瑟早逝不仅使亨利有机会继承王位，而且也被迫与寡嫂、西班牙公主阿拉贡的凯瑟琳结婚。亨利七世实行反对法国、联合西班牙的外交政策，故希望能与西班牙王室保持姻亲关系。显然，亨利八世对这桩婚姻并不满意。1527 年，他向教皇克雷芒七世提出离婚再娶的请求，但遭到后者拒绝。由于英国国内的旧贵族和教会人士也对国王离婚案持反对态度，亨利八世于是转向全国要求宗教改革的乡绅与资产阶级等阶层寻求支持，并于 1529 年 11 月召开议会，开始实行宗教改革。

议会从 1529 到 1536 年连开八届会议，在托马斯·克伦威尔等改革派人士策动下，通过一系列议会法案实行宗教改革。根据议会法案，亨利八世从教会勒取大笔罚金，截留给罗马教皇的年贡，取得教会最高司法权和制定教规、任命主教的全权，把主教首年俸和什一税归为己有，解散所有修道院，将其巨额土地财产收归王室。从此，英国脱离了罗马天主教会体系，建立了由国家政权控制的、以国王为最高统治者的英国国教会。改革后的宗教称为英国国教。

宗教改革不仅使亨利八世建立了国家的外部主权和对教会的权威，也为其带来了滚滚财源。由于夺取教会财产，王室财政收入增加了2倍左右。宗教改革还成为英国社会和经济变革的重要推动力。王室由于财政需求和谋求政治支持，把大批没收的土地和财产转卖或赠送给新贵族和工商业资产阶级。这些新的土地所有者大多按资本主义方式经营土地，成为宗教改革的既得利益者，英国社会的政治经济结构因之发生变化，资产阶级和新贵族的势力得到提升，从而为17世纪的资产阶级革命埋下了伏笔。

托马斯·克伦威尔
（1485~1540）

托马斯·克伦威尔是英国近代社会转型时期杰出的政治家，也是17世纪大名鼎鼎的奥利弗·克伦威尔曾祖父的舅舅。他出生于平民之家，1529年当选议会议员，1531年经由亨利八世的提拔进入枢密院。在其后近10年时间里，他历任财政大臣、掌玺大臣、首席国务大臣，获封艾萨克斯伯爵，成为亨利八世身边第一权臣。1540年，克伦威尔在为亨利八世物色第四任王后时失误，被亨利八世判处死刑。

亨利八世还强化了英国从亨利七世时代开始的中央集权化趋势。当时，封建旧贵族在靠近苏格兰的北部地区、威尔士和西部边区及爱尔兰的英占区仍有着强大的影响。1536年，议会通过法案，明确规定只有国王才拥有对叛逆罪、谋反罪免予追究的权力，王国内任何地方的司法裁判权只能由国王授予，郡和自治领的伯爵必须以国王的名义行事。该项法令颁布实施后，除极少数例外，几乎所有特许地的封建特权都被取消。至此，整个英国第一次无条件地听命于国王的统一调度，中世纪国王的“宗主权”最后变成了统一的政治权力，即“国家主权”。1536至1537年，北方的旧贵族和教会势力利用农民的不满掀起叛乱。亨利八世依靠改革派的支持进行镇压，杀掉、废黜了一批北方旧贵族，成立由改革派主持的“北方法院”进行统治。在威尔士和西部边区，则成立了由改革派主持的“威尔士边区法院”，惩办了大批不法的旧贵族，推行英国的行政司法制度。与此同时，亨利八世还镇压了爱尔兰英占区旧贵族的反改革叛乱，派改革派人士为代表进行统治。1538 至 1539 年，亨利八世以勾结教皇的罪名，杀掉了最后一批约克王族。至此，据地称雄的旧贵族基本被清除掉，中央集权的君主专制制度在英国得以确立。

对于一个岛国来说，海军在其国家安全中的地位怎么估计都不过分。在都铎王朝头两任国王统治期间，英国的海军建设开始起步。“亨利七世奠定了不列颠海军的基础”（恩格斯语），他留给儿子一支拥有各式船只总计 15 艘的皇家舰队。而亨利八世则堪称是英国皇家海军的缔造者，他比父亲更重视海军建设。他创立了正规海军，下令建造快速灵活的新型战舰，专门配置了战斗水手，舰上装载前膛式火炮。这种火炮太重，只能装在甲板上，特别是主甲板上。在船的两舷开设了炮口孔，不仅船头有火力，而且侧舷也有火力。亨利八世还投入巨资扩建朴茨茅斯皇家船厂，修建德普福德船厂，船坞总面积 8 英亩，水深可载千吨巨舰。亨利八世执政的 38 年间，皇家舰队军舰扩充至 53 艘，其中包括 13 艘 500 吨以上的战舰。1514 年下水的巨型战舰“主恩亨利号”排水量 1000 吨，装备 43 门青铜重炮和 141 门各式小炮。

都铎王朝时代也是英国资本主义工商业获得大发展的时期。随着政治的统一，英格兰各地区的经济联系得到加强，封建农业开始向资本主义农业转变，导致英国农村出现了许多资本主义农场，出现了一批与资本主义联系密切的新贵族，他们把积累起来的资本直接或间接地投入工业，使得英国的工业、手工业迅速发展起来。以英国的“民族工业”毛纺织业为例。15 世纪以前，英国还是一个羊毛输出国，大量羊毛原料输往尼德兰的弗兰德尔进行加工。到 16 世纪，英国羊毛输出锐减，呢绒出口激增。1354 年，羊毛输出 32000 袋，呢绒仅 5000 匹；到 1547 年，羊毛输出下降为 5000 袋，呢绒输出激增为 122354 匹。1565 年，呢绒出口占英国全部出口商品总额的78%，羊毛仅占6.3%，英国呢绒在欧洲市场居首位。

1558年，英格兰都铎王朝的最后一位君主、亨利八世之女伊丽莎白一世登上王位。同年，英国失去在欧洲大陆的最后一块领土——加莱，从此，英国不再有介入欧陆争斗的理由，英吉利海峡将英国与欧洲大陆彻底割裂开来。在国内，君主专制的确立和宗教改革的实行标志着英国从中世纪到近代转型的完成。新时代英国最突出的特性是其岛国地位的确立及以此角色在欧洲和世界历史中发挥的巨大作用：一方面，英国人警惕地注视欧洲局势并力图充当欧洲力量均衡的制衡者；另一方面，英国人的目光则超越了欧洲大陆，逐渐将扩张重点放到了海洋和海外殖民地的开拓上。

在英国走向海权的道路上，西班牙是它遇到的第一个障碍。踢开这个绊脚石，是英国繁荣发展、国家安全和确保新教属性的需要。

英国和西班牙原本关系友好，但亨利八世与西班牙公主凯瑟琳离婚并与教皇决裂惹恼了西班牙国王查理五世，两国关系逐渐恶化。伊丽莎白一世和腓力二世的即位并没有扭转这一趋势。16世纪下半叶，英国资本主义工商业的迅速扩张迫切需要扩大海外贸易，寻找新的市场。可是西班牙称霸海上，垄断对美洲殖民地的贸易，英国合法贸易越来越困难，加上英西之间的宗教分歧（西班牙国王腓力二世是一个狂热的天主教徒），英国与西班牙的矛盾日益尖锐。当时，英国海军力量还比较薄弱，不敢同西班牙公开较量，便以西班牙跨洋航运和运宝船队为目标进行私掠活动。伊丽莎白女王允许海盗船公开悬挂王国的旗帜，她的著名海军将领霍金斯、德雷克等都是海盗

伊丽莎白一世（1533~1603）

出身。当 1580 年德雷克满载着从西班牙殖民地劫掠的金银珠宝归来时（价值约 150 万英镑），女王甚至亲临德雷克船上封他为爵士，并参与分赃。英国的海盗行为给西班牙造成了巨大的损失。据不完全统计，在伊丽莎白统治的 45 年间，英国从海盗远征、拦截船只及袭击西班牙殖民地和港口中净得多达 1200 万英镑。

与此同时，与英国仅隔一条海峡、对其安全极其重要的尼德兰爆发反抗西班牙的起义。1576 年任尼德兰总督的唐·胡安不仅要重新征服尼德兰新教徒，而且要以此地为跳板入侵英国，使英国天主教化。英国给予了尼德兰人大量援助，两国还于 1585 年 8 月签订结盟条约，英国向荷兰提供 5000 名士兵和 1000 匹马，另外还规定两国在海上合作。西班牙则通过外交使臣和间谍在英国扶持天主教和封建残余势力，组织颠覆活动。1586 年，英国揭露了一起由西班牙操纵的谋杀伊丽莎白的案件，被监禁在英国的前苏格兰女王玛丽参与此事，伊丽莎白下令处死玛丽，英西矛盾更加激化。

国家利益与宗教利益交织在一起，英西正式开战不过是时间问题。1588 年，腓力二世命令“无敌舰队”远征英国，这是他唯一的一次海上攻势行动。1588 年 7 月，西班牙派出包括 132 艘主要由重型军舰组成的“无敌舰队”载运 2 万名士兵和大约 3000 门炮远征英国。英国由德雷克指挥一支由 160 艘轻便的快速军舰、运输船组成的舰队迎战。7 月下旬，双方在英吉利海峡相遇。以逸待劳的英国人依靠舰船上的火炮优势，接连击沉西班牙船只。西班牙舰队匆匆败退到英国海岸南部的维特岛，英国舰队迅速追击到维特岛。白天，英军在远处用火炮击沉对方战舰；晚上，采取火攻战术。到 9 月份“无敌舰队”撤回西班牙时，舰队所剩船只还不到出征时的一半。

打败“无敌舰队”使英国成功抵御了自罗马时代以来最强大的帝国的进攻，并且使西班牙不可能再重新征服低地，国家生存面临的威胁解除了。而且，西班牙海上力量的覆灭又为英国扫清了走向海洋的障碍，奠定了日后大不列颠帝国的基础。

从种种迹象看，经过都铎王朝三代君主的努力，英国已经具有了国家崛起的政治、经济与军事条件。但由于内部王权与议会之间的争斗，这一崛起的进程被延长了一个世纪。但这一延长绝不意味着失败，因为英国最终建立了在当时最富有效率的政治制度——君主立宪制。

二、共和国时期的海权建设

詹姆斯一世（1566~1625）

英国海军在亨利八世时虽有重要发展，但后续乏力。詹姆斯一世统治期间（1603~1625 年在位），英国海军船只质量、年度军费开支（从 1590 年代每年 7 万英镑到 1603 年 3 万英镑）全面下降。造成此种状况，一方面来自财政压力，另一方面也是詹姆斯和平倾向和缺乏兴趣的反映。查理一世（1625~1649 年在位）固然对发展海军兴趣浓厚，但其统治期间海军进步有限，并最终因经费问题与议会闹翻，引发内战。英国海军真正具有划时代意义的发展是在共和国时期实现的，英国也因此击败当时的世界头号海洋强国——荷兰而成为新的海

英吉利共和国（1649~1660）

1642 年，英国国王与议会爆发内战。克伦威尔领导的议会军打败王党军队后于 1649 年 1 月处死了国王查理一世，3 月，国会决定废除君主制和上院，下院成为最高立法机构，行政权交给下院选举的国务会议，克伦威尔任国务会议第一任主席，5 月，英吉利共和国成立。但 1653 年克伦威尔宣布就任“护国公”后共和国名存实亡，变成军事独裁专制。1660 年，流亡法国的查理二世复辟，共和国结束。

查理一世（1600~1649）

洋霸主。

英荷矛盾始于经济竞争。17世纪，由于欧洲经济的衰退、重商主义思想的传播、君主对经济活动的干预使欧洲国家间的经济关系出现了前所未有的紧张。根据这一世纪经济思想固有的观念，国际贸易的总量是静止的，一方所得必为另一方所失。因此，处于领先地位的荷兰不可避免成为众矢之的，被解释成其他国家遭受困难的根源。英荷经济纠纷就是在此背景下展开的。17世纪上半叶，围绕纺织品市场、捕鱼权、贸易与航运业，两国存在着尖锐的矛盾和竞争。尽管英国在詹姆斯一世与查理一世统治期间也采取了一些打破荷兰垄断地位的措施，但主要限于技术和法律手段，而事实证明，消灭荷兰的商业优势还需要与之破裂关系的勇气和相应的武力支持。在共和国时期，克伦威尔使英国具备了后两项条件。

克伦威尔首先使英国的对外政策摆脱了新教情结，使其世俗化了。这一变化的结果就是他决心通过剥夺荷兰人的贸易和航运来增加英国的份额，1651年的《航海条例》是这一决心的体现。而且，克伦威尔也拥有了与荷兰对抗的有效的工具——一支强大的海军。在克伦威尔时代，英国舰队的规模扩大了，标准军舰从1640年的43艘扩展到1650年的72艘、1655年的133艘，至共和国末年为131艘，超过同期荷兰的水平。特别重要的是，海军在国家和社会生活中的作用得以澄清，大多数人已经接受了海军对于保卫国家和贸易的重要性，因而也就接受了为此所必须承受的巨大经济开支。这一时期英国的政治思想开始把安全和经济增长与海军联系在一起，在此后将近300年的时间里，海军的绝对优势都是英国人不容他国染指的禁脔。

海军建设的成效很快在具体行动中得到验证。英国取得了1652至1654年第一次英荷战争的胜利，这是英国自1588年以来打的第一场真正有意义的海战。1655年又与西班牙开战，舰队远征西印度，占领了牙买加，并袭击了西班牙本土，捕获运宝船。海军还进入波罗的海和地中海。总之，英国海军开始穿行于欧洲和北大西洋的大部分水域，追求国家明确的政策目标，是国家推行政策的有效工具。

奥利弗·克伦威尔（1599~1658）

奥利弗·克伦威尔
（1599~1658）

英国17世纪资产阶级革命领袖、政治家和军事家。克伦威尔出身于一个没落的新贵族家庭，青年时期受到清教思想的熏陶，1640年作为剑桥郡的代表先后被选入“短期议会”和“长期议会”。在长期议会中，克伦威尔与坚决反对王党的议员站在一起，参加制定《大抗议书》等文件。1642年内战开始后，他站在国会方面，以自己组织的“铁骑军”屡建战功。1645年，国会授权克伦威尔改组军队，他以铁骑军为基础组成“新模范军”，并指挥这支军队战胜了王党军队。1649年1月30日，克伦威尔以议会和军队的名义处死国王查理一世，5月，宣布英国为共和国，成为实际军事独裁者。1653年，他驱散议会，自任“护国公”，但始终未能稳定局势，于1658年病逝。

经过三次英荷战争，现在，轮到英国来制定海上行为和大国竞争的规则了。失败的荷兰被迫接受《航海法》，即输入英国及其属国的货物，必须使用英国的船只或者是输出国的船只。这表明，英国走向海洋的道路已不存在任何障碍。之后，荷兰船只逐渐退出驰骋了近一个世纪的茫茫海域，“海上马车夫”的角色开始由英国人扮演。这一点对于确保英国在 18 世纪无可匹敌的海军优势至关重要。事实上，在近代早期，商业船队与海军之间并非像后来那样界限分明。任何一个国家，包括英国，在和平时期也是不可能供养一支庞大海军的，通常的做法是战时临时扩充。下面的数字很能说明问题：1588 年，英国舰队上服役的士兵不到 1.6 万人；17 世纪 50 年代，克伦威尔的海军人数达到了 3 万人，17 世纪 90 年代，威廉三世的海军更是高达 4.5 万人。如此快速扩张的英国海军如何才能找到合适的兵源呢？显然，只有商业船队才能在战时为海军提供足够的受过训练的水手。所以，一国商业船队与海军舰队的规模之间存在着重要关联。在这方面，英国比其竞争者拥有明显优势。而仅就造船技术、海军规模而言，英国并非始终领先其他国家。在路易十四时代，法国海军战舰数量曾超过英国；18 世纪初，英国造军舰还要去偷法国人的图纸。

强大的海权赋予了英国无与伦比的战略优势，催生出了英国在下一个世纪独特的战争模式：即用它的商业财富来援助联军而自己只派一支小军队在欧洲大陆作战，同时利用自身的海军优势控制欧洲周围水域、保护国家安全，并赢得殖民贸易和海上贸易斗争的胜利。这一模式无往不利，百战百胜。

三、君主立宪制的确立

自击败“无敌舰队”和西班牙的威胁退却后，英国在一段时间里表现内向，不再密切卷入大陆事务。它在 1618 至 1648 年的 30 年战争中未能发挥重要作用，并且是波兰以西唯一没有参加威斯特伐利亚和会的国家。在 17 世纪的大部分时间里，国王与议会间的长期争吵、内战的爆发削弱了国家对外采取行动的能力。但这一混乱却导致了最具建设性的结果，它最终催生出英国独特的君主立宪制度，为国家的崛起提供了最为有效的政治制度保障。

都铎王朝虽然在英国确立了君主专制制度，但专制主义在英国从未发展到法国、西班牙那样强大的地步。究其原因，主要有两个方面：

第一，英王没有常备军（陆军）。常备军制度产生于15世纪末和16世纪初，对欧洲大陆国家而言，没有常备陆军，安全就没有保障，于是陆军变成了国王政府一种必要的统治工具。因为有了常备军，国王无论在平时还是战时，都有了贯彻其意志的权力。英国因其相对安全的岛国地位而未受到这种变化的影响。没有陆军，国王既无法压制公众的反对，也不能控制国家的钱袋子——掌握了税收权力的国会。

与此相联的第二个原因是，英国始终存在国会。以常备军为后盾，所有欧陆国家很快都取消了各自的国会，而英王则无此资本。不仅如此，亨利八世的宗教改革使商人阶级的财富大增，国会的权力反而提高了。国会控制着钱款的征收和花费。如果国王能够自给自足，没有特殊的金钱需要，那么，他就可以自己统治下去而不必召开国会。问题是，与欧洲大陆同时代的君主相比，英王并没有经常的、固定的财政收入，平时国王及宫廷只能靠国王领地的地租及骑士捐维持生活。近代早期又恰逢价格革命发生，食品价格从1500到1630年上涨4倍，工业品价格上升2倍，通货膨胀导致国王岁入的实际购买力大幅下降。在这种情况下，如果国王有特殊的金钱需要，或者一旦发生战争，他就必须召集国会，只有征得国会同意，国王才能向自己的臣民征收临时捐税。无疑，国会的存在构成了对王权的极大限制。

我们以同期的西班牙为例，看看在近代早期做一个"有追求"的君主需要付出怎样的经济代价。西班牙哈布斯堡家族不可谓不富有，当时欧洲最富庶的两个地方——意大利和低地都是其领地，又有来自美洲源源不断的黄金、白银，他们掌握着欧洲其他王室望尘莫及的财富。但是，连绵不断的战争使西班牙君主一直在为具有偿付能力而苦苦挣扎。16世纪40年代，查理五世发现他的正常和非正常收入根本不能支付开销，他的赋税早已提前多年抵押给了银行家。查理退位时，留给腓力二世的国债已约有2000万达卡。腓力二世的开支更大。他承继了父亲同法国的战争，而这场战争的花费如此之大，以致1557年西班牙王室不得不自行宣布破产。在低地的战争费用到16世纪70年代已经非常庞大，而且总是不能按期支付，结果激起军队暴动。虽然16世纪80年代来自美洲矿产收入猛增，每年约有200万达卡，但是1588年“无敌舰队”的花费竟达1000万达卡。1598年腓力二世去世时，西班牙王室的总债务高达1亿达卡。这笔巨债的利息差不多等于全部赋税的2/3。

撇开西班牙霸业成败不说，只就其支付的高昂经济成本而论，就是受到重重制约的英国王室所无法企及的。因此，16~17世纪的英国之所以在军事上一直表现乏力，既无法在欧洲大陆维持有效的军事存在，也没有能力在近海以外保持一支舰队，究其原因，主要不是因为国家穷，问题在于它的政府。由于君主不存在法国或西班牙那样的固定税收，因此就不能充分利用其人民的资源，导致政府在军饷、给养、招兵、舰船建造和维修方面困难重重，维持长期服役的军人成为国王政府负担不起的一项奢侈。以伊丽莎白时代为例，当时西班牙的岁入是其可利用资金的6~8倍，所以伊丽莎白女王的谨慎、优柔寡断以及令人惊讶的悭吝也就可以理解了。在其统治期间，由于财政上的困难，伊丽莎白的政策总是一方面希望防止战争，而另一方面却鼓励私掠行为。前者使她可以在固定收入限度之内统治整个国家，后者可以增加收入而不必召开国会。

问题是，在一个由军事革命所带来的战争开支迅速增长的时代里，只有那些能够承受得起这些方面的消耗、并且形成一套能够替补损失的财政和行政管理制度的国家，才有希望赢得帝国竞争。

16世纪，由于都铎王朝几位君主的明智、审慎与精明，国王与国会之间尚能和谐相处。但是，1603年开始的斯图亚特王朝所奉行的对外政策与宗教信仰却大大冒犯了资产阶级和新贵族的利益。如在詹姆斯一世时期，英国海外贸易和殖民地事业的强大敌人是西班牙，但国王却对西班牙实行友好政策；查理二世和詹姆斯二世都和法国维持亲密的外交关系，从路易十四手里领取补贴，而此时法国已经成为英国海外事业的头号竞争者。更让资产阶级和新贵族不能容忍的是查理二世和詹姆斯二世恢复天主教的企图。1672 年，查理二世颁布了“容忍宣言”，宣布国王有权恢复天主教徒的政治权利，这实际上就是恢复天主教的先声。这一前景使资产阶级新贵族寝食难安，因为天主教一旦恢复，那些在 16 世纪宗教改革时买到天主教寺院土地的大商人及新贵族势必要归还这些土地。詹姆斯二世是一个公开的天主教徒，他即位后，作为恢复天主教的第一步，就是任命天主教徒为法官。

斯图亚特家族国王的倒行逆施导致其与国会的关系日趋紧张。从 1640 年开始，英国的国内政治陷入长达近半个世纪的动荡，其间经历了内战、护国政体、复辟，最终，资产阶级和新贵族找到了他们理想的权力代理人——詹姆斯二世的女婿、荷兰执政威廉三世。1688 年 11 月 5 日，威廉率领荷兰海军在英国登陆。1689 年 2 月，威廉正式登上英国王位，为威廉一世。这是英荷两国在历史上唯一一次被划到了同一个人的名下。1689 年 3 月，国会通过“权力法案”，规定：此后英国国王必须是新教徒，国王必须按照国会的意志行事，而且只有在下院同意下，才能征收新税及招募常备军。至此，英国变成了君主立宪国家。

上述 1688~1689 年发生的事件，英国历史学家称之为“光荣革命”。经过这次变革之后，在英国的政治生活中逐渐确立起了立宪君主制的原则。

1688 年光荣革命确立的新政体对英国来说至关重要。现在，代表资产阶级利益的国会掌握了国家权力，从而可以确保国家机器为资产阶级利益服务，而资产阶级则愿意为此支付必要的开支。所以，以光荣革命为起点，对外殖民扩张成为国家关注的重点，海军则是确保国家安全、繁荣的基石以及赢得对外征服的工具，并因此被置于压倒性重要的位置。

现在，国会开始慷慨地打开钱袋了，英国政府有了远比从前更充裕

九年战争
（1688~1697）

又称奥格斯堡同盟战争，是法王路易十四在位时的第三场重要战争（前两场分别为权力转移战争与法荷战争）。战争起因是路易十四欲在欧洲大规模扩张，因此遭到荷兰、英国、西班牙、皇帝等组成的大同盟的联合对抗。战争的结果是法国被逼与大同盟各国言和，并退回了此前占领的很多土地，其扩张势头被遏制。

的财政收入，可以充分利用经济成长所带来的收益。在查理二世统治期间（1660~1685 年在位），正常情况下王室年度收入仅为 130~140 万英镑，只有在 1665 年和 1666 年的战争年头才达到 200 万英镑，并且在 1687 年詹姆斯二世时再次上升到这一水平。与之形成鲜明对照的是，九年战争期间英国财政总收入为 3270 万英镑，西班牙王位继承战争期间是 6420 万英镑，这一增长单独一项最大来源是 1692 年开始征收的土地税。消费税也扩展至几乎每一种消费品。增税之所以得以实施而没有引起造反是因为控制国会的人支持它。从前怀疑政府的资产阶级和新贵族开始信赖他们的政府，不再担心自己的钱被用来颠覆他们的自由，所以，他们愿意承担必要的赋税以支持国家的战争行为，当然，这些战争也能够为他们带来可观的收益。在光荣革命后的 100 年当中，英国平均税收总值增长了 6 倍。一位国会议员这样评论道：

任何一位绅士请看一眼我们桌上的财务报告书吧。在那儿他将注意到我们的税收状况已膨胀到了多大的规模，多大的数字……太可怕了，就是看一眼目录也让人恐惧，因为挨着的好几栏中，我们看到的只有税、税、税……

据统计，到 18 世纪 30 年代，英国人在每 20 先令的开支中，就有 10 先令是以消费税的形式交给了国家。

不仅税收前所未有地增长，更重要的是公众还愿意借钱给政府，信用市场开始在英国大规模发展。这进一步表现了公众对于新的政治制度的绝对信心，既相信它有能力，也有意愿偿还借贷。正如 18 世纪英国的政治经济学家查尔斯·达韦南特所说：

在所有仅存在于人们思想领域的事务中，没有什么比信贷这种东西更虚幻、更美好了。它绝不能被任何强力控制，它只悬在人们的观念中。它依赖我们的希望或恐惧的激情，它常常是不经意地来，没理由地走，而且一旦失去，便很难恢复。

1694 年英格兰银行成立，到 1700 年，英国的公共财政体系已是全欧洲最好。在西班牙王位继承战争中，公众在公共证券上的投资支付了战争费用的大约 1/3。在奥地利王位继承战争结束时，英国国债已达 7581.2 万英镑，到七年战争结束时，增至 12679.4 万英镑，到 1783 年对美战争结束时，大英帝国的国债已积累到近乎天文数字的 2.45 亿英镑！——相当于 20 多年的税收总值。

威廉一世（1650~1702）

对于供养一场战争来说，信贷的重要性无疑是压倒性的，因为没有一个国家能以它当时的收入来支持一场大规模的战争，信贷给予国家预支未来的繁荣以救济现在的贫困的能力，即以按揭的方式打仗。至此，英国的全球战略终于摆脱了财政上的尴尬，钱已不再是问题。在整个 18 世纪，没有一个欧洲国家像英国那样，能够为漫长的战争提供源源不断的金钱，并以此为手段在欧洲大陆寻找愿意替它牵制法国的盟友。

英国在光荣革命中确立的政治制度在 18 世纪又发生了很大的变化，使君主立宪政体进一步完善。根据 1689 年的《权利法案》，立法权、军权及财政大权完全属于国会，国王手里只剩下行政权，枢密院大臣仍由国王任命并且向国王负责。而在威廉一世在位期间，英国开创了一个先例，即国王必须任命下院多数党领袖为枢密大臣。威廉一世在任命下院多数党为枢密大臣后，经常与少数几个重要的大臣议事于密室，从此之后，这几个大臣就逐渐形成为内阁，而且内阁大臣向国王提出的建议，国王一般总是采纳。根据 1701 年的王位继承法，国会所通过的法案都要由有关大臣签署。这样，批准法律的部分责任也由国王转到内阁大臣身上了。

安妮女王（1665~1714）

到安妮女王时期（1702~1714 年在位）又形成先例，内阁大臣所推荐的法案为国会两院通过后，国王或女王必须批准；假若否决，那么内阁大臣就必须辞职，但是国王仍只能从下院多数党中任命大臣。从 1707 年以后，英国国王就不再行使否决权了。这意味着国会开始享有绝对的立法权。

1714 年，安妮女王病逝，且无子嗣，来自德意志的汉诺威选帝侯、新教徒乔治一世继承英国王位。乔治是詹姆斯一世的曾外孙，算是安妮的远房表兄（有 50 多位比他有优先权的信奉天主教的亲戚因信仰而被排除在外）。此时他已经 54 岁了，讨厌英国潮湿的天气，在担任英国国王的 13 年中，大部分时间是在汉诺威度过的。对于乔治而言，这个意外的王冠带来的最大困难是他不会讲英语。他的英国大臣们又不会讲德语，君臣之间只好用法语交谈，但是懂得法语的廷臣也不太多。于是，君臣之间使用蹩脚的拉丁语来帮忙，双方又经常词不达意，交换意见时造成很大的语言障碍。因为语言不通，乔治一世从 1717 年起就不再出席和主持内阁会议，在内阁大臣中逐渐就产生了主持内阁会议的首席大臣——首相。内阁完全摆脱了国王的控制。

就这样，在欧洲其他国家的君主正在享受着绝对王权之际，英国的君主却逐渐变成了统而不治的虚君。但虚君并不代表国家权力的软弱，国会和内阁为英国提供了当时世界最为优质和稳定的政治管理，这是英国大国地位强有力的依托和保证。

四、西班牙王位继承战争及其国际影响

至17世纪晚期，在建立帝国的道路上，英国已显示出不可阻挡的强劲势头：在连续的征战中，它建立起一支欧洲最强大的海军；在打败荷兰的基础上，它的商业触角已经伸向全世界；在光荣革命之后，它的政治实现了与商业的最佳结合。现在，环顾欧洲，除了法国，其他国家均已不是英国的对手。最终，借助于1701至1711年的西班牙王位继承战争，英国在打败法国的基础上完成了大国崛起的第一段征程——成为欧洲第一强国。

顾名思义，西班牙王位继承战争导火索是西班牙王位继承问题。16世纪曾经独步欧洲的西班牙哈布斯堡家族在经历了一个半世纪连绵不断的战争后，此时已走过了它的辉煌时代而步履蹒跚了。雪上加霜的是，自1665年之后，西班牙又开始处于随时面临王位继承危机的状态。国王查理二世在1665年继承王位时年仅4岁，他是腓力四世3个儿子当中仅存的一个，但是王室之间长期近亲通婚使这个孩子的身体和精神都存在严重问题，自出生起就被断定难以成人，且不会有子嗣。这就意味着，一旦这位西班牙哈布斯堡家族的最后男性成员去世，欧洲各国将面临由谁来继承这个庞大帝国的问题。当时西班牙的领地遍布欧、美、亚、非四大洲，如此沉重的遗产加到任何一个王室身上，都将是一个令其他国家无法承受的砝码。

令人意外的是，查理二世虽然体弱多病，但并没有像人们预想的那么短寿，他一直活到了1700年，不过没有生育能力倒是事实。所以，西班牙王位的继承问题尽管没有在查理登上王位之后很快出现，但是到17世纪90年代末，所有的信息都显示，查理二世已经走到了生命尽

头，王位问题也就成为欧洲大国关注的焦点。

按照西班牙哈布斯堡王朝的继承法，如果国王死后没有男性继承人，与王朝有婚姻关系的人享有继承王位的权利。根据这个法律，最有资格继承王位的是法国的波旁家族和奥地利的哈布斯堡家族。法王路易十四和奥地利皇帝利奥波德处于同一个权利等级，他们的母亲都是腓力三世的女儿，他们又都娶了腓力四世的女儿，即这两位都是腓力三世的外孙、查理二世的表兄兼姐夫。

当时，就几个大国来说，基本的立场是瓜分，因为谁都不想让这份遗产被别人独占，谁也都无法安稳地独占这份遗产。当然，如何瓜分也是一个难以达成共识的问题。1698 年和 1700 年，路易十四与英国国王兼荷兰执政威廉一世曾签署了两个瓜分条约。但是，西班牙人反对瓜分他们的国家，查理二世对瓜分的企图非常愤怒，宣布他的遗产只能由一个人继承。1700 年 10 月 2 日，查理二世立下遗嘱，将不可分割的继承权交给法国太子（即路易十四的儿子）的第二个儿子昂儒公爵，或第三个儿子贝里公爵，或皇帝的第二个儿子查理大公。这个遗嘱颇有些出人意料，西班牙人的意图是，通过把他们的帝国与欧洲最强大的君主路易十四联系在一起而保证它的完整性。他们预计，法国别无选择，因为拒绝的结果就是王位将落入死对头奥地利之手。在立下这个遗嘱一个月后，查理二世就结束了自己可怜的一生。

现在，球被踢到了路易十四的脚下。这样一位拥有强盛国力、与众不同的君主会如何处置西班牙人扔过来的这个烫手的山芋呢？毫无疑问，他会勇敢地接受这个挑战。事实上，路易十四也没有退路。从理论上说，他有三条路可以选择：一是和平实施与英国人达成的条约。这几乎不可能，因为西班牙人反对瓜分，奥地利也不会同意这个条约；二是放弃继承权。但这会导致皇帝的儿子查理大公登上西班牙王位，其结果既会增加奥地利的权势，也不符合路易十四一贯强调的尊严、荣誉原则，他不可能对此置之不理；三是接受这份遗嘱。这注定会引起欧洲其他国家的反对，因为他们已经不能再容忍法国的权势进一步扩大了。无论做出什么选择，最终的结果都可能是战争。既然如此，路易十四决定接受西班牙的邀请。

1700 年 12 月，昂儒公爵出发赴西班牙，1701 年初达到马德里接受王位，宣布为西班牙国王腓力五世（1700~1746 年在位）。更让其他国家不能容忍的是，路易十四居然发表正式文件，宣布腓力五世有权继承法国王位。这就意味着，有一天，法西两国有可能合并。再加上路易十四帮助腓力五世占领了南尼德兰，而腓力五世又给予法国在西班牙海外领地的贸易特权。凡此种种，都超出了欧洲大国的承受底线，最终促使反法大同盟在 1701 年 9 月的成立，其成员包括英国、荷兰、奥地利、丹麦、普鲁士、汉诺威、巴拉丁及一些德意志小国。而法国的阵营只有西班牙、巴伐利亚、科隆、葡萄牙和萨伏伊。

腓力五世（1683~1746）

在反法的阵营当中，英国的作用至关重要。如果没有它的金钱和军队，尤其是金钱，大陆国家不可能战胜法国。此时，经历了光荣革命的英国政局稳定、国力日盛，西班牙王位继承战争可谓是恰逢其时：对欧洲而言，终于有了一个反法的核心和金主；对英国而言，终于有一个将法国拉下马的机会。

战争初期，由于法国军队训练有素、名将云集，而反法的一方仓促上阵、力量分散，所以法国占了优势，在各个战场上都取得了胜利。英法之间的较量也扩展到了两国在北美的殖民地，北美作战也被称作安妮女王战争。1704 年之后，由于盟友相继投靠敌人，内部也出现了新教徒起义，法国陷入内外交困、力不能支的处境。从 1705 年开始，盟军连战连捷。

马尔巴勒公爵（1650~1722）

在这次战争中，反法大同盟一方涌现出一位杰出的天才军事指挥家——英国的马尔巴勒公爵，他在11年的战争当中担任联军最高指挥官，从没有输过任何一场战役。马尔巴勒公爵本名约翰·丘吉尔，是二战期间英国首相丘吉尔的祖先。英国著名的军事理论家富勒对其有过如下评价：

以将才而论，他具有一种很少见的魄力，能够对于一场战争做总体性的观察，他能够把海权与陆权、战略与政策都融合成为一体。没有一件事能逃出其观察力之外，即令在战术方面或行政方面，任何细节也不会被忽视。他是一个谋略家，总是经常使敌人感到神秘莫测；他也是一个管理家，他的人员对于任何东西都不会感到缺乏。在计划一场战役时，他可以忍受无限的痛苦，在执行一个计划时，他又能不怕无限的困难。

马尔巴勒公爵一生跌宕起伏，颇具传奇色彩。他早年为约克公爵（即后来被议会废黜的国王詹姆斯二世）当侍从，参加过一些战争，深得约克公爵信任，受封男爵。约克公爵继承王位后，他参与平息反政府叛乱而被任命为英军总司令。但是，他在1688年宫廷政变中转而拥戴威廉一世，并受封伯爵。至此故事并没有结束。马尔巴勒伯爵于1691年因涉嫌参与詹姆斯二世谋叛而被捕入狱，获释后失去威廉一世的宠信。1702年安妮女王即位后再度被重用，这在很大程度上得益于西班牙王位继承战争，也与他的妻子是安妮女王的侍从不无关系。1704年，他因战功卓著而受封公爵。也许是言行不慎，也许是人红是非多，1711年下院指控他滥用公款，被免职后侨居国外。1714年回国，积极参与迎立汉诺威王朝英王乔治一世，再度受重用，但不久即因病引退。从马尔巴勒公爵的生平可以看出，除了是一名伟大的军事指挥家外，他还是一个在政治上嗅觉极其灵敏、立场高度灵活的投机者。

1710 年之后，战争进入了第三个阶段，一些新情况和新趋势的出现使大联盟的支柱——英国的态度发生了变化。第一个因素是英国政局的变化，托利党取代辉格党上台执政，它反对辉格党参加欧洲大陆战争的政策，开始和法国寻求妥协。当然，出现这一局面也是因为英国在海外已经收获了足够多的利益，继续打下去可能破坏大陆均势，导致奥地利坐大。第二个因素是瑞典在北方战争中失利，俄国有可能取得波罗的海霸权，这将威胁到英国在这一地区的贸易和航行，所以，英国需要腾出手来应对北方出现的新形势。第三个因素是皇帝约瑟夫一世于 1711 年去世，其弟查理大公，即西班牙国王的备选人之一，成为皇帝查理六世。查理是其父利奥波德皇帝欧洲大帝国计划的追随者，他的上台使英国人担心，一旦奥地利获胜，就会实现皇帝合并西班牙、建立哈布斯堡欧洲大帝国的计划，从而破坏欧洲的均势。对英国来说，庞大的西班牙帝国既不能合并于法国，同样也不能合并于奥地利。

英国从 1711 年就开始与法国秘密和谈，马尔巴勒公爵被解职。1712 年和谈公开化，双方的军事行动停止，法国得以摆脱困境，避免了彻底失败的命运。现在，大同盟当中只剩下奥地利还在坚持与法国作战。1713 年 3 月 21 日至 4 月 11 日，参加和谈的各方代表云集荷兰乌得勒支城，以英国、荷兰、普鲁士、萨伏伊、葡萄牙为一方，法国为另一方签署了《乌得勒支和约》。查理六世拒绝签署和约，继续对法国作战。但是没有英国的支持，奥地利根本不是法国的对手。1713 年 12 月，法国、奥地利也开始谈判，1714 年 3 月 17 日签署了《拉什塔特和约》。在 1713 至 1715 年间，英国、荷兰、奥地利又签订了一系列《界防条约》。这些条约一般通称为《乌得勒支和约》。

条约的主要内容包括：

（一）承认腓力五世继承西班牙王位，但法、西两国永远不得合并。其实后来很长一段时间，两个波旁王室的关系并不好，路易十五和他的叔叔腓力五世还曾经发生过战争。

（二）对皇帝查理六世放弃西班牙王位以补偿。这相当于在一定程度上分割了西班牙。西班牙的南尼德兰和在意大利的大部分领地划归奥地利。从此，开始了奥地利对意大利长达一个半世纪的控制，直到意大利在 19 世纪 60 年代获得独立和统一。

（三）法国承认汉诺威选侯乔治有权继承英国王位。因为安妮女王没有子女，遂产生了一个在她身后由谁来继承王位的问题。安妮是被废国王詹姆斯二世的女儿，有一个同父异母的弟弟詹姆斯，安妮最初从家族的角度考虑，倾向于弟弟继位。但是詹姆斯和他的父亲一样，也是一个虔诚的天主教徒，让天主教徒当国王是英国社会和议会绝不能接受的。除此之外，就只有德国的汉诺威家族有资格继承王位。安妮的曾祖父詹姆斯一世的女儿嫁到了德国的汉诺威，是乔治的祖母，乔治也算是安妮的远房表兄弟。他既有英国王室的血统，又是新教徒，所以被英国议会确定为英国王位的继承人。1714 年，乔治继承英国王位，称乔治一世。

（四）英国的获益主要是在殖民地、海上据点和贸易特权方面。英国从法国手里得到了加拿大的新斯科舍，纽芬兰、哈得逊湾领土，还有西印度群岛的一些岛屿。这是法国丢失北美殖民地的开端，再过半个世纪，北美基本变成了英国的天下，成为英语世界的一部分。英国还获得了西班牙在地中海的梅诺卡岛和控制进出地中海的要塞直布罗陀。这些据点对于英国在 18 至 19 世纪的海上霸权至关重要，英国海军对世界各大洋的控制实际上是通过控制要点来实现的。直布罗陀对英国尤其具有战略意义，在 19 世纪 60 年代苏伊士运河凿通之后，直布罗陀成为欧洲通往印度和远东的咽喉。另外，英国获得了在西班牙属地的贸易特权，对于一个海权国家来说，这是一个与海军同等重要的大事。

（五）勃兰登堡选侯的普鲁士国王地位得到各国承认。这预示着，在不久的将来，欧洲大国队伍里将出现一个崭新的面孔。

英国是西班牙王位继承战争和《乌得勒支和约》的最大赢家。它不仅扩大了殖民地和贸易特权，而且进入了地中海，这对欧洲后来的政治进程产生了重大影响。法国的霸权野心被遏制，欧洲大陆的均势得以保持。所以，西班牙王位继承战争和《乌得勒支和约》使英国一跃成为欧洲头号强国。而就在半个多世纪之前，英国人还沉沦在内部的纷争当中，17世纪60至80年代，英国国王还要接受他们的表兄弟路易十四的资助。

与英国的崛起相呼应，法国则从欧洲第一强国的地位跌落下来，除了日后在拿破仑手里有过短暂的勃兴之外，法国再也没有获得过路易十四时代的辉煌、地位、实力与影响力。在18世纪，它虽然也参加了多次战争，但再也不是为崇高的荣誉而战了。

《乌得勒支和约》签订之后，英国在海洋上和在世界市场中都获得了优越的地位，诚如马汉所说的：

不仅是在事实上，而且也在它的自觉心中。

Chapter Ⅴ

The Great Northern War and the Rise of Russia

第五章

北方战争与俄国的崛起

17世纪末，半野蛮的沙皇俄国闯进了欧洲国家的视野。彼得大帝一手抓改革，一手抓打仗，以改革支撑战争，以战争固化改革成果。当北方战争最终结束之时，曾经的波罗的海霸主瑞典倒下了，一个强悍的俄罗斯帝国在西北欧冉冉升起，欧洲国际政治大棋局里又多了一个玩家。

在2014年国际政治的诸多关键词中，乌克兰恐怕是最热门的一个，它与克里米亚、空难、天然气、反政府武装、石油价格、美俄欧俄关系、G20峰会等问题纠结在一起，俨然是牵动2014年国际政治经济的龙头和抓手。

理论上，一个国家推行什么样的内政外交政策是该国自己的事，所谓不干涉内政就是基于此而来。但是，俄罗斯却对乌克兰的向西转表现了极大的愤怒和不可接受。之前，北约的东扩俄罗斯也只是口头抗议而已，而乌克兰仅仅一个与欧盟建立联系国的举动就令俄罗斯怒不可遏，并接连出重拳回应，甚至为此不惜与美欧对抗。

俄罗斯为什么对乌克兰表现出如此之在意与在乎？乌克兰人面对俄罗斯与欧洲，为什么又会呈现出截然对立的分裂——东部亲俄，西部亲欧。这些都要从两国的渊源说起。

事实是，俄罗斯、乌克兰、白俄罗斯三个民族有着共同的祖先——古罗斯人。古罗斯的第一个中心城市就是今天乌克兰的首都基辅，882年，诺夫哥罗德王公奥列格征服基辅及其附近地区后建成基辅—罗斯公国，基辅也被认为是俄罗斯的城市之母。基辅—罗斯公国的疆域包括第聂伯河到伊尔门湖之间的土地，这里成为包括乌克兰、俄罗斯、白俄罗斯在内的东斯拉夫文明的发源地。

10 世纪初，基辅—罗斯不断扩张，版图东至伏尔加河口，经克里米亚半岛至多瑙河口，北起拉多加湖，循波罗的海沿岸，南临草原，初步奠定近代俄罗斯联邦的领土规模。988 年，基辅—罗斯大公弗拉基米尔接受了传自拜占庭帝国的基督教作为国教，使得罗斯人告别了多神教的信仰。罗斯受洗对基辅—罗斯公国及现代俄罗斯、乌克兰、白俄罗斯发展起了重大作用。自此之后，俄罗斯人确定了自己日后的思想根基。

从 11 世纪中期起，基辅—罗斯陷于封建混战，分裂为 18 个公国，古罗斯部族逐渐分裂成俄罗斯人、乌克兰人和白俄罗斯人 3 个支系。13 世纪 20 年代，基辅—罗斯被蒙国金帐汗国征服，此后罗斯人的发展中心转移至东北部莫斯科一带。1480 年，留里克王朝支系莫斯科公国统一罗斯，驱除了蒙古人。

从 14 世纪起，乌克兰人开始脱离古罗斯而形成具有独特语言、文化和生活习俗的单一民族，并历受立陶宛大公国、波兰等国的统治。1654 年，乌克兰哥萨克领袖赫梅利尼茨基与俄罗斯沙皇签订《佩列亚斯拉夫和约》，商请沙俄来统治东乌克兰，自此东乌克兰（第聂伯河左岸）与俄罗斯帝国正式合并，开始了乌克兰和俄罗斯的结盟史。18 世纪，俄罗斯又相继把乌克兰和黑海北岸大片地区并入自己的版图。到 1795 年，除加利西亚（1772 至 1918 年属于奥地利）以外，乌克兰其余地区均在沙皇俄国统治之下。

1917 年十月革命之后，乌克兰曾有过短暂的“独立”时期。1917 年 12 月 5 日，乌克兰苏维埃社会主义共和国成立，后于 1922 年 12 月加入苏联。但是，西乌克兰却在 1918 至 1920 年外国武装干涉时期被波兰占领。1939 年 11 月，二战爆发，波兰被德国和苏联分割占领，西乌克兰成为苏联的一部分。

1991 年 12 月，伴随着苏联大厦的倾覆，乌克兰、俄罗斯、白俄罗斯等 15 个苏联加盟共和国获得独立。但是，不同的历史经历，使同一个乌克兰民族打上了不同的烙印。东乌克兰因与俄罗斯合并多年而在情感上更加倾向这个东方的老大哥，西乌克兰长期在西方的统治之下（波兰和奥地利），只在二战后短暂归属苏联，所以从内心更认同西方的文明。这种情感的撕裂是造成乌克兰在东、西之间摇摆不定的主要原因。而俄罗斯，起源于基辅—罗斯，自然不甘心丢掉自己的民族发源地。

其实，俄乌之间的恩怨情仇恰是一部俄罗斯的帝国史，而今日之纷扰动荡，也仍然是苏联帝国解体这场大地震的余波。

在欧洲人眼里，俄国是个东方国家。而俄国的国徽则是双头鹰：一只注视着东方，一只注视着西方。这说明，俄国人自己也认为，东方是其文化和利益的一部分。18 世纪，凭借彼得大帝的改革和在北方战争的胜出，俄国成为欧洲国际体系的一部分，并发挥着重要作用。时至 19 世纪上半叶，俄国更是被冠以“欧洲宪兵”的称号。19 世纪末，俄国逐渐走向衰落，日俄战争的失败则启动了俄国最终覆灭的历程。1917 年的十月革命之后，在其废墟上，一个崭新的苏维埃社会主义国家诞生了。

一、彼得大帝的改革

到 17 世纪末的时候，当年那个向蒙古人称臣纳贡的莫斯科大公国已经成为一个强大的君主专制国家，大公变成了沙皇，它的版图西至第聂伯河上游，东抵鄂霍次克海，北达北冰洋，南邻里海北岸，是欧洲领土面积最大的国家。

但俄国有一个非常重要的缺陷——没有出海口：南方的黑海沿岸被土耳其人霸占着，北方波罗的海沿岸在强大的瑞典手里。而只要没有出海口，俄国就很难与先进的西欧国家交流，就无法改变自己野蛮的边缘国家身份。

当时，与英国、法国、荷兰等近代化国家相比，俄国在政治、经济、文化、科技等方面的落后极为明显。俄国实行农奴制，没有经历文艺复兴和宗教改革，从自然科学到文学、哲学都毫无生气。当彼得率领他的考察团抵达西欧时，他们的粗鲁无礼令当地人非常震惊：这些俄国人能喝下数量惊人的啤酒、红酒和白兰地，英王威廉一世甚至给彼得一世送去一份账单，上面记录了沙皇的扈从在英国寄宿期间对乡间房屋的破坏情况，此外，彼得一世由于命令他的随从列队穿越花园，也使美丽的风景遭到破坏。显然，俄国与西欧的差距不是一星半点，俄国人在物质和精神上仍处于中世纪状态。

1689 年，17 岁的沙皇彼得一世亲政，打通向南、向北的出海口就成为他的首要目标。1695 年和 1696 年彼得两次率军远征，但获得黑海出海口的任务并没有完成。对土耳其作战当中暴露出了俄国军队的落后、腐败，使彼得产生了按照西欧模式改革俄国的想法，同时他也想到西欧去寻找和土耳其作战的盟友。于是，彼得就在 1697 年组织了一个“大使团”访问欧洲。

彼得化名彼得·米哈伊洛夫随团出访，身份是普列奥布拉斯基军团的下士。考察团先后来到普鲁士、荷兰、英国、奥地利等国家。在荷兰的阿姆斯特丹造船厂里，彼得一世和工匠们住在一起，吃粗茶淡饭，学习建造军舰和驾驶船只，由于表现出色，他被师傅和工友们推荐为“优秀工匠”。在英国，他还旁听了议会辩论，研究了英国的政治制度。显然，英国的议会政治并没有令彼得产生好感，相比之下，荷兰的工场，特别是造船业给他留下的印象更深刻。总之，他尽了最大的努力学习西方的文化、科学、工

彼得一世（1672~1725）

业及行政管理方法。

彼得在这次行程当中，除了见识到西方的先进、从而使他坚定了改革的决心之外，还有一个重要的收获就是战略方向的调整。本来彼得把重点放在南方，意在和土耳其争夺黑海出海口，因为比起控制波罗的海沿岸的瑞典来说，土耳其在军事上显然要落后很多，他想在西欧寻求对土耳其作战的盟友。但是，在和勃兰登堡选侯进行结盟谈判的时候，选侯提醒他：

在国际的赌局里，土耳其的牌将要输掉了……但是瑞典却是莫斯科背后最危险的敌人。

当然，选侯这么做是有私心的，他想让俄国和他一起对付瑞典、波兰。可是这一席话却触动了彼得一世的思考。而且在欧洲周游一圈之后，他发现，西欧国家对与土耳其作战没什么兴趣，当时西班牙王位继承问题迫在眉睫，各国的注意力都在这个上面。不过，对瑞典作战倒是个良机，因为大国们已经无暇东顾，瑞典的霸权政策又导致它和邻国关系紧张，俄国不难找到反瑞典的盟友。而且，波罗的海是俄国通往西欧最短的海上通道，远比黑海方便。所以，欧洲之行使彼得将战略重点由南方转向北方，开始着手建立反瑞典同盟。

从后来事态的发展来看，恰恰是因为打开了通向波罗的海的出海口，俄国才得以跻身欧洲政治，并按照西欧模式进行政治、经济和军事改革，使自身成为一个近代意义上的强国；反之，如果俄国将战略重点放在夺取黑海出海口上，那么即便成功，对俄国崛起的促进作用也是极为有限的，毕竟，黑海是一个半封闭的海，控制其周围地区的土耳其也没有多少可令俄国学习、借鉴的地方。

1698年秋天彼得回国，之后立即发动了一场全方位的彻底改变国家命运的大变革。

彼得的改革首先是从生活方式和行为习俗开始的。第一件事情是剪胡子，下令全国城乡的男人都不许留胡子。据说，当几位大臣前来问候远道归来的沙皇时，彼得突然操起手中的剪刀朝他们的胡子剪了过去，从而揭开了改革的序幕。本来，胡子在俄罗斯人的观念里是“上帝赐与的装饰品”，但它已经成为与世界文明交往的障碍。后来因为阻力太大，彼得也作了些让步，一时想不通的也不会砍头，但是要出钱购买留须权。这个钱可不少，一个富商每年要缴 100 卢布。就是缴了钱，事情还没有完，要把政府发的、上面刻着“钱收讫”的小铜牌挂在脖子上，以备随时查验。

彼得大帝做的第二件事情，就是革除传统的宽袖长袍，每一个体面人必须做一套“西装”。他认为，这种传统服装华而不实，有碍工作，必须禁止。他在宴会上自己动手，把客人的大袖袍剪个干干净净。

在经济方面，彼得大力鼓励工商业的发展，允许企业主买进整村的农奴到工厂做工，批准外国人在俄国开办工厂。为了鼓励西方工艺和技术的引进，他把许多西方技术人员带入俄国，派遣年轻人到东欧去学习。

在政治上，改革的目的是建立完整的中央集权统治，提高工作效率。彼得剥夺了贵族领主杜马会议的职能，代之以参政院，下设 11 个委员会（实际上相当于西方国家的“部”）负责具体工作；划分行政区域，将全国分为 50 个省。彼得还颁布了一个“职能表”，将文武官员分成 14 个不同的等级，所有的官员不管门第出身，都要从最低一级做起，靠功绩晋升。

彼得认为，俄国东正教会是一股落后的、反动的势力，故罢黜大教长，代之以宗教院，使教会成为国家政权的一部分；俄罗斯的传统历法被废除，代之以欧洲通用的公元纪年；按照西欧的语言习惯改革了俄罗斯文字；彼得还建立了俄国第一座图书馆、医院、剧院、博物馆、印刷所，还出版了第一份报纸，亲自担任主编。

在北方战争取得了阶段性胜利之后，彼得立即着手在刚刚夺取的涅瓦河畔波罗的海边的沼泽地上建立了新首都圣彼得堡，从而使自己不仅在心理上、同时也在地理上更靠近西方。圣彼得堡为俄国提供了一个“瞭望欧洲的窗口”，从此就成了俄国与西欧交往的主要地点。

当然，在所有的改革中，军事改革是最为重要的。彼得一共建立了正规陆军 21 万人，并有 19 万人非正规兵力作为支援。他还从零开始创建海军，创立了一所学校来培养海军军官，修建船坞，建设港口；建造了一支共有大战船 48 艘、其他小船 787 艘的舰队，这是俄国得以战胜瑞典的最重要的资本。与英国、荷兰等国不同，彼得在完成所有这一切时，并没有一支商业船队为他提供有技术的水手和经验丰富的船长。

彼得的改革就广度来说，几乎超过了世界历史上的任何一次改革，但是他在这个过程中采取的手段极为粗暴，“不惜以野蛮的手段对付野蛮”，甚至连他的儿子都反对他，最后死在狱中，为此而送命的人据说占了当时国家人口的三分之一。但是，这一次成功的改革推动了社会进步，增强了俄国实力，巩固了专制统治，为对外侵略扩张准备了条件，使俄国由欧洲的穷乡僻壤变成了世界强国。正如俄罗斯 20 世纪著名思想家别尔嘉耶夫所说：

别尔嘉耶夫（1874~1948）

彼得大帝的改革对人民是如此巨大的痛苦，但没有彼得的强制性改革，俄罗斯就不能完成自己在世界历史中的使命，也不能在世界历史上获得自己的发言权。

在启动改革的同时，彼得也在紧锣密鼓地组织反瑞典的北方同盟，准备对瑞典的战争。1699 年，俄国、丹麦、萨克森三国反瑞典的同盟正式形成。1700 年 7 月，俄国与土耳其签订了和平条约，8 月 7 日，彼得对瑞典宣战，北方战争开始。

二、军事天才查理十二

查理十二世（1682~1718）

在北方战争中，彼得的对手是小他 10 岁的瑞典国王查理十二。1648 年三十年战争结束后，瑞典成为波罗的海沿岸的霸主。查理十二于 1697 年即位时年仅 15 岁，这位发萨王朝的第十代国王继承了一个庞大帝国：包括整个斯堪的纳维亚半岛（挪威除外）、芬兰、卡累利阿、因格里亚、爱沙尼亚、利沃尼亚、西部波美拉尼亚、维斯马、不莱梅和威尔登，以及大多数波罗的海中的岛屿。瑞典人不仅控制了波罗的海，而且除了尼门河和维斯杜拉河以外，所有流入该海的各大河口也都在其控制之下。它还拥有当时北部欧洲首屈一指的武装力量，计海军战列舰 42 艘、陆军 15 万人。

但这只是表面现象。在瑞典帝国的显赫威势下，覆亡的种子已经潜伏其中：在东面，它阻塞了俄罗斯向波罗的海的发展；在南面，它受到神圣罗马帝国和勃兰登堡的威胁；在西方，它面临丹麦的敌意。如果它的敌人联合起来，瑞典就很难招架了。显然，对于一个孩子来说，维系如此危机四伏的大帝国任务未免过于沉重了。

当然，这个孩子绝非等闲人物，他的血管里流淌着其先辈能征善战的基因，天生就是一个军事统帅。学者富勒是这样描述查理十二的：

他的个性很特殊，是一个游侠之士，也是一个狂醉之徒。他是以战争为生活的，他对于战争的困难和冒险具有癖好，甚至有过了胜利本身。前途愈无望，情况愈恶劣，他反而更起劲。他城府极深，不可测度，他的自信是无限的，而他的自欺能力也是无边的——照他看，没有什么目标是他不可以实现的。敌人的数量优势，敌军阵地的强度，他自己部队的疲惫，装备和补给的缺乏，恶劣的道路，泥泞，雨雪，冰冻，烈日，一切的一切，照他看都是上天故意设置的障碍，以来考验他的天才。没有东西能够阻止他，任何危险和困难都只能激励他更前进。他精神高昂，但也颇有自制力，言而有信，对于纪律颇知重视。他在战场上，能使他的部下把他当作神话中的英雄看待，对于他的领导产生无限的信心。他的无畏精神是非常特殊的，他的精力极其旺盛，此外他也具有一种战术性的慧眼，只要看一眼，即能够发现敌人战线或阵地上的弱点，于是就立即像雷霆一样向那里打击。

但是，对于这样的一位旷世奇才，奥古斯特和彼得却把他当作小孩儿看待，一心想瓜分他的国家。

当时与瑞典对抗的北方同盟总共只有军队 8.5 万人，计俄国 4 万、波兰—萨克森 2.5 万、丹麦 2 万，除丹麦外，俄、波都没有海军。18 岁的查理十二是在拥有军事优势的情况下进入战争的，自从这一次离开瑞典后，他就再也没有回来过。

1700 年 2 月，在北方战争正式开战之前，萨克森首先偷袭里加，但没有成功。3 月，丹麦又进攻荷尔施泰因。查理十二出其不意地在丹麦的西兰岛登陆，包围哥本哈根，迫使丹麦投降。8 月 8 月，也就是彼得宣战的第二天，瑞典和丹麦签订了《特翁达和约》，丹麦退出战争。丹麦的退出对于刚刚宣战的俄国来说是一个不祥的信号。

摆脱了丹麦之后，查理立即向东进发，11 月 19 日，他来到了距离纳尔瓦只有 9 英里远的拉格那，此时，纳尔瓦已经被彼得的 4 万大军攻陷。尽管对手在数量上占有 5：1 的优势，但查理的自信和求战、求胜意愿却没有受到丝毫影响，他率领 8000 人，在风雪掩护之下进攻。他对着自己的将士大声喊着说："这是天赐的良机，风雪在我们的背后，敌人无法看清我们的人数是如此稀少。"

结果，查理十二取得了纳尔瓦战役的胜利，俄军损失 7000 多人和

150 门大炮。

就这样，年仅 18 岁的查理十二在不到一年的时间里打败了 3 个年纪比他大得多的对手，使自己名声大震。对此，伏尔泰这样评价道：

在别人还没有受完全部教育的那个年纪，他（查理十二）已被公认为伟人。

不过，查理十二很快就显示出了年轻的负面影响：盲目自信、不听规劝。纳尔瓦战役胜利后，查理十二不听从高级将领的意见乘胜追击失败的俄军，而是把萨克森选侯兼波兰国王奥古斯特二世当作主要敌人（波兰的国王不是世袭制，由选举产生），调兵南下，进攻波兰。本来波兰议会对俄瑞战争持中立态度，迫使国王只能以萨克森选侯而不是波兰国王的身份参战，现在，受到攻击的波兰只好投入到反瑞典的战争当中了。

查理十二陷入与波兰和萨克森的作战当中长达 6 年，对彼得来说，喘息的时间当然越长越好，他可以借机医治战争创伤，大力推进改革以增强自己的实力。到 1706 年的 9 月，查理十二终于解决了波兰，奥古斯特放弃波兰王位，退出北方战争。他的下一步行动是远征俄国。1707 年夏天，查理十二率领 4 万大军从萨克森向俄国出发。此时，查理的威望如日中天，全欧洲都预测他一定会打败彼得，并在克里姆林宫受降。在莫斯科，空气紧张到一触即发的程度，据说除了战斗与死亡，莫斯科人似乎已无话可说。

如果事情真的像人们预料的那样，那就未必太单调乏味了。历史通常是以出人意料的面目呈现在世人面前。

三、波尔塔瓦大捷与《尼斯塔特和约》

当查理与彼得再次交手时，此时的俄国已是今非昔比了。战败之后的这几年，彼得可没闲着。在众多外国顾问的辅助下，他广泛借鉴西方的军事技术和战术，通过大刀阔斧的改革，不仅军队的作战能力大大增强，兵力也达到了20万。相比之下，瑞典当时的总兵力只有11万。

1708年，查理十二率重兵进攻俄国。1709年7月8日，俄瑞两军在乌克兰的小镇波尔塔瓦展开决战。瑞典投入正规军3万人和4门大炮，俄国投入正规军4.2万人和72门大炮，俄军的兵力和火力都占优势。经过2个多小时的激烈战斗之后，瑞典军队溃散，查理十二在一小股骑兵的掩护下逃往土耳其，6年之后才回到欧洲，1718年在对挪威的作战中身亡。

在波尔塔瓦战役中，瑞军损失1万余人，俄国伤亡4600人，战局因此发生逆转，俄国在北方战争中的艰苦时期过去了。此后，波兰、丹麦与俄国恢复同盟关系，普鲁士和汉诺威也参加到了同盟当中。

波尔塔瓦会战还有更为深远的意义。彼得从胜利中得出启示，他必须要建立一支更为强大的正规陆军和一支波罗的海舰队，以维持俄国刚刚在东欧获得的地位。问题是，对于当时的任何一个国家，哪怕是财力雄厚的英国，维持这样的兵力都实属不易，何况方方面面都极为落后的俄国！为做到这一点，彼得必须在财政上进行改革，进而必须采取欧洲的行政制度以代替俄国东方式的旧制度，因为任何一个改革都不可能孤立地进行，不触及行政制度，单纯的财政改革是不可能成功的。所以，彼得的主要立法性改革都出现在波尔塔瓦以后并非偶然，一个初始变量的变化带来了滚雪球式的效应。事实上，彼得原本只是一个军人，其一切行动的动力都是打赢战争，他最初只想进行军事改革，这也是几乎所有落后国家在改革之初都会坚持的路线。而不同的国家之所以在相同的开局之后会有不同的结局，关键是在最初的改革启动后有没有后续的改革跟上。如果改革只局限在军事领域而没有政府和社会的相应变革，那么战争工具的“西化”也很难成功。彼得恰恰是在军事改革之后自觉而又不自觉地走上了全盘改革的道路，这是俄国最终得以崛起的关键原因，19世纪下半叶的日本亦是如此。

在俄国实力不断恢复和上升的同时，瑞典的军事潜力已经耗尽，在战场上连连失败。到 1714 年，俄国已经侵入芬兰，迫使瑞典撤出。同年夏天，俄国的波罗的海舰队全歼瑞典的特遣舰队，这是俄国海军取得的第一场胜利。也就是说，在陆军和海军两方面俄国都超过了瑞典。俄军已经准备在瑞典登陆了。

但是，俄国的扩张野心引起了其他国家的强烈反对。英国认为：

如果沙皇实现他的宏伟计划，他将由于摧毁和征服瑞典而成为离我们更近、更可怕的邻居。

所以，它不能允许俄国继续扩大自己的权势。从 1714 年之后，北方战争演变成英国和俄国之间的外交较量，英国要组织一个反俄同盟，俄国则努力分化它。通过灵活的外交，彼得改善了与法国的关系，拉住了普鲁士，与土耳其和解，避免了被孤立的局面；又通过军事行动和外交施压，迫使瑞典同意和谈，1721 年 8 月 20 日，两国签署了《尼斯塔特和约》，持续 21 年的北方战争就此结束。

《尼斯塔特和约》的主要内容包括：

（一）除了芬兰交还给瑞典之外，俄国获得了瑞典在波罗的海东岸的领土，相当于今天从彼得堡到里加湾的大片地区，还有出海口。

（二）沙皇及其后嗣对于归还瑞典的芬兰大公国永远不再有任何权利，也不得以任何名义、任何借口提出任何要求。

在条约当中，彼得获得了波罗的海的出海口及其沿岸的土地，俄国终于从一个内陆国家变成了濒海国家，世代沙皇们奋斗的目标实现了，而且这个出海口离欧洲、也是当时世界的核心区更近。

北方战争和《尼斯塔特和约》标志着欧洲又诞生了一个名副其实的大国。一直以来，地处欧洲东部边缘的俄国在文化与宗教上带有野蛮色彩，西欧国家对俄国的实力报以轻蔑的态度。但是，一场北方战争打出了俄国的名声和地位。彼得不仅打败了一个欧洲国际体系当中公认的强国，而且基本上是靠自己的力量独立完成了作战。如果说成为大国有什么标志的话，能够独立地打败另一个大国应该算是其中最重要的一条。在当时的欧洲，除了英国和法国之外，只有俄国做到了，而奥地利和普鲁士打仗都需要其他国家资助。对于俄国的横空出世，有人这样形容：俄国“像一只新下水的船只，在斧子的敲击和大炮的轰隆之中，驶向欧洲列强的大家庭”。从此之后，欧洲没有谁敢忽视俄国的存在，俄国开始以它独有的方式对欧洲的政治进程施加影响。

既然俄国在打败瑞典的基础上成就了自己的强国梦想，瑞典当然也就由波罗的海的首强沦落为欧洲的二流国家。到此时为止，欧洲强国的座次已经发生了几次大的变化。西班牙、荷兰先后失去强国地位，现在又轮到了瑞典。能够在 200 年的岁月里始终处在强国位置的只有英国和法国。

1721 年 10 月 22 日，俄罗斯参政院为表彰彼得在北方战争中的伟大功绩，为他加封“全俄罗斯大帝”和“祖国之父”的称号，彼得大帝的称呼由此而来。沙皇俄国也正式改称俄罗斯帝国。

四、叶卡捷琳娜二世与俄大国地位的巩固

彼得大帝的改革和北方战争的胜利造就了俄罗斯大国崛起的 1.0 版本。但这一崛起并非是不可逆的。在强邻环伺、竞争激烈的近代欧洲，任何国家都如逆水行舟般不进则退。而俄罗斯作为一个高度君主专制的国家，其国运更加依赖沙皇的英明与否。

从 1725 年彼得去世到 1762 年叶卡捷琳娜即位，这 37 年是俄国政局极其不稳定的时期，共发生了 5 次宫廷政变，更换了 7 个沙皇。政治的动荡使俄罗斯帝国前景堪忧，只有一位能干的铁腕人物才能重振国威，并将俄罗斯的崛起升级至 2.0 版本。完成这一使命的是来自德国的女沙皇叶卡捷琳娜二世（1762 至 1796 年在位）。

叶卡捷琳娜原名索菲亚，1729 年生于德意志一个并不富裕的贵族家庭，父亲是普鲁士军队中的一位将军，后被封为公爵，但领地很小。

叶卡捷琳娜二世（1729~1796）

1742 年，她的远房表哥、荷尔施泰因王子彼得被他的姨妈、俄罗斯女皇伊丽莎白选中，成为俄罗斯皇位继承人。因为父亲的关系，索菲亚与彼得的联姻方案得到了普鲁士国王腓特烈的支持。据说，腓特烈请来了最好的法国画师为她画了一幅肖像画，然后把这幅肖像送到圣彼得堡供伊丽莎白女皇过目。1745 年 8 月，索菲亚同俄国皇位继承人彼得大公，即后来的彼得三世结婚，改名为叶卡捷琳娜。

相比她拒绝认同俄罗斯语言、宗教、文化而且仍以德国人自居的丈夫，叶卡捷琳娜全身心地投向她的新祖国。她努力学习俄语，皈依了东正教，并因此而博得了宫廷上下的好感，拉近了自己与俄国人的距离。但是她与自己的丈夫感情并不好，彼得甚至扬言要废黜她，只是因为女皇的反对而未能得逞。

1761 年 12 月 25 日，伊丽莎白女皇逝世，彼得继位，史称彼得三世。彼得即位后，处境岌岌可危的叶卡捷琳娜开始酝酿宫廷政变，而这位新沙皇的任性妄为又引起了军队和贵族的强烈不满，为政变成功创造了条件。彼得三世在七年战争胜利在望之际命令沙俄军队停止战斗，退出所占的普鲁士土地，与普王腓特烈二世签订和约，只因为他是腓特烈二世的崇拜者，他甚至还准备“亲自率领一部分军队，听从腓特烈二世的指挥”。在国内，彼得三世要俄罗斯人改信路德教，宣布信东正教的人为异教徒，没收东正教会的财产。彼得三世的倒行逆施使俄国上层人心思变。1762 年 6 月 28 日，叶卡捷琳娜发动政变，推翻了彼得三世，登基称帝。7 月 17 日，被囚禁的彼得三世神秘死亡，一说毒死，也有说是勒死，叶卡捷琳娜对外宣称是消化不良而死。

叶卡捷琳娜即位时，貌似强大的俄罗斯已是危机四伏。她在日记中写道：

国库空虚，军中已三月无饷。商贸日益凋敝，多有囤积垄断之现象。国政松弛，军机各部亦有欠款之举，海政疲惫，几近崩溃。司法沦为铢两悉称，律令之行惟强者是瞻。

而在国外，彼得大帝时微不足道的普鲁士王国已经凭借七年战争崛起为大国，南方的黑海沿岸仍然在土耳其的控制之下。因此，摆在女皇面前的任务，不仅是如何强化国家政权、增加国库收入，还有巩固欧洲强国地位、打通黑海出海口的问题。

叶卡捷琳娜二世很快就显示了她出色的治国才能。对内，她推行了一系列改革措施，进一步加强了中央集权，扩大贵族特权，使农奴制度发展到顶点。这些举措短期内巩固了沙皇对国内的统治，但从长期来看也加剧了贵族农奴主和农奴两个阶级的矛盾对立。

对外，叶卡捷琳娜二世最辉煌的两大成就是瓜分波兰和赢得两次俄土战争，从而大大扩张了俄罗斯的版图，将自身的权力触角深入中欧，并最终成为黑海沿岸国家。

在近代欧洲，波兰的政治体制堪称奇葩。在其他国家要么实行君主专制、要么实行宪政制的情况下，波兰实行的是贵族民主制。这一制度有两个重要特点：一是自由选王制。波兰的国王不是世袭的，而是由贵族选举产生，但几乎每一次选举都会带来其他国家的干涉并引发动荡；二是自由否决权。即一项议案必须全票通过，哪怕只有一个议员反对也不行，这种波兰式的极端民主导致政府在有争议的议题上往往议而不决，从而使国家意志得不到体现。最终，民主在波兰施行的结果非但没有产生荷兰和英国那样强大的政权机器，反而使国家陷入极其虚弱的无政府状态。在欧洲国家纷纷加强王权或议会权力之际，波兰的贵族民主制无疑为自己最终被瓜分的命运埋下了伏笔。

叶卡捷琳娜二世对波兰采用循序渐进的策略。首先，她在 1763 年

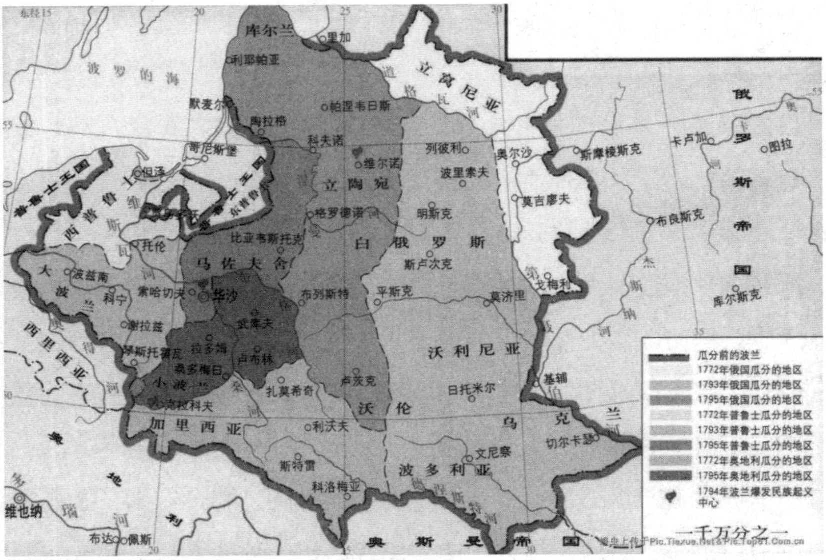

俄普奥三次瓜分波兰（1772~1795）

操纵波兰选王会议，将她的情夫波尼亚托夫斯基扶上波兰王位。接着在 1772 年，俄国、普鲁士、奥地利三国第一次瓜分波兰，俄国得到了白俄罗斯和拉脱维亚的一部分。在国家遭到瓜分后，波兰人开始反思自己的政治体制，并于 1791 年通过了《五三宪法》，宣布废除自由选王制和自由否决权。但此时改弦易辙为时已晚，周边几个大国岂能容许波兰浴火重生！叶卡捷琳娜派军队攻占华沙，宣布《五三宪法》无效，并与普鲁士一起签订了第二次瓜分波兰的协议，得到西乌克兰、白俄罗斯和立陶宛的一部分，1793 年，波兰的最后一次议会以“沉默表示同意”的形式通过了这个瓜分协议。1795 年，在波兰救亡起义风起云涌之际，为免夜长梦多，俄、普、奥三国决定第三次瓜分波兰，使这个国家从地图上彻底消失了。通过三次瓜分波兰，沙皇俄国共分得 46 万多平方公里的土地而。波兰惨遭瓜分的教训清楚地说明：任何欧洲国家想要生存下来，就必须建立一个有效的政府以迎接挑战和机遇。

彼得一世在位时期未能夺取黑海出海口，这原本是他的最初目标。这个任务到叶卡捷琳娜二世时终于完成。通过 1768 至 1774 年和 1787

至 1791 年两次对土耳其战争，俄国从土耳其手里夺取了黑海北岸的大片土地（其中就包括克里米亚半岛），并且取得了在黑海自由航行的权利。

三次瓜分波兰也显示了俄罗斯在欧洲，特别是中欧事务上的强大影响力。不仅如此，俄罗斯还插手欧洲大国关系。1778~1779 年奥普战争之后，战后双方请俄罗斯做和解调停人，而叶卡捷琳娜二世也利用这次机会在国际舞台上公开提出了和解条件并附加上俄罗斯的要求，而且得到了冲突各方的认可。俄罗斯以冲突调停人的身份频频插手欧洲事务的时代就此开始。

作为一名以“开明专制”著称的君主，叶卡捷琳娜二世也像她同时代的其他君主那样充满了艺术和人文气息，伏尔泰形容她是欧洲上空最耀眼的明星。她支持俄国艺术的发展，慷慨赞助哲学家和艺术家。在法国启蒙思想家狄德罗因生活窘迫到不得不变卖自己的大量藏书的时候，叶卡捷琳娜二世出资几十万卢布买下了他所有的藏书，只提出一个要求，就是在狄德罗在去世之前不要让他和他的书分开，因为“这是一件最痛苦不过的事”。

叶卡捷琳娜二世一共执政 34 年，其间俄罗斯人口由 2320 万人上升至 3740 万人，领土面积增加了 63 万平方公里，军队人数也从 16 万上升到 31 万，海军战列舰数量由 21 艘上升至 67 艘，巡洋舰数量由 6 艘上升到 40 艘，国库收入由最初的 1600 万卢布上升至 6900 万卢布。无论从哪个角度衡量，沙皇俄国都已经是欧洲国际体系响当当的大国。俄罗斯在 19 世纪的强势，很大程度上得益于叶卡捷琳娜二世奠定的基础。

在俄罗斯帝国历史上，只有两个沙皇获得了“大帝”的名号：一个是帝国奠基人彼得一世，另一个就是叶卡捷琳娜二世。据说，望着大大扩张了的俄国版图，这位雄心勃勃的女皇曾豪情万丈地说：

假如我能够活到二百岁，全欧洲都将匍匐在我的脚下！

Chapter Ⅵ

Seven Years' War and the Rise of Prussia

第六章

七年战争与普鲁士的崛起

勃兰登堡—普鲁士在18世纪初才获得王国地位。经过了几代选侯和国王的努力，普鲁士逐渐积蓄起了足够的财力和军事实力。当1763年七年战争结束之时，普鲁士已经从一个偏远的德意志国家一跃成为欧洲五强之一，并进而在19世纪统一了德国。

在当下拆迁盛行的中国，广泛流传着一个关于普鲁士国王与磨坊主的故事。

话说18世纪普鲁士的国王腓特烈二世喜欢清静，因此他也像路易十四一样在首都之外的波茨坦给自己修建了一座无忧宫。无忧宫落成后，腓特烈却遇到了一个不大不小的烦恼，原因是无忧宫旁建有一座磨坊，磨坊工作时发出吱吱嘎嘎的噪音打破了国王的清静，干扰了这位哲人的思考。国王忍无可忍，于是召见了磨坊主，对他说："你的磨坊对我的干扰太大，所以你我二人中有一人必须离开。"接着，他让磨坊主开个价，要把磨坊买下来。

然而大胆的磨坊主却反问道："国王陛下，您认为您这座宫殿值多少钱呢？"国王回答他说："您这人还真不一般呐。您有多少钱，可以把我的宫殿买下？您觉得您的那座磨坊所值几许呢？"磨坊主回答："最最仁慈的大人呐，不过您也没有足够的钱来把我的这座磨坊买下。"国王开了个价，接下来开了第二个、第三个，但是磨坊主始终不为所动，一再说："这座磨坊是不卖的。"他说："就像我生在这里一样，我也要死在这里。而且就像我从我的祖辈手上把这座磨坊继承下来一样，我的后代也将从我手上把它继承下去，在这座磨坊里得到先人们的福荫。"国王失去了耐心，说："您这人好不晓事，您知不知道，其实我根本无须与您费口舌！我叫人给您的磨坊估个价，叫人把它拆了，然后再给您点钱，您要也好，不要也好，悉听尊便！”闻听此言，这个无惧的磨坊主笑了。他回答说：“说得好，尊贵的大人，假如柏林没有最高法院的话，您当然可以为所欲为。”这就是说，只要国王敢这样干，他就敢提起诉讼。

腓特烈国王是一个正直的绅士，也很仁慈，所以磨坊主的真挚和无畏非但没有引起他的不快，反而令他高兴。所以从这一刻起，他下令不得为难这个磨坊主，并且与这个磨坊主保持着和平的邻里关系。

其实，这个故事是假的，据说是伏尔泰为了启蒙法国人而改编的。那么，伏尔泰要透过这个故事传递出怎样的信息呢？恐怕主要不是赞扬腓特烈二世的品德，而是当时普鲁士所实行的“法律面前人人平等”的司法原则。当然，能够在18世纪一个君主专制国度确立此种原则，本身也要归功于国王腓特烈二世对普鲁士法律建设的贡献。

腓特烈二世出身帝王之家，但却以一个文艺青年的身份继承了王位。他自幼酷爱文学、音乐，深受法国启蒙哲学思想熏陶，以至人们认为，他将是一位开明但文弱的国王。开明在某种程度上是事实，他在普鲁士推行的一系列改革说明了这一点，他还和法国启蒙思想家伏尔泰保持长期通信。但是，预言腓特烈文弱却严重不符合他后来的人生轨迹。的确，他一上台就解散了父亲访遍欧洲寻来乃至绑架来的巨人掷弹兵团，而且下令禁止军中体罚士兵——这个命令后来在战争中被撤销了，在战争遇到挫折时他也数度准备自杀，甚至随身携带毒药。但腓特烈二世毫无疑问是一个伟大的军事家，一个在战场上有勇有谋的统帅。正是他，最终将普鲁士由神圣罗马帝国的一个偏远小国扩张成欧洲国际体系的五强之一，并奠定了一个世纪之后德国统一的基础。

1786年8月17日，腓特烈二世于无忧宫中的沙发椅上安然逝世，享年74岁。由于身后无子，他的王位由侄子继承。此时距离法国大革命爆发仅有3年时间，不知倘若腓特烈健在，该如何应对因革命而突然崛起的法国战争机器。这抑或是他本人的幸事，因为欧洲无数的名将都栽倒在了打着自由、平等、博爱旗帜的法军面前。按照腓特烈的遗愿，他要下葬在无忧宫露台他的爱犬身旁。但他的侄子却将他葬在了波茨坦格列森教堂的地下墓室里。直到 1991 年 8 月 17 日，腓特烈才回到了他想到的地方。

今天，在德国首都勃兰登堡门附近的菩提树下大街，依然伫立着腓特烈大帝的骑马铜像，铜像的北侧街面就是被誉为现代大学制度之滥觞的柏林洪堡大学。这尊塑像奠基于1840年，为了庆贺他登基100周年，经过 11 年的打造，于 1851 年落成。

200 年来，欧洲先后涌现出的大国都是大西洋沿岸国家，如英国、荷兰、法国、葡萄牙、西班牙等，另有中欧的奥地利和北欧的瑞典。在西欧国家的眼里，东欧地处偏僻，经济落后，是一片蛮荒之地。但是，从 18 世纪初开始，欧洲的政治重心逐渐向东移动，继沙皇俄国崛起之后，普鲁士又在 18 世纪中叶凭借七年战争跻身大国之列。

一、普鲁士的前世今生

普鲁士原本是勃兰登堡—普鲁士，它有两个源头：一是勃兰登堡，一是普鲁士。从王室正统来看，正源是勃兰登堡。1414 年，霍亨索伦家族的代表腓特烈一世从神圣罗马皇帝那里取得了勃兰登堡领地和选帝侯称号，此为勃兰登堡的开始。在 16 世纪宗教改革中，勃兰登堡选帝侯接受了路德教。到 17 世纪初，选侯又利用婚姻关系取得了莱茵河下游的克列夫兹、马尔克及拉文斯堡。

在中世纪早期，普鲁士还是一片蛮荒之地，居民属于斯拉夫民族。后来，条顿骑士团迁往此地开疆拓土，普鲁士成了骑士团的地盘，德意志人、波兰人、立陶宛人以及欧洲其他民族纷纷前来移民。骑士团在和波兰—立陶宛的战争中失利后，普鲁士被一分为二，西普鲁士并

条顿骑士团

条顿骑士团成立于第三次十字军东征（1189~1192）期间，早期成员全部来自德意志民族，与圣殿骑士团、医院骑士团一起并称为三大骑士团。条顿骑士团的口号是“帮助、救治、守卫”，建立之初并没有军事任务，只是照顾伤患。

入波兰王国，东普鲁士仍由骑士团统治，但是对波兰国王称臣。换句话说，此时整个普鲁士并不在神圣罗马帝国的范围之内。条顿骑士团的最后一任团长阿尔布莱希特来自霍亨索伦家族，在他手里，也就是1525年，东普鲁士由骑士团领地变成普鲁士公国，成为世袭领地。1618年，普鲁士公爵绝后，由近亲勃兰登堡选帝侯选侯继承东普鲁士，由此勃兰登堡和东普鲁士才由共主统治。当时的勃兰登堡选帝侯有两重身份：选帝侯是帝国的臣民，而作为东普鲁士的公爵，他同时又是波兰国王名义上的臣属。另外，这两个地方并不相连，中间还隔着波兰领土西普鲁士，即使是勃兰登堡，也不是一块连贯的领地。

普鲁士国家的真正开创者是大选侯腓特烈·威廉（1640~1688年在位）。大选侯参加了三十年战争，在战争结束时兼并了东部波美拉尼亚，又趁波兰新王即位的机会使东普鲁士领地摆脱了波兰的宗主权，两个领地合并，勃兰登堡—普鲁士因此得以在一群德意志小邦当中脱颖而出。为了增加财政收入，大选侯奖励工商业发展，千方百计吸引外来人口。他表示，所有移民都可以允许保有完全的宗教自由。所以，有数以千计的荷兰人、法国

大选侯腓特烈·威廉（1620~1688）

人以及其他民族纷纷移入勃兰登堡，他们主要是商人和技艺高超的手工业者，因而把资本和技术带到这里。这些新来的移民建立了毛织和麻织手工场，进行丝的加工和天鹅绒、蜡烛、绢带等物的生产。这些人后来变成了真正的普鲁士人。另外，大选侯也认识到，一个国家的权力是用它的战斗力来衡量的。他的父亲在1637年曾建立一支小型常备军，他把它扩大到2.5万人。大选侯将这支军队当作外交性和战略性的工具使用，阻止了东普鲁士落入波兰人和瑞典人手中。

大选侯死于1688年，由其子腓特烈继位。腓特烈三世在西班牙王位继承战争中利用帝国的困难处境，以8000人军队援助皇帝为交换条件勒索到了国王的称号，史称腓特烈一世，并在战争中还获得了新的领土。但是，这个国王的头衔是King in Prussia，翻成中文是在普鲁士的国王，也就是国王称号仅限于普鲁士一地，并不适用于所有的领地。这是皇帝耍的一个花招，他并不愿意在帝国内部出现一个国王，而普鲁士虽然是选侯的领土，但并不属于神圣罗马帝国的范围，所以就给了选侯一个“在普鲁士的国王”的称号。到1713年战争结束时，勃兰登堡—普鲁士人变成了一个崭新的普鲁士民族。

1713~1740年在位的腓特烈·威廉一世（腓特烈二世的父亲）是一位性格严厉、穷兵黩武的国王，他也是欧洲历史上第一个穿军服的国王。他把军事训练的严酷推向极致，将国家一年700万塔勒收入中的600万投入到军队建设中。他在政府各部门中厉行节约，把王国的财政整理得井井有条，并将4万名南日耳曼人移民到东普鲁士地区。他把陆军由5万人扩充至8万人。在他的时代，普鲁士人

腓特烈·威廉一世（1688~1740）

口居欧洲第13位（只有250万），领土居第10位，而军队人数却居第4位，达到85468人，占总人口的4%。如果用今日中国13亿人口为基数换算的话，相当于5200万！而当时各国常备军数量普遍比较少，人口2000万的法国也只有常备军16万人。

腓特烈·威廉一世在生命的最后一刻也不改军人本色。据说，他在弥留之际听到神父布道“人赤条条地来，也赤条条地去”的时候，还从病榻上挣扎起来说：“怎么能赤条条的，我要穿上我的军装”。腓特烈·威廉一世统治时期虽然没有在欧洲的舞台上有太大的作为，但是他为他的儿子的扩张准备好了条件。

1740年，当腓特烈·威廉一世去世之际，他留给儿子的是一个高效率的国家，拥有充实的国库和欧洲训练最优良的陆军。假如腓特烈二世有足够的雄才大略，那么父亲的苦心经营已经给了他实现腾飞的坚强有力的翅膀。

腓特烈二世（1712—1786）

腓特烈二世是在父亲严酷的军事训练下长大的，虽然他一直声称自己喜爱艺术，但父亲的军人基因却牢牢根植于他的血脉之中，而且他比父亲更具战略眼光和冒险精神。上台伊始，腓特烈二世就对自己国家的情况做了一番客观分析。他认为，普鲁士在战略形势上仍然是一个很脆弱的国家：没有天然的陆疆，并且为强邻所包围着。在这种环境下，要想维持其强国地位，就只有向外扩张一条路。腓特烈登基不久，一个普鲁士扩张的良机就出现了，这就是奥地利王位继承问题。

二、奥地利王位继承战争

在当年的西班牙王位继承战争中与路易十四的孙子争夺西班牙王位的奥地利查理大公，于 1711 年继承哥哥约瑟夫一世的皇位成为神圣罗马帝国皇帝查理六世。但是这个查理六世一直没有儿子，他的兄弟也没有男性后代。根据当时奥地利的继承法，女性不能继承王位。查理既不想让自己这个欧洲最古老的王室到此终结，也不愿意家族的世袭领地像西班牙那样遭到分割。所以，查理六世未雨绸缪，于 1720 年颁布了一份“国事诏书”，规定所有奥地利的领地是永远不可分割的，如果他死后没有男嗣继承人，除神圣罗马帝国皇帝的称号外——皇帝不能由女性担任，奥地利的王位由他的长女玛丽·特蕾莎继承。此后，德意志的诸侯和一些大国都陆续承认了“国事诏书”。

可是，1740 年，当仅 23 岁的玛丽·特蕾莎依照诏书的规定成为奥地利首位女大公时，诸侯和大国们就出尔反尔了。他们以为，玛丽·特蕾莎是一个年轻的女孩子，少不更事，软弱可欺，所以违背诺言，纷纷提出领土或王位要求。

玛丽·特雷莎（1717—1780）

在这些背信弃义的人当中，萨克森选侯和巴伐利亚选侯提出了继承权的问题。这两个人分别娶了皇帝约瑟夫一世的长女和次女，也就是玛丽亚·特蕾莎的堂姐，虽然约瑟夫的女儿出嫁时都宣布放弃继承权，但是身为堂姐夫的两位选侯还是以继承权为借口，向年轻的姨妹发难。普鲁士国王腓特烈二世则提出，作为承认玛丽亚·特蕾莎继承权的补偿，奥地利将西里西亚割让给普鲁士。法国虽然没有什么具体的要求，但是对于削弱自己宿敌哈布斯堡家族的任何机会都不会放过。最后，一个由法国和普鲁士领头，有巴伐利亚、萨克森、西班牙和撒丁参加的反奥联盟形成了。

玛丽亚·特蕾莎天生就具备帝王气派，她临危不惧，勇敢顽强，决心捍卫她的王位和奥地利领地的完整。她说：“虽然我是一个可怜的女王，但是有一颗男人的心。”她表示，自己无论遇到多大的阻力都不会后退。

腓特烈二世在领土要求遭到女王的拒绝后，于1740年12月16日进军西里西亚，奥地利王位继承战争爆发。继普鲁士之后，巴伐利亚与法国以及西班牙军队也加入战争。奥地利王位继承战争与七年战争在某种程度上可以看作是同一场战争。奥地利王位继承战争埋下了七年战争的种子，而七年战争最后奠定了结局。

必须得承认，腓特烈是一个不喜欢军事的军事天才。他的军事战略是典型的“先发制人”，这主要是由普鲁士较弱的国力以及处于欧洲中心的地理位置所决定的。因为敌人很容易迫使它两线或多线作战，也很容易进入到它的核心地区，所以，为避免被动，腓特烈二世经常在战争中采取主动攻势，奥地利王位继承战争和七年战争都是以先发制人式的突然袭击开局的。

奥地利王位继承战争实际上是两场战争的合称，彼此的战场和争夺的目标完全不同。在欧洲大陆对垒的双方是得到英国支持的奥地利对得到法国支持的普鲁士、巴伐利亚、萨克森和西班牙等国。在海外，战争主要在英国、法国之间进行，战线从北美延伸到西印度群岛和印度。总的来说，海外英国取得了胜利，大陆法、普集团占了上风。但是，长期的战争消耗使各国都难以承受，都产生了和平愿望。1748年签署的《亚琛和约》其实是在双方出现财政困难、无力再战的情况下达成的一个妥协。虽然玛丽亚·特蕾莎的继承权得到承认，但是被迫把西里西亚割让给普鲁士。西里西亚是欧洲纺织工业中心，为德意志最为富庶的省份之一，后来为普鲁士提供了 1/4 岁入。

显然，好强的女王决不会咽下这口恶气，她说：

上帝的怜悯使我得以坚强，使我能够在他为我安排的布满荆棘、痛苦和泪水的道路上徘徊前进；就算战斗到最后，我宁可卖掉最后一条裙子，也绝不放弃西里西亚！

而法国，又一次在海外的较量当中输给英国，虽然占领了奥地利的尼德兰，也被迫交出。奥地利要复仇，法国不甘心失败，所以，奥地利王位继承战争并没有解决任何争执，《亚琛和约》注定了只是一个停战协定，无法带来长久的和平。

尽管战争到 1748 年才正式结束，但挑起事端的普鲁士却从 1745 年就退出战争，对其他国家间的厮杀作壁上观。从此到 1756 年七年战争爆发，腓特烈二世赢得了 10 年的和平建设时期。

腓特烈很清楚，自己夺取西里西亚后便成为报复的对象；而一旦玛丽亚·特蕾莎找到新的资源和同盟之后，便是自己倒霉之日。事实上，腓特烈虽然打赢了战争，但是与其他大国相比，普鲁士仍然是一个十分脆弱的国家。首先，它的领土是由碎片组合而成的。东部的东普鲁士被波兰王国所切断，西部的威斯特伐利亚行省中间隔着许多独立的德意志政治实体。领土的不连贯既带来了管理上的问题，也使其难以集中力量形成整体优势，在战争时期更容易遭到敌人的入侵和占领。其次，它是大国当中人口最少的。1756 年，加上刚刚掠夺来的西里西亚，普鲁士人口一共也才有 450 万，此时英国的人口为 800 万，法国人口为 1800 万。再次，安全形势不容乐观。普鲁士人口最密集的西里西亚有半数是天主教徒，在情感上更亲近奥地利；柏林到萨克森边界仅仅 70 公里，而萨克森选侯是天主教的波兰国王奥古斯特三世，将腓特烈看成是一个不讲规则的土匪。

为了改变这种脆弱、危险的处境，腓特烈整军经武，积极为下一场战争做准备。他把经济置于国家控制之下，以备战时之需；把收入的

75% 以上花在维持军队上，使父亲 1740 年留下的 8 万人军队到 1756 年扩充至 15 万人；他用严酷的惩罚训练军队，以养成士兵无条件服从的习惯。

至 1750 年代，普鲁士的外交形势日趋严峻，战争的脚步越来越近了。腓特烈与英国交好、缔结《白厅条约》(保证英王在德意志的汉诺威领土不受侵犯，并以武力“对付侵犯德意志领土完整的任何国家”)的举动大大触怒了与英国争夺海外殖民地的法国。而奥地利女王玛丽·特蕾莎从来也没有忘记卧薪尝胆，为了夺回西里西亚，惩罚骗子、强盗、普鲁士国王腓特烈二世，她的首相考尼茨亲王成功地联合俄国女沙皇伊丽莎白·彼得罗芙娜和法王路易十五。这样一来，到 1756 年七年战争爆发前夕，欧洲就发生了一场所谓的“外交革命”，即同盟关系的重新组合。这里不变的对立关系有两组：英国对法国，奥地利对普鲁士，上次战争是英奥结盟对法普，这次变成了英普结盟对法奥。为什么称“外交革命”？因为新的组合不仅颠覆了上一场战争的同盟关系，而且改变了法奥之间 200 多年的敌对和英奥之间近 100 年的合作，变化之大，有如一场革命。俄国加入到了奥地利一边。在对峙的两个阵营中，一方是英国和普鲁士，另一方面以法国为核心，包括奥地利、俄国、萨克森、西班牙和瑞典。至此，战争双方已经

蓬皮杜夫人
(1721~1764)

法王路易十五的情妇，社交名媛。她凭借自己的才色，影响了路易十五的统治和法国的艺术。她兴建了埃弗勒宫，即今天法国总统府爱丽舍宫；资助出版了《百科全书》；在她的关心下，法国的文学艺术空前繁荣，伏尔泰的著名悲剧《唐克雷蒂》就是献给她的，她与另两位激进人士狄德罗和孟德斯鸠也过从甚密。据称她为了巩固自己的地位而鼓动路易十五参加七年战争，前线的将军甚至收到她用眉笔画的作战图。七年战争失败后，蓬皮杜夫人因染上肺结核去世。伏尔泰称赞她“有一个缜密细腻的大脑和一颗充满正义的心灵”。

做好准备。

奥地利、法国、俄罗斯三个欧洲强国首次站在同一个战壕上，而普鲁士则除了远在海外的英国，在大陆上没有一个盟友。眼见形势不妙，腓特烈二世再次先下手为强，于 1756 年 8 月 29 日进军萨克森，七年战争爆发。他声称，为了对付玛丽·特蕾莎、俄国伊丽莎白·彼得罗芙娜女皇、法国路易十五的情妇德·蓬帕杜尔夫人这三条裙子的阴谋，他不能坐以待毙。战争的先机就是要看谁先占领萨克森和夺占他的国库。

从当时的情况看，形势对普鲁士极为不利，因为几乎整个欧洲大陆的国家都联合起来反对它，盟友英国显然不可能在欧洲投入太多的兵力，英国此刻的注意力正集中在海外。所以，腓特烈二世的第一枪打得多少有些令人意外，虽然这是奥地利考尼茨亲王最希望看到的，因为根据 1756 年 5 月 1 日的《凡尔赛协定》，除非普鲁士有明显的侵略行为，法国才会反普。现在，奥地利如愿以偿。

三、七年战争与普鲁士的崛起

七年战争也有欧洲和海外两个战场。虽然一般以 1756 年 8 月普鲁士进攻萨克森作为七年战争爆发的时间，但实际上英国、法国从 1754 年就开始在海外作战了，当欧洲大陆的战争爆发之后，由于同盟关系，两场战争就融为一场战争。

普鲁士虽然在七年战争中来了个开门红，但很快就陷入被动，原因很简单，它的对手太多、太强大了。至 1757 年 2 月，整个欧洲，除了英国、丹麦、荷兰、瑞士、土耳其外，都联合在一起与普鲁士为敌。腓特烈二世能经受住这个考验、保住西里西亚吗？

更糟糕的是，英国的援助并没有如期而至。几乎有一年之久，普鲁士都是孤军奋战，以 16 万的军队，抵挡比它多一倍的敌军（法军 10.5 万，神圣罗马帝国联军 2 万，奥地利军 13 万，俄军 6 万，瑞典军 1.6 万）。

腓特烈二世唯一的希望，就是在敌军尚未集结之时各个击破，但1757年6月16日，他却在科林战役中败给奥军主将道恩元帅。他的将领丢下受伤和被俘的1.4万官兵，带着1.8万残军向萨克森方向撤退。不久（7月2日），腓特烈又得知母亲去世的消息，在战场压力和情感重创的双重夹击下，他终于坚持不住了。他写信给姐姐威廉敏娜女伯爵，诉说自己的绝望：

由于你一向坚称自己在从事一项伟大的和平工作，我恳求你帮我，派米波拉先生送50万银币给法王的宠儿蓬皮杜夫人，也就是以前说的那个裙子陛下，以谋求和平。

但求和已经行不通了，胜利在望的反普同盟是不会善罢甘休的。此时，一支法国军队已经进入德意志境内，另一支军队攻击了英王乔治二世之子坎伯兰公爵指挥的汉诺威军队。紧接着，一支瑞典军队登陆波美拉尼亚，一支10万人的俄军侵入东普鲁士。不久，奥军收复西里西亚大部，一支奥军甚至突入柏林并勒索了重金。

幸运的是，1757年11月5日，在莱比锡以西的罗斯巴赫附近，腓特烈以2.1万人军队打败了4.1万人的法国和帝国联军，联军损失7000人，而普军只损失550人。

罗斯巴赫会战的胜利来得非常及时，英国因此又建立起对腓特烈二世的信心，以前国会只愿意拨款16.4万英镑在汉诺威建立观战部队，现在决定每年拨款120万英镑建立一支参战部队。伦敦街头大放烟火为腓特烈庆祝生日。

但是，腓特烈二世却没有多少时间去高兴，他所面临的形势依然十分严峻。一支法军控制着汉诺威大部，西里西亚大部分地区重归哈布斯堡家族。好在罗斯巴赫的胜利使腓特烈二世恢复了勇气和信心。12月5日，腓特烈二世的4.3万人与7.2万人的奥军展开洛伊滕会战。

会展开始后，腓特烈在高地上看到奥军成两列长长的横队，普军成纵队接近，与奥军阵线呈垂直。腓特烈派他的前卫部队展开在奥军前方，以隐蔽其部队朝右转，朝着奥军阵线右翼延伸点部位某一点运动，他的纵队在这里转换成横队，呈45度角挺进，直插至敌人的阵线延伸部，形成一个典型的斜形战术，在敌人大部队完全没能做出反应前，就击溃了他们。奥军有2万人在混乱中被俘，而腓特烈只付出了6300人伤亡的代价。对此，拿破仑这样评价道：

洛伊滕会战是运动、机动和决断的杰作。仅此一战就足以使腓特烈名垂千古，并使他跻身于世界伟大将领的行列。

不久之后，几乎整个西里西亚又重回普鲁士手里。

受胜利的激励，英国再一次慷慨解囊。1758年4月11日，英国答应在10月间给腓特烈67万英镑的额外补助，并承诺不片面谈判。对于经济上已经十分窘迫的腓特烈来说，英国的补助可谓是久旱逢甘霖，其重要性毋庸置疑。

但是，腓特烈此后两年的战事并不顺利。俄、奥、法三支大军从四面八方逼近，腓特烈被迫在几条战线上疲于奔命，首都柏林多次受到威胁。而常年的征战使普鲁士军队的数量、素质、训练都在下降，它的对手不仅有无穷无尽的潜力，论将才奥地利道恩元帅也不在腓特烈之下。很明显的，除非奇迹出现，否则，普鲁士不可能获胜。

战争至此，普鲁士已经无意再打。1759年11月19日，腓特烈写信给伏尔泰：

如果这次战争继续打下去，欧洲将返回黑暗时代，而我们这一些人，也将变成野兽一般。

可是，腓特烈二世却不想割让西里西亚，普鲁士的盟友老皮特也正忙于兼并法国的殖民地，岂能愿意在此时谈和？所以，腓特烈只好硬着头皮打下去。

至1761年，腓特烈处境更加艰难。极度关心汉诺威的英王乔治二世上年末去世了，新王乔治三世对汉诺威不感兴趣，下令结束这一耗费大钱财的战争。法国陆军大臣舒瓦瑟尔转向西班牙，两国签订家族协议，对付共同的敌人。奥地利的劳东率领7.2万奥军5月与俄军会合，完全切断东普鲁士和勃兰登堡的联系，并准备占领柏林。英国要求腓特烈承认失败、割让西里西亚，腓特烈拒绝，英国遂停止援助。整个欧洲，包括许多普鲁士人都要求腓特烈让步，他的士兵已经失去战斗的意志，声称如果再次受到攻击，他们宁愿投降。到这年年底，腓特烈二世发现，自己已经完全孤立了，他承认，只有出现奇迹才能解救他。绝望的腓特烈随身带着毒药，告诉部下他将支持到最后再服毒自尽。

但是，人算不如天算，就在腓特烈“山重水复疑无路”之际，他居然等到了“柳暗花明又一村”的时刻。原来，仇恨腓特烈的俄女皇伊丽莎白于1762年1月5日逝世，她的外甥彼得三世继位。当年彼得大帝的长女安娜·彼得罗芙娜嫁到德意志的荷尔施泰因公国，生下彼得三世。彼得三世因为姨妈没有子女而被确定为皇储，但他到俄国的时候已经十几岁了，在骨子里是个德国人。彼得是腓特烈二世的狂热崇拜者，他一继承皇位，就下令俄军全线停火，把占领的全部土地归还给普鲁士。5月5日，俄国单独同普鲁士签订了和约，还把8万俄军交给腓特烈指挥。6月10日，俄军重现投入战场，然而这次却是以普鲁士的盟国身份参战。彼得三世穿着一袭普鲁士军装，并自动请求为“国王，我的主人”服务。俄普联手在布克尔斯多夫战役中打败奥地利，重夺西里西亚。

腓特烈戏剧性地转败为胜，不仅保住了普鲁士，还保住了西里西亚。不久，瑞典也退出反普同盟。虽然彼得三世被妻子在当年的一场政变推翻并被秘密处死，但叶卡捷琳娜二世保留了俄普和约。

俄、瑞的退出使反普联盟因此瓦解。10月29日，腓特烈的弟弟亨利亲王率领2.4万人在萨克森弗赖堡战役击败3.9万的帝国议会军。这是七年战争的最后一战。

在海外，英、法的战线从北美延伸到西印度群岛和印度。在北美，英军一开始受挫，法国占优势。后来，由于法国的海上力量被英国消灭和欧洲大陆战事的牵制，北美战局开始有利于英国。到 1761 年，英国在北美和西印度战场都取得了全面胜利，印度英军也在这一年夺得了本地治理，法国战败。不过，带领英国人在战争中取得巨大胜利的老皮特却被迫在 1761 年下台，主张和平的布特政府上台。多年的战争使每一个国家都面临着财政拮据、兵员枯竭的局面，即使对赢家，战争也变得越来越难以承受，此时俄、英两国政局的变动恰好为和谈提供了契机。

1762 年 11 月 5 日，英国、法国、葡萄牙、西班牙签署《枫丹白露条约》，1763 年 2 月 10 日，英国、法国签署《巴黎条约》，1763 年 2 月 15 日，普鲁士、奥地利、萨克森签署《胡贝图斯堡和约》。《胡贝图斯堡和约》没什么新意，只不过确认了普鲁士对西里西亚的占有；另外，腓特烈二世答应支持女王的儿子约瑟夫当选皇帝。德意志诸国恢复到战前状况，什么都没有改变。

普鲁士是七年战争的最大赢家。在战争中，普鲁士独抗法国、俄国、奥地利三大强国，几次面临亡国边缘，但腓特烈以惊人的毅力顽强地挺了过来，绝不放弃西里西亚。所谓幸运之神的眷顾，也是因为有腓特烈的勇敢和坚持。战争的结果使普鲁士彻底割走了奥地利经济最发达并且德意志移民占多数的一个省，并进入欧洲国际体系一流强国行列。腓特烈个人也获得军事史上不朽的英名，赢得了“大帝”称号。

奥地利和法国无疑是七年战争的输家。但相比之下，法国的处境比奥地利更为糟糕。根据《巴黎条约》，法国遭到了甚至比荷兰在 17 世纪、西班牙在 16 世纪所蒙受的更为耻辱、更为彻底的失败。西班牙和荷兰虽然威信扫地，但各自仍保有大量殖民地；而法国，200 余年的殖民努力顿时化为乌有，海军也几乎全军覆没，商业利益丧失殆尽。

经过奥地利王位继承战争和七年战争，欧洲的政治重心进一步向东欧转移。西班牙、荷兰成为无足轻重的角色，法国的实力受到极大削弱，而东欧，却出现了令人生畏的俄国和野心勃勃的普鲁士。此后三十年，欧洲政治舞台上的主角已经变成了俄国、普鲁士和奥地利。

四、全能的“腓特烈大帝”

普鲁士的崛起几乎可以与腓特烈个人的功绩画等号。虽然之前的大选侯和普鲁士王国的头两任国王都对普鲁士崛起做出了重大贡献，但普鲁士成为公认的大国却是在腓特烈时期实现的。

因为七年战争的缘故，腓特烈二世给世人留下的最深刻印象莫过于其杰出的军事才能了。

腓特烈和他的军队集中体现了那一时代的战争模式。在根本上，这种模式是建立在一个假设上的，即普通士兵可以被训练但不可被信任，畏惧是腓特烈的战术能够顺利运作的关键。正如他自己所说的：

一支军队大部分是由游手好闲、不思进取的人构成的。除非将军不断地监视他们……这架机器……将很快分崩离析，（士兵们）对长官的畏惧要超过面临的危险的恐惧。

腓特烈继承了欧洲训练精良步兵的方式，当他的骑兵达不到步兵标准时，他就用无情的操练将其“鞭策”成形。这套体系运作的关键，是普鲁士拥有欧洲最职业化的军官队伍。腓特烈强迫年轻的贵族去做军官。一旦他们参了军，只有疾病和死亡才能将他们解放出来。普鲁士军官要和他的队伍呆在一起，因为是他们而不是军士监督着操练和管理，他们还要在前线领兵冲杀。为了使他的军官感到光荣，腓特烈制定了一个由军人占主导地位的社会等级制度，即使只是一个中尉或上尉，也要优于一名高级文官。

在具体战术上，腓特烈二世善于发挥普军高速敏捷的机动能力，在敌人做出反应前，于关键性的阵地和方向上集中优势兵力打击敌人，力求速战速决，以此来争取和创造有利于己的战场态势。腓特烈偏爱进攻。他说过，凡是不主动进攻而坐以待毙的任何军官，他都要加以处罚。

凭着腓特烈杰出的军事才能，在七年中，普鲁士一个国家抵挡了欧洲三个最强大的国家，双方的军队人数比为 1∶3，人口数之比更达 1∶20！没有腓特烈，就没有普鲁士在七年战争中的胜利。

作为军事统帅，腓特烈不仅打赢了两场对普鲁士至关重要的战争，而且还写出了军事理论著作《战争原理》。这本书集中体现了腓特烈对自己早期战争经验的总结和思考，是当时最好的战争实践指南。该书被奉为西方军事经典，对拿破仑及以后西方军事思想产生了深远影响。在书中，他提出了一条著名的军事法则：

战争中的一条永远的公理是——确保你自己的侧翼和后方，而尽量设法迂回敌人的侧翼和后方。

这条铁律是他从许多次血战中提炼出来的，并使他从胜利走向胜利。

拿破仑对腓特烈也是不吝溢美之词：

愈是在危急的时候，就愈显出他的伟大，这是我们对于他所能够说的最高赞誉之词。

最使腓特烈显得杰出的，不是他的运动技巧，而是他的胆大妄为。他所做的事情，有许多是我所不敢做的。他会放弃他的作战线，有时好像是完全不懂得战争艺术一样。

但是，如果我们认为腓特烈仅仅是一介武夫，那就大错特错了。

在那一时代，腓特烈大帝是一个非常独特的君主。他既不是法国那样行将崩溃的绝对专制帝王，也非英国那样正在兴起的立宪君主，在他的身上，集中了古代的暴君和意大利文艺复兴时代王子的双重特质，他是一个艺术家，也是一个军人。

作为军人，战场上的杀戮是必须的，但腓特烈却情感丰富细腻，喜欢艺术，讨厌炮火和军营。腓特烈曾经说过：

当国王实在不是我的愿望，音乐家或是诗人才是我的追求。

他对所有艺术都感兴趣，他自己起草设计了波茨坦的无忧宫，收藏了很多名画，吹得一口好长笛，还亲自作曲。

腓特烈为自己的统治冠上当时欧洲最流行的标签——“开明专制”。

腓特烈与启蒙思想家伏尔泰过从甚密，作为一个受过 18 世纪启蒙思想影响的帝王，他的“开明”并非只是粉饰之词。从一个国王的角度来说，他心胸宽广，当时普鲁士的人民可以通过上书或求见的方式向国王求助。他的名言是：“我是这个国家的第一公仆。”他说：

我和我的人民已经获得了一个双方满意的谅解。他们说他们想说的话，我做我想做的事。

腓特烈在内政方面建树颇丰。他领导了在当时欧洲领先水平的司法改革，第一次在普鲁士公布了统一的宪法草案，表达了法治精神和国王完全放弃干预司法的司法独立精神，秉承罗马法“众人之事，应由众人决定”的精神，下令让臣民对法律条文广泛讨论，广泛征集意见。他特别注重“人人平等”的原则，在 1777 年致司法部部长的信，他这样写道：

我很不高兴，那些在柏林吃上官司的穷人，处境是如此艰难。还有他们动辄就会被拘捕，比如来自东普鲁士的雅各布·特雷赫，他因为一单诉讼而要在柏林逗留，警察就将他逮捕了。后来，我让警察释放了他。我想清楚地告诉你们，在我的眼中，一个穷困的农民和一个最显赫的公爵或一个最有钱的贵族没有丝毫高低之别。法律面前人人平等！

18 世纪的政治家哲学家对“开明”的注解，如宗教宽容、鼓励科学文化、放宽书报检查等方面，在宪法中都有所体现。普鲁士是欧洲第一个享有有限出版自由的君主国家。

腓特烈还积极设立学校，将其父开创的义务教育制度发展完善。1763 年，普鲁士颁布了《乡村学校规程》，规定 5 至 13 岁儿童必须接受义务教育。普鲁士从而成为世界上第一个建立了比较规范的强制性义务教育制度的国家。在腓特烈统治时期，普鲁士兴建了数以百计的学校。

腓特烈致力于改善农民状况，对于穷人免费供食，为数千老妇开办养老院。他希望彻底废除农奴制，但在普鲁士地主的强烈反对下失败，只能在国王的属地上逐步实行。他发展科学研究，兴修水利，并推行重商主义。尽管他在位 40 多年时间国家饱受战火摧残，但经济仍取得迅猛发展，人口从 220 万增加到 543 万，年税入翻了近两番，国库储备从 800 万塔勒增加到 5000 万塔勒。

腓特烈对于所有的宗教教派都持包容态度，他相信每个人都可以“经过自己的道路进入天堂”。在柏林的腓特烈花园，一座新教的教堂和一座天主教教堂并排而立。

在腓特烈留下的遗产中，西普鲁士的获取是至关重要、影响深远的一笔。1772 年，在腓特烈的倡导下，普、奥、俄三国第一次瓜分波兰。普鲁士得到了西普鲁士，从此结束了东普鲁士与西部国土分割的状态，普鲁士的主要领土连成一片，国家因此更有凝聚力。腓特烈从此成为“普鲁士的国王”，而不是像其两届前任那样，称自己为“在普鲁士的国王”。

到 1786 年腓特烈去世时，普鲁士的领土扩大了 1.6 倍，他给他的后继者留下的是一个强盛而且蒸蒸日上的国家，他也因此被后人尊为“腓特烈大帝”。

Chapter Ⅶ

The Napoleonic Wars and Pax Britannica

第七章

拿破仑战争与英国世界霸权的确立

18世纪是英国为世界霸权积累能量的时代。七年战争扩大了海外帝国，工业革命为世界工厂奠定了基础。当拿破仑最终输掉滑铁卢之战时，终结的不仅是法国称霸欧洲的野心，还有英国作为欧洲大国的身份。从此，一个“不列颠统治下的时代”开始了，英国成为世界的大英帝国。这是英国大国地位的2.0版本。

2014年9月19日，全世界的目光都集中到英国，确切地说，集中到了大不列颠及北爱尔兰联合王国的苏格兰。这里刚刚举行了一场关乎英国未来的公投——苏格兰是否脱离英国成为独立国家？其实，这场公投影响的岂止是英国，如果苏格兰可以独立，加泰罗尼亚和巴斯克为何不可以？——这是西班牙坚决反对苏格兰独立的原因，首相拉霍伊早就放出狠话，独立后的苏格兰休想加入欧盟！

当然，公投结果有惊无险，回答No的人以55%胜出，苏格兰继续作为英国的一部分。且不说这场公投将在未来怎样改变苏格兰与中央的关系，至少眼下英国的地图依旧，搭载“三叉戟”的核潜艇也不用搬出位于苏格兰的克莱德海军基地了。特别重要的是，那个飘扬在世界很多国家国旗上的米字标志不会因少掉代表了苏格兰守护神圣安德鲁的白色交叉十字而显得突兀。

也许，正是因为这次苏格兰的公投，很多人才对英伦三岛错综复杂的历史有了一些了解，英国，并不像它的中文名字那样，只有一个英格兰，虽然这是它最重要的部分。

苏格兰曾是一个独立国家，1603年，其国王詹姆斯一世继承了没有子嗣的英国女王伊丽莎白一世的王位，之后两个国家共用一主但并没有合并，直到1707年两国才正式成为一个国家。今天的爱尔兰也曾经是英国的一部分，自1541年开始，英王兼任爱尔兰国王，1801年两国正式合并。这一年，英国的米字国旗也形成了，是由原英格兰的白地红色正十旗（代表英格兰守护神圣乔治）、苏格兰的蓝地白色交叉十字旗和爱尔兰的白地红色交叉十字旗（代表爱尔兰守护神圣帕特里克）重叠而成。19世纪是英国国力的巅峰时代，作为帝国象征的米字旗飘扬在世界各地。在20世纪非殖民化运动之后，很多独立的前殖民地国家仍然在其国旗上保留了米字的标志，以显示其与英国的渊源。1921年爱尔兰独立，但北部6郡即北爱尔兰仍属英国，所以，国旗中象征爱尔兰的部分并未消失。

时至今日，英国早已从曾经的霸主地位回归到一个普通大国，但不可否认，如果苏格兰独立，英国的实力将进一步受损——人口会减少8%，经济总量缩小9%，失去接近1/3的领土。这无疑会削弱英国在国际舞台上的地位，尤其是在欧盟内部的影响力。难怪公投结果揭晓后，从英国首相卡梅伦到北约乃至欧盟，可谓大松了一口气，就连一贯沉着冷静的英国女王都在电话中“喜极而泣”。

这次苏格兰的公投也让世人见识到了光荣革命之后英国在18世纪逐渐确立的政治制度。按照一般的逻辑，女王作为国家元首，在公投这样关乎国家命运前途的大事上理应表态。但是，白金汉宫在9月9日发表公开声明称，女王虽然赞成苏格兰继续留在联合王国，但在公投上将保持中立，因为公投是“苏格兰人民自己的事情”，根据英国宪法，女王对政治议题须保持中立。王室对政治不介入到如此不通融的程度，只能说英国的君主立宪制之彻底，君主是完全意义上的虚君。

公投过后还出现了一个小花絮。首相卡梅伦因太过高兴而忘形，一不小心透露了女王对苏格兰独立公投结果的态度。他告诉纽约市前市长布隆伯格，当他电话告知女王公投结果时，女王“喜极而泣”。这番话被现场的麦克风捕捉到。对此，卡梅伦公开向女王道歉，称失礼行为让他想狠抽自己。

有意思的是，苏格兰人虽然想独立，但并不排斥英国王室。首席部长萨尔蒙德所领导的苏格兰地方政府一直表示，如果9月18日的苏格兰公投得出苏格兰独立的结论，女王将仍然是苏格兰君主。倘若真的如此，那么英国与苏格兰的关系又回到17世纪了。

在打败荷兰、初步建立了海上霸权后，英国又同法国在海上进行了一个世纪的交锋。通过在欧洲、北美和印度的一系列战争，法国的海上力量遭到毁灭性打击。19世纪初拿破仑帝国崛起后，英法展开新一轮海洋争夺战。1805年，双方在特拉法加进行了19世纪初规模最大的一场海战，最终英国胜出，确立了其不可撼动也不再有人撼动的海上霸主的地位。19世纪是一个英国称雄世界的时代。

一、18世纪的英国

英国之所以能够最终战胜拿破仑的法国并在战争后成为无可争议的海洋霸主、世界第一强国，18世纪的积累是必不可少的基础。这一积

特拉法加海战

累包括两个方面，一是通过一系列战争扩大了海外帝国，其间虽然失去了北美十三州殖民地，但这是大旋律中无关宏旨的小音符，况且独立后的美国依然是英国的商品市场和最重要的投资地；二是开始了第一次工业革命，使英国在经济上与其他欧洲国家拉开距离。

1756~1763 年的七年战争是英国走出欧洲，与法国争夺世界霸权的一场决定性战争。七年战争最重要的战场不是在欧洲大陆，那里场面虽然宏大激烈且损失惨重，但最终不过是造成了微不足道的变化——欧洲又回到了战前，只是确认了腓特烈大帝对西里西亚的兼并而已。从对世界的影响角度看，七年战争的主要战场在大西洋、北美以及印度。英国以金钱收买欧洲大陆上新兴军事强国普鲁士为自己打仗，牵制法国的兵力，以便英国发挥其海军优势夺取法国海外殖民地。战争期间，英国没有直接出兵欧陆，仅对法国沿海要地实施袭扰或封锁，间接配合普军的行动。对此，19 世纪的德国宰相俾斯麦精辟地总结到：英国的外交政策的核心就是在欧洲大陆找一个用身体替他挡子弹的傻瓜。

英国将自己的全部精力都用在了欧洲之外。首相老皮特的目标直指法国海外属地和贸易利益：他要夺取法国在加勒比海的岛屿和加拿大，独占印度。夺取法属美洲殖民地的第一步必须是削弱法国海军。只有这样，才能将法国的殖民地孤立起来，使其无法得到母国增援。1758 年，英国拥有 156 艘远洋军舰，法国只有 77 艘。从 1759 年起，英军先后击败法国地中海舰队与大西洋舰队，法国的海上军事力量基本被消灭。作为这一行动的直接后果是，法国与其殖民地的贸易从 1755 年的 3000 万里尔降到 1760 年的 400 万里尔。

获得大西洋的海上霸权之后，英国征服法属美洲的道路已经打开。当时新法兰西自大湖地区直至密西西比流域，封锁着新英格兰向西扩张的道路。这是英国殖民者所不能容忍的。法国在圣劳伦斯河河口的布里顿角岛上建成的路易斯堡要塞是防守加拿大的大门。1758 年 6 月 2 日，路易斯堡要塞被一支 42 艘舰船组成的英国舰队包围，舰上共有 1.8

万士兵，由爱德华·博斯科恩海军上将指挥。防守要塞的是6200人和10条船，来自法国的补给已经断绝。7月26日，要塞投降，这是英国征服加拿大的开端。

1759年9月13日的亚伯拉罕平原战役是一场决定七年战争北美战区胜负的战役。这场战事就在当时魁北克城外的高原上进行（现址为魁北克市的国家战场公园）。整场战役一共打了30分钟，却结束了长达3个月的攻城战以及改变了加拿大日后的发展。魁北克城内剩余的法国守军在9月18日向英军投降。英军攻取了魁北克城以后，圣劳伦斯河上再没有任何障碍能阻止英国海军前进了。1760年9月8日，法属加拿大总督投降，加拿大落入英国人手里。

同时，英国也在东方与法国全力争夺印度。当时，英国的东印度公司在马德拉斯、孟买和加尔各答建有据点，法国人则在本地治理和金德纳哥尔建立据点。在莫卧儿王朝衰退之际，英、法都在争取扩张自己的权力，冲突在所难免。奥地利王位继承战争期间双方已经大打出手，《亚琛条约》仅仅使战事中断而已。七年战争使战火重新点燃。一支英国舰队在英属东印度公司军队支援下，攻取了法国据点金德纳哥尔。1757年6月23日，英属东印度公司与法国支持下的印度孟加拉王公西拉杰·乌德·达乌拉在普拉西交手。当时，孟加拉拥有7万人军队，以及53尊法国东印度公司送给他们的大炮和40名法国炮手。而克莱武指挥的英国军队只有900名英兵和2000名印度士兵，双方实力悬殊。但是在战役开始前克莱武买通了孟加拉军队的将领米尔·贾法尔，战役打响后又适逢暴雨，孟加拉军和法军的枪炮火药受潮，失去效力，而英军的枪炮火药都预先盖上了防水布，保持完好。最终，英国人只以死伤72人的代价击溃了孟加拉的7万大军（死伤500余人）。普拉西战役虽然只是一个小仗，但结果却极其重要，它为英国人征服孟加拉，以至最后征服整个印度铺平了道路。

普拉西战役的胜利使英属东印度公司在孟加拉取得霸权。之后英国人又将矛头转向法国，并在随后的第三次卡纳蒂克战争中将法国的势力从印度彻底清除。自此，印度开始逐渐成为英国的殖民地。

在海上，英、法舰队进行了三次不分胜负的交战，但英国可以自由地补给，而法国的基地却在遥远的毛里求斯。1760 年 1 月 22 日，乔治·珀科克的英国舰队获得决定性的胜利，1761 年 1 月 16 日，弹尽粮绝的本地治理投降。这决定了未来的印度是由英国独占而不是英法平分秋色。

整个七年战争，英国在海外攻城略地，一个一个胜利的取得如秋风扫落叶一般。霍勒斯·沃波尔骄傲地说：

我们的钟都为欢呼胜利而敲得破旧不堪了。

1763 年 2 月 10 日，英法两国签署《巴黎条约》。主要内容有：

（一）美洲的加拿大、新斯科舍、布雷顿角以及密西西比河以东的土地全部由法国转入英国手中，西班牙将佛罗里达交给英国，从法国手里获得路易斯安那西部和一笔钱作为补偿。

（二）在西印度，法国将多米尼加、格林纳达岛、圣文森特岛、多米尼加岛和多巴哥岛割让给英国，后四岛属于小安的列斯群岛，多米尼加属于大安的列斯群岛（包括古巴、牙买加、海底、多米尼加）。

（三）在印度，法国只保有 5 个城市，但必须拆除工事，不得设防，只能用作通商。也就是说，法国人的身份是商人而不是帝国的建立者。

七年战争和《巴黎条约》使英国受益匪浅。它通过消灭法国的海上力量、鲸吞法国的殖民地进一步巩固了自己的海洋霸权，成为名副其实的世界强国，而不仅仅是欧洲强国。七年战争奠定了大英帝国世界霸权的基石。一位英国历史学家评论说：

从战争结束起，英国较其周围国家重要还是不重要，已无关紧要。因为英国已不再仅仅是一个欧洲强国，不再仅仅是德国、俄国或法国的对手。

在赶走了法国人之后，英国就开始了逐步吞并印度的过程。英国人将在印度榨取的财富送回英国后促成了工业革命的发展。印度也为英国人提供了无与伦比的根据地，使他们以此为跳板在 19 世纪进一步扩张到南亚其他地方，扩张到中亚和远东。在北美，墨西哥以北地区基本成为英国的天下，成为英语世界的一部分，这一点对人类历史尤其具有意义，因为后来就是在北美英国殖民地的基础上，诞生了一个极大地影响了世界的超级大国。时至今日，法国在北美经营几百年的痕迹只有加拿大说法语的魁北克省了。在一定意义上，七年战争改变了世界政治的进程。

到 18 世纪下半叶，以英国为中心，辐射到整个殖民地的商业贸易圈基本形成。在这个贸易圈中，作为宗主国的英国提供工业品或制成品生产，美洲殖民地提供烟草、鱼类及海防仓库，西印度群岛殖民地提供蔗糖及其他热带农副产品，印度则提供香料。

二、工业革命 1.0

在对外征战不断取得胜利的同时，英国内部也酝酿、发生了一场变革，即从 18 世纪下半叶发端的工业革命。这是英国在近代极其重要的一次技术与制度创新，奠定了它在下一世纪中的“世界工厂”地位。

所谓“工业革命”，是指资本主义工业化的早期历程，即资本主义生产完成了从工场手工业向机器大工业过渡的阶段，是以机器生产逐步取代手工劳动、以大规模工厂化生产取代个体工场手工生产的一场生产与科技革命。工业革命发源于英格兰中部地区，随后传播到英格兰乃至整个欧洲大陆，19 世纪又传播到北美。

工业革命与海外帝国扩张同时发生并非偶然现象。后者促使海外市场不断扩大，对各种商品的需求量与日俱增，对此，以手工工场为支撑的生产能力变得捉襟见肘。为了能经受住这种考验，几乎整个英国都在开足马力生产。

市场上迫切的需求首先出现在纺织业，因为这个行业的产品与普通人的生活关系最密切。一位英国棉纺主从他在伦敦的经理人那里得到这样的信息：

无论你能生产多少平纹布，好的次的我们都要。你必须想办法发明，在工业中你们大有可为。

为了以更快的速度生产，满足市场永无止境的需求，工匠们的聪明才智被充分调动起来了，新的发明一个接着一个：飞梭（1733年）、珍妮机（1764年）、水力纺纱机（1768年）、骡机（1779年）、卡特莱特织布机（1785年）。旧式的纺织生产单位一般以户为单位，随着上述新发明的出现，生产规模大大扩展，更多的人能在一起工作，工厂模式出现了。

棉纺织业生产效率的提高和经营模式的改变成为引发工业革命蝴蝶效应的初始变量。纺织机作为工具机需要强大的动力来推动，而使用水力需要有足够的落差，所以工厂必须建在有急流的乡间，而不是交通方便、人口密集的城市，流水的量也受到季节影响。因此，发明一种不受地理条件限制的动力就成了工业发展的迫切需要。1769年，瓦特试制成功单向蒸汽机，1882年造出双向蒸汽机，1784年取得专利。蒸汽机使人类从此开始拥有自己创造的动力，而不用再受制于大自然，它解决了大工业发展所必需的动力问题，开始推动工业革命向纵深发展。在瓦特的讣告中，人们这样赞颂他发明的蒸汽机：

詹姆斯·瓦特（1736~1819）

它武装了人类，使虚弱无力的双手变得力大无穷，健全了人类的大脑以处理一切难题。它为机械动力在未来创造奇迹打下了坚实的基础，将有助并报偿后代的劳动。

后人为了纪念这位伟大的发明家，把功率的单位定为“瓦特”。

瓦特蒸气机

蒸汽机首先用来为工厂提供动力。纺织行业用它来驱动纺纱机和织布机，炼钢厂用它来开动鼓风机，为高炉提供风力，煤矿用它排除矿井积水。至1800年，英国已有蒸汽机321台，到19世纪20年代，棉纺织工业中蒸汽织机已经替代了绝大部分的手工织机。在两台蒸汽织机旁工作的一个男孩所织的布匹比一个熟练的手工织工多15倍。

接着，人们就尝试将蒸汽机用于运输，并最终促使水陆交通发生了革命。1783年，马贵斯·朱费罗伊·达班斯成功地使用蒸汽机驱动船的航行；1804年，理查德·特利维西克制造出第一台蒸汽机车。虽然这两种机型从经济上来看都不是成功的，但经过不断的努力，蒸汽火车和蒸汽轮船便很快相继问世。1819年，第一艘汽船横渡大西洋。到1840年代，英国主要铁路干线已经基本建成。

蒸汽机还改变了人们的生产和生活方式。小工场主无力购买和使用昂贵的蒸汽机，规模化经济因而得到发展；大工厂需要更多的工人，促使越来越多的人背井离乡向城市集中，原有的社会结构被破坏；从男人到女人，从成人到儿童，大量的工人不分昼夜在工厂工作，不仅改变了前工业化时代的生活方式和家庭模式，也为社会主义运动与民族主义的兴起、大众政治时代的到来奠定了基础。

工业革命的技术发明不仅仅停留在棉纺织业和蒸汽机改良上，钢铁行业也从中受益，而价格便宜、质量上乘的钢铁又促进了机械化的发展。1709 年后，英国冶炼行业开始用焦炭（由煤提炼而来）替代相对昂贵的木炭作为冶铁的燃料。焦炭除了价格更便宜，还使生产者能够建造更大的鼓风炉，增加铁的产量。18 世纪，英国的铁产量突飞猛进而价格却更加便宜。价格低廉的铁制设备和零部件使得工业机器更为牢固强劲，并很快应用于建筑、造桥及造船业中。19 世纪前，钢的制造十分昂贵。1740~1850 年间，一系列技术进步简化了炼钢过程。1856 年，亨利·贝西默建造了改良的鼓风炉，即贝西默转炉，使生产大量便宜的钢成为可能。钢产量激增，很快在需要高强度机械作业的行业替代了铁制工具、机器和建筑材料。

工业革命带来的海外贸易和工业生产的急剧扩大对金融也产生了更大的需求。1760 年之后，以金质货币为基础，英国出现了复杂的信用制度。1750 年，英国只有 12 家银行，到 1796 年，几乎每个镇市上都有银行。国家财富的增长、金融业的发展为国家在有需要的时候融资提供了条件。在拿破仑战争中，英国为反法国家提供的巨额补助金相当一部分来自于国债。1756 年，英国的国债只有 7457.5 万镑，而到 1815 年飙升至 8.61 亿镑。如此惊人的募集资金能力是其他国家所不具备的，这也是英国权势的重要基础之一。

英国工业革命从 18 世纪 60 年代开始，于 19 世纪三四十年代完成，其间社会生产力经历了惊人的发展。从 1770 年到 1840 年间，每个工人的日生产率平均提高 20 倍，原棉消耗量从 1800 年的 5200 万磅，增加到 1840 年的 4.59 亿磅；生铁产量从 1720 年的 2.5 万吨，增至 1840 年的 139.64 万吨；煤炭产量 1700 年为 260 万吨，1836 年则增至 3000 万吨。工业革命期间，英国建成了纺织、钢铁、煤炭、机器制造和交通运输五大工业部门，到 19 世纪 50 年代，英国取得了世界工业和贸易的垄断地位。

工业革命的巨大成就决定性地拉开了英国与其他国家的距离。1793 年，乾隆还可以傲慢地拒绝马戛尔尼扩大贸易的请求，但半个世纪之后，英国就用大炮强行轰开了中国的大门，中国不仅开放通商，还要割地赔款，并给予英国人租界、治外法权以及最惠国待遇。

三、法国大革命与拿破仑战争

当英国的工业革命正在如火如荼进行之际，一场震惊欧洲的政治革命于 1789 年在法国爆发了。这场革命最终引发全欧规模的战争，并一度使法国问鼎欧洲权力之巅。虽然法兰西帝国的崛起使英国面临“无敌舰队”覆灭以来的最大威胁，但凭借强大的海权和工业革命所积累起的巨大财富，英国不仅打赢了这场“欧洲均势”保卫战，而且顺势扩大了自己的权势，完成了由一个欧洲强国到世界强国的华丽转身。

法国大革命爆发后，欧洲国家最初持观望态度。1791 年 6 月 20 日，法王路易十六出逃失败被捕，激发了欧洲君主们对法兰西共和国的敌视，也加剧了法国人民对外国干涉的担心。1792 年 4 月 20 日，法国对奥地利宣战；8 月，奥地利与普鲁士联军进逼巴黎，要求恢复路易十六的自由与统治。9 月 20 日，临时组织的法军凭借“保卫共和国”的高昂热情，在瓦尔密战役中出人意料地击败了训练有素的普鲁士军队，扭转了不利的战局，保住了新生的共和国。

路易十六（1754~1793）

1793 年 1 月 21 日，法国国民公会以叛国罪为由处死路易十六。这一行动激怒了欧洲所有的君主，因为它挑战了君主制合法性的来源——君权神授的观念，从而对其他国家的政体也构成了威胁。英国、西班牙、葡萄牙、荷兰、那不勒斯王国，以及德意志和意大利诸邦都加入了反法同盟，共和国再度面临危机。

危机之中，卡诺将军对法国军队做出重大改革：实行全国普遍征兵制；就地解决补给；多兵种混合编成；使用步兵纵队代替步兵横队，以利于快速机动；大量使用散兵；大规模集中使用炮兵。经过改革的法国军队虽然由没有军事训练和经验的普通公民组成，但高昂的民族主义激情和诸多战术创新使其成为一支足以和欧洲各国职业军队相抗衡的大军。法国和反法同盟在各条战线上展开了多年的拉锯战。1797 年 1 月 14 日，拿破仑·波拿巴指挥法军在里沃利战役赢得了对奥军的决定性胜利，奥地利被迫和谈。法国赢得了对第一次反法同盟的胜利。

1799 年，英国、俄罗斯、奥地利、那不勒斯、葡萄牙和部分德意志邦国再次结成反法同盟。反法同盟在战场上取得了节节胜利。这个危机的时刻给了远在埃及的拿破仑夺取最高权力的机会，一个军事强人横空出世了。之后，法国大革命就与拿破仑个人的名字联系在一起。

拿破仑（1769~1821）

拿破仑全名是拿破仑·波拿巴，因为国王、皇帝只称名，不称姓，所以后人都叫他拿破仑。他于 1769 年出生于地中海的科西嘉岛，当时这个岛屿刚归属法国不久，所以，拿破仑算不上是地道的法国人。他后来进入巴黎军事学校学习。1789 年大革命爆发之后，拿破仑参加了革命军。1793 年，年仅 24 岁的拿破仑在土伦战役中崭露头角，并因此破格提拔为炮兵准将。担任围攻部队炮兵指挥官的杜纪尔将军在战后给巴黎陆军部的报告中不无夸张地写道：

我简直无法用语言向你们形容波拿巴的功劳。他的知识非常丰富，智力相当发达，性格异常坚定，但这还不能够让你对这位非凡的军官的优秀品质有个最起码的了解。

1796年，远征意大利的胜利让拿破仑名声大震。1798年5月，他率大军远征埃及。1799年8月，拿破仑得知，在他远征埃及期间，第二次反法联盟形成了，法国丢了意大利，国内一片混乱。他当机立断，率领500名士兵秘密启程回国，10月返回巴黎。11月9日，拿破仑发动雾月政变，推翻了督政府，成为三个执政官之一。一个月之后，拿破仑成为首席执政官，两年以后，又成为终身执政。

当上首席执政官之后，拿破仑就开始了一帆风顺的对外征服过程，从1800年到1809年，拿破仑战无不胜，粉碎了第二、三、四、五次反法联盟。1810年前后，拿破仑的霸业达到了顶峰，法兰西帝国包括130个省，人口7500万，占当时全欧洲人口的一半。拿破仑自己不仅是法兰西帝国皇帝，而且还兼任意大利国王、莱茵联盟的保护者，哥哥约瑟夫任西班牙国王，弟弟路易任荷兰国王，最小的弟弟吉洛姆任威斯特伐利亚国王，妹夫缪拉任那不勒斯国王。在欧洲的历史上，恐怕没有哪个家族像波拿巴家族那样，把如此之多王冠戴到自己的头上。另外，意大利的其他地方和瑞士、波兰也都建立了听命于法国的国家，教皇国并入法国。奥地利和普鲁士因为战败而割地赔款。除了俄国和英国，整个欧洲都拜倒在了拿破仑的马靴之下。

拿破仑为什么能在如此短的时间内取得如此巨大的成功？毫无疑问，这是因为他继承了革命家的遗产，包括一支由公民组成的勇于为祖国献身的军队，一支建立在才能而不是出身基础上的军官队伍，一个优于法国敌人的灵活的战术体系。而且，拿破仑继续对军队的作战方法进行改进，比如将纵队和横队结合起来形成混合队形，增加炮兵人数等。拿破仑还改进了军队的组织结构。在战争初期，法军将步兵、骑兵和炮兵联合起来，创造了一种只有几千人的小型军队——师，它既可以独立行动，也可以与其他师联合作战。在开始1805年战役前，拿破仑又将师发展成军。军解决了指挥和供应问题。拿破仑的新式野战军往往因为规模过于庞大而无法由一个人有效控制，将其分成军之后，拿破仑就加强了对部队的指挥和控制。军还改进了后勤供应，因为沿不同线路前进的几个军要比只沿着一条路线行进的一支大军更易于补充给养。

战场上接连不断的胜利使拿破仑有了称帝的想法。1804年，拿破仑就此举行由成年男子参加的公民投票。结果，赞成票为3572329票，反对的只有2569票。就这样，在把一个世袭君主送上断头台之后，法国人又把这个来自科西嘉的小个子男人送到了皇帝的宝座上，因为正是这个男人，带给了他们无限的荣光，在被英国人压制了100年之后，法国人终于可以扬眉吐气了，这份辉煌即使伟大的路易十四也没有带给他们。

拿破仑本来决定在7月14日举行登基庆典活动，因为这一天是法国大革命的爆发日，可是1804年7月14日正好是星期六，拿破仑下诏庆典改在7月15日星期天举行。但是，普通的登基典礼还不能让拿破仑满足，他要效仿一千年前的查理曼大帝，由教皇为他加冕，成为查理曼大帝那样的"罗马人的皇帝"。不过，拿破仑可不愿意屈尊去罗马，他要把教皇请到巴黎。拿破仑的权势是教皇都不敢轻视的，因为这个时候，拿破仑的军队正驻扎在意大利的北部和中部，直接威胁到罗马。1804年12月2日，教皇庇护七世在巴黎为拿破仑举行加冕仪式。正当教皇准备将皇冠戴在拿破仑的头上时，让人意想不到的一幕发生了：拿破仑突然伸手接过皇冠，自己戴在头上，接着，他又拿起一顶小皇冠戴在皇后约瑟芬的头上。拿破仑可不想让别人以为他的皇冠是教皇给的。

从1793年的土伦战役到1804年称帝，拿破仑从一个下层军官走到政治的巅峰只用了10年的时间。既然成为名正言顺的皇帝，庞大的帝国就必须得后继有人。但是，年过四十的皇后约瑟芬已经过了生育年龄。1809 年 12 月 15 日，拿破仑与约瑟芬离婚。当拿破仑再一次谈婚论嫁的时候，他的境遇已经发生了翻天覆地的变化。今天，他是欧洲的主宰，只有一位大国的公主才能配得上他的身份和地位，他也需要这样的新娘，给他的皇位和血统增加几分正统色彩，因为，出身是拿破仑唯一不能改变的。

问题是，此时的欧洲国家已经被拿破仑消灭得差不多了，除了法兰西帝国外，只有英、俄、奥还可排在大国行列。当然，屡败屡战、英勇倔强的英国人是不会与拿破仑联姻的。可能的选择就是俄国和奥地利。起初拿破仑更中意俄国，因为这个国家游离在他的掌控之外，联姻可以加强俄法的关系。但是，拿破仑的求婚遭到沙皇婉言拒绝。于是，奥地利成为唯一的选择。而奥地利为了保全自己国家，非常愿意把公主嫁给拿破仑。1810 年 4 月，18 岁的奥地利公主玛丽亚·路易莎与拿破仑举行婚礼，第二年的 3 月，玛丽亚·路易莎生下了儿子罗马王。帝国后继有人的消息让整个国家都欣喜若狂。看起来，有了罗马王，这个波拿巴家族的法兰西帝国就可以代代相传了。

事情真的能像法国人想象的那样吗？当然不是。其实拿破仑貌似强大辉煌的帝国始终没能解决一个问题——即如何迫使英国求和、接受法国在欧洲大陆的霸权地位。拿破仑的陆军可以在欧洲所向披靡、攻无不克，可是他的海军却无法和英国相比，窄窄的英吉利海峡已成为拿破仑无法跨越的天堑。只要英国没有被征服，拿破仑的江山就坐不稳，因为它会寻找一切机会组织反法同盟，给那些表面上屈服而实际上时刻不忘复仇的国家以希望和补助金。率先启动工业革命的英国积累了足以影响战争进程的巨大财富。

怎么才能踢开英国——这个拿破仑建立欧洲霸权的绊脚石？对法国而言，迫使英国求和的途径有两个：要么直接获得英吉利海峡的控制权从而威胁英国生存，要么间接地绞杀英国与欧陆和殖民地之间的贸易从而断了其财路。

由于有强大的皇家海军防卫，拿破仑很难发动对英国的战争。1805 年 10 月 21 日特拉法尔加会战的失败彻底粉碎了拿破仑侵英梦想。在这次会战中，法兰西联合舰队遭受决定性打击，主帅维尔纳夫被俘，21 艘战舰被俘，法国海军精锐尽失，而英国海军舰只毫无损失。对于这次会战的重要意义，英国军事理论家富勒在《西洋世界军事史》中评价说：

无论从哪一方面来说，特拉法尔加海战都是一个值得记忆的会战，它对于历史具有广泛的影响。它把拿破仑征服英国的梦想完全击碎了。一百年来的英法海上争霸战从此告一结束。它使英国获得了一个海洋帝国，这个帝国维持达一个世纪以上。

虽然拿破仑被迫放弃其直接攻击英国的计划，可是间接路线看来还是畅通的。假如他能控制欧洲沿海港口，那么英国的财源，即海外贸易将被切断；而如果没有这项巨大的财源，英国政府就不可能有希望击败拿破仑。英国的财力是支撑反法联盟存在的支柱。

从 1806 年 11 月到 1810 年 10 月，拿破仑发布了多个敕令，这些敕令的核心思想就是禁止欧洲大陆与英国及其殖民地进行贸易，与英国及其殖民地来往的船只也一律没收。拿破仑的大陆封锁体系确实给英国造成了一定的损失，但要说窒息英国、迫使英国屈服那还远远不够。一是贸易的下降并不能使英国经济立即崩溃，二是英国有制海权，欧洲的海岸线极其漫长，法国杜绝不了走私的问题。与此同时，英国的海上反封锁措施则隔断了法国与中立国、殖民地的联系，法国和欧洲的海港一片死寂，几乎无法进行任何对外贸易。结果，拿破仑的大陆封锁政策引起法国国内和盟友的普遍不满，也是促使法国与俄国分道扬镳的重要原因。

除了英国，俄国也是拿破仑的心腹之患。这个国家与法国一直是貌合神离。其实，拿破仑对俄国还是非常客气的，1807 年俄国虽然战败，但是在随后签署的和约当中，俄国不但未能像普鲁士、奥地利那样割地赔款，而且还获得了新的领土！但是，法俄两国的友谊并没有像拿破仑预想的那样顺利，1808 年 9~10 月，拿破仑与沙皇在爱尔福特举行会晤，虽然两位皇帝表面上非常亲热，但是在将近 20 天的会谈中拿破仑没有获得亚历山大任何有价值的承诺。所以，这次会晤让拿破仑意识到，法俄同盟徒有其表。此后，两国关系因为波兰问题开始恶化，亚历山大又拒绝了拿破仑向自己妹妹的求婚，再加上俄国公开允许英国产品走私进入俄国港口，破坏拿破仑的大陆封锁体制，凡此种种，都让拿破仑坚定了征服俄国的想法。

1812 年 6 月 24 日，拿破仑率领 60 多万大军渡过涅曼河，对俄国不宣而战，从此，也就迈开了帝国灭亡的第一步。俄国是一个进去容易出来难的国家：它的西部是大平原，当然很容易进去；可是它又太大，再多的兵力、推进的距离再远都是沧海一粟，再加上气候恶劣，习惯了温暖天气的西欧人根本受不了。于是乎，广阔的领土和寒冷的冬天就成为俄国人战胜入侵者的法宝。拿破仑进入俄国后，虽然赢得了一些战役的胜利，但是俄军总司令库图佐夫采取了退却战术，诱敌深入，回避与拿破仑进行大战。9 月 14 日，法军进入莫斯科，留给拿破仑的是一座着火的空城。拿破仑想和库图佐夫决战，但是找不到人。他几次想和沙皇谈判，愿意以最宽大的条件缔结和约，但是沙皇不理睬他。拿破仑在莫斯科滞留了一个多月，粮草将尽，战马死了几万匹，10 月 13 日，莫斯科下了第一场大雪。最后，拿破仑被迫于 10 月 19 日从莫斯科撤退。他的大军在零下 35 摄氏度的冰天雪地里行走，一路上村庄空无一人，没有粮食，武器弹药也无法补充，后面又有俄军的骚扰，饿死、冻死的人不计其数。到 12 月中旬，法军渡过涅曼河时，不到半年时间，60 多万大军只剩下了 2 万人。

1813 年 6~8 月，第六次反法联盟形成，参加的国家有英国、俄国、奥地利、普鲁士、瑞典、西班牙和葡萄牙。10 月，第六反法联盟与法国在德国莱比锡展开决战，拿破仑大败。

莱比锡战役推倒了拿破仑帝国灭亡的第一块多米诺骨牌。1814 年 3 月 31 日，反法联盟军队进入巴黎。4 月 11 日，法国与普、奥、俄签订了《枫丹白露条约》，拿破仑正式退位，但终身保留皇帝称号，每年领取 250 万法郎年金，并拥有地中海厄尔巴岛的主权。

1815 年 2 月 26 日，正当反法联盟国家为了分赃而争论不休的时候，拿破仑带领 1000 人从岛上逃出，3 月 1 日在法国登陆，在向巴黎行进的途中，他受到了法国人民的热烈欢迎，3 月 20 日，拿破仑重返巴黎，路易十八仓惶出逃，拿破仑重登王位，统治法国近 100 天，史称“百日王朝”。但这一次回归只是拿破仑的回光返照而已。

威灵顿公爵（1769~1852）

滑铁卢是比利时首都布鲁塞尔南郊 18 公里处的一个小镇。1815 年 6 月 18 日，拿破仑在比利时滑铁卢被威灵顿公爵率领的反法联盟军击败。拿破仑向西逃，准备渡海去美国，计划失败之后向英国海军投降。6 月 22 日，拿破仑再次宣布退位。这一次，他是作为战俘，终身监禁，反法联盟国家把他远远地送到了南大西洋远离大陆的圣赫勒拿岛以绝后患。1821 年，年仅 52 岁的拿破仑郁郁而终。

曾经显赫一时的拿破仑为什么会失败？概括起来有四个方面的原因：战略上的贪婪，英国始终如一的反对，其他民族对法国的憎恨，对手在军事上的改进和革新。拿破仑虽然具有出色的战术和作战能力，但在战略上存在致命缺陷。他既不知道适可而止，也不知道适时而止，他从未有过一个使自己满意、也能保证欧洲长期稳定的终极目标，因此注定要失败。也正是战略上的贪婪，导致英国对他自始至终的反对，因为英国无论如何也不能接受一个拥有大陆霸权的法国。更为重要的是，强大的海权和工业革命赋予了英国摧毁拿破仑霸业的能力。

拿破仑也败于他在欧洲所激发出的民族主义精神。事实上。自从拿破仑从莫斯科撤退之后，欧洲反法战争的性质就发生了变化。在此以前，除了在西班牙，对抗拿破仑的都是一些旧王室；从此以后，与他为敌的就是欧洲各国的人民了，反法起义遍布整个欧洲。法国革命曾唤醒了法兰西的民族精神，这一民族精神赋予法国横扫欧洲的力量。革命的法国还为封建统治下的欧洲其他国家带去了自由、平等、博爱等革命理念，打碎了各国的封建秩序，这些都让拿破仑在欧洲受到普遍欢迎。但是，随着拿破仑的征服越来越具有掠夺的性质，随着一个个割地赔款条约的签订，他丧失了革命所赋予他的合法性，成为一个失去了神圣光环和道德感召力的普通征服者。欧洲各国的民众开始憎恨他，憎恨法国人的统治。法国大革命的理想和拿破仑的征服启蒙了欧洲人民，他们和法国人一样，也有了自己的民族主义情绪和爱国主义热情，他们因此获得了法国人曾经拥有的那种惊人力量。

拿破仑的对外征服也将其原本独享的军事创新很快传遍欧洲，尤其是征兵制，几乎已经被所有国家采纳。如果说拿破仑曾经以总体战打赢了其他国家的王朝战争的话，那么，在双双进入总体战之后，拿破仑的优势也就丧失了。

拿破仑的影响并未因为个人霸业的失败而终结，他给欧洲、给世界打下了深深的烙印。维也纳会议之后的欧洲，旧王室纷纷复辟，从表面上看似乎又回到了 1789 年之前。事实上，拿破仑对欧洲旧秩序的破坏带有不可逆性，自由、平等、博爱等理念已经在欧洲大地生根发芽，民族主义思想广为传播，已经觉悟的人民不可能再次被欺骗、被奴役。在自由主义和民族主义的感召下，19 世纪的欧洲大陆革命运动一浪高过一浪，出席维也纳会议的政治家们不是回到了过去，而是来到了未来。

拿破仑的影响还远达美洲。他对西班牙和葡萄牙的入侵，使它们失去对美洲殖民地的有效控制，进而爆发了拉丁美洲独立运动。他把路易斯安那从西班牙手里要回，又以平均每英亩 3 美分、总共 1500 万美元的“低价”卖给美国，使美国的领土扩大了一倍，并打通了西进的道路。

当然，拿破仑失败最直接的后果是，一个世界性霸权诞生了。

四、开启新时代——不列颠治下的和平

拿破仑第一次退位之后，波旁王朝在法国复辟。1814年5月30日，反法联盟国家与法王路易十八签署了和约，这是第一次《巴黎和约》。英国、俄国、普鲁士、奥地利四大国给予了法国非常宽大的媾和条件：不赔款、不割地、没有占领军，法国还可以保留少部分侵占的领土，英国也归还了大部分法国殖民地。之所以如此宽容，主要是为了树立复辟王朝的威信，稳定局势。本来反法联盟国家希望所有关于领土的解决都能纳入到《巴黎和约》当中，但是拿破仑造成的破坏和改变实在太大，短时间内无法把所有的问题都一一解决，而且盟国在有些问题上的分歧也很大。所以第一次《巴黎和约》只就法国和部分的欧洲领土问题达成了共识，其他的有关问题留待国际会议解决。

1814 年 9 月，结束拿破仑战争的维也纳会议召开，代表 15 个王朝的 210 名代表出席了会议。虽然多年的战争使奥地利人不敷出，但它还是慷慨解囊，为来宾们安排了丰富多彩的娱乐活动，如舞会、音乐会、溜冰、乘雪橇、打猎、赛马等等，据说每天耗资 1 万英镑。有人形容，会议不是在行进，而是在跳舞。当然，这只是表面现象，在歌舞升平的背后，俄、英、普、奥四大国一直在进行激烈的讨价还价，他们各有企图，为分赃不均而相互争吵。

维也纳会议的使命与以往类似国际会议的一个重要不同点在于，它不仅仅要分赃，要确定新的政治版图，而且它还要建立一个能够保证欧洲长久和平和均势的国际制度。毕竟，欧洲经历了近四分之一个世纪的战争蹂躏，各国都遭受了巨大损失。所以，出席维也纳会议的各国政治

家们都有一种强烈的和平愿望，他们知道，欧洲的旧制度已经再也承受不住任何冲击了，他们要自觉地建立一个确保长治久安的新机制。

维也纳会议所秉承的原则是正统主义、均势原则和补偿原则。所谓正统主义，就是要恢复欧洲各国被推翻的王朝统治；所谓均势原则，就是要维持大国之间实力的大致均等，不允许哪一个国家拥有过分的权势。不过，这种均势只适用于欧洲大陆，在海洋英国则一手遮天；所谓补偿原则，就是以牺牲小国为代价，满足大国要求，补偿大国受到的所谓损失。1815 年 6 月 9 日，各国签署了《最后议定书》。

《最后议定书》的主要内容包括：

（一）关于波兰－萨克森问题。波兰本来在 1795 年已经消失，被俄国、普鲁士、奥地利三国分三次瓜分。1807 年，拿破仑在普、奥第二次和第三次瓜分到的波兰领土上建立了华沙大公国。最后，俄国获得了华沙大公国的绝大部分土地，建立了一个由沙皇兼任国王的波兰王国，沙俄的势力因此深入中欧，推进到距离维也纳只有 300 多公里的地方。在维也纳会议之后的差不多半个世纪的时间里，俄国充当了欧洲宪兵的角色，是各国都必须讨好的对象。因为失去了部分原波兰领土，奥地利在意大利得到补偿，普鲁士则得到萨克森的一部分和莱茵河左岸的领土。

（二）关于低地国家。尼德兰北方七省获得独立后，南方继续留在西班牙帝国之内，称南尼德兰。西班牙王位继承战争之后，南尼德兰的宗主权又转给了奥地利。低地虽然面积不大，但经济发达，地理位置重要，是欧洲的商业和战略要地。一直以来，它都是法国对外扩张的重要目标。奥地利认为南尼德兰，即比利时离它太远，不好防守，所以主动放弃而在意大利获得补偿。最后，比利时与荷兰合并（比利时后于 1830 年宣布独立）。

（三）关于德意志问题。神圣罗马帝国在 1806 年已经被拿破仑废除，很多小邦和自由城市也被合并，要想把德意志的秩序完全恢复到过去是不可能的。最后成立了新的德意志邦联，由 39 个邦和 4 个自由城市组成，有一个邦联议会，奥地利代表任会议主席。

（四）其他的领土交易。瑞典把芬兰让给俄国，从丹麦手里得到挪威作补偿，丹麦又从瑞典手里获得波美拉尼亚，丹麦以波美拉尼亚不与本土相连为理由，换取了普鲁士的劳恩堡。这一连串的交易其实对普鲁士最有意义，因为它在波罗的海南岸的领土连在了一起，便利了它的交通、运输以及管理。

（五）承认瑞士为永久中立国，并保证其领土完整。这大概是维也纳会议最经得起考验的成就，就连两次世界大战的战火都没有燃烧到瑞士。

（六）关于意大利。意大利又恢复到了四分五裂的局面，旧王朝纷纷复辟。拿破仑的皇后、奥地利公主玛丽亚·路易莎获得了帕尔马公国，儿子罗马王得到摩德纳公国。

《维也纳议定书》并没有涉及法国，因为法国的问题在 1814 年 5 月的第一次《巴黎和约》当中已经解决。可是后来情况有了变化，拿破仑又杀了个回马枪，而且受到法国人的热烈追捧。这说明，法国人的扩张情绪、帝国情结仍然存在，而且，第一次《巴黎和约》对法国如此宽大，他们居然不知感恩，还要拥护拿破仑。所以，盟国决定对法国进行惩罚。1815 年 11 月 20 日，英、俄、普、奥与法国签订了第二次《巴黎和约》，规定割地、赔款、驻军。当然并不严重，盟国也害怕严重了会威胁波旁家族的统治。关于英国所获得的海外利益和种种特权在维也纳会议之前就已经获得列强的认可，所以，相关的问题也没有出现在议定书当中。

现在，法国被严密地包围起来。北面有扩大的荷兰；东面，普鲁士获得莱茵河左岸，符腾堡和巴伐利亚两个德意志邦国的领土也有所增加；东南，瑞士成为受国际保护的永久中立国，撒丁王国的领土扩大。筑起这么一道堤坝就是为了挡住法国向外扩张的道路。事实上，在拿破仑之后，法国也没有了挑战欧洲均势的实力，这些防范多少有些多余。当 1870 年它在普法战争当中惨败给普鲁士的时候，欧洲国家这才发现，欧洲大陆的头号强国已经在不知不觉中变成了普鲁士（德国）。

拿破仑战争和《维也纳议定书》的最大受益者自然是英国。19 世纪的德国经济学家李斯特如是说：

过去一个世纪的历史教导我们，大陆各国互相间每有一次战争，其结果无不是增进（英国的）工业、财富、航海、殖民地占有和岛国优越权势。

李斯特（1789~1846）

事实的确如此。在拿破仑战争期间，英国的贸易、海军、殖民地继续扩大。从世界各国海军力量的对比来看，1790 年，英国的海军总吨位为 48.59 万吨，仅次于它的法国为 31.43 万吨，第三的西班牙为 24.22 万吨，尽管英国排名世界第一，但仍没有确立绝对优势，法西两国的海军总吨位数合起来超过了英国；到了 1815 年，英国的总吨位数达到 60.93 万吨，法国尽管仍排名第二，但减少到 22.83 万吨，俄国列第三，为 16.73 万吨，西班牙沦落到第四，还不到 6 万吨。至此，英国海军的总吨位数超过了排在其后的三个国家的总和，大致相当于世界其他各国海军总吨位数的总和。正如希尔所说：

英国的国防力量，特别是海军力量在这场战争后的近一个世纪里无人能与之匹敌。

英国在拿破仑战争中完成了帝国重建的任务，“日不落帝国”基本成形。从根本上说，拿破仑战争是 17 世纪末以来英、法商业和殖民霸权竞争的继续，只是这一次英国不再一味地扩大地盘，在工业革命已经开始的背景之下，英国此番主要争夺的是那些拥有广阔市场的殖民地以及对英国海外贸易通道畅通至关重要的一些殖民据点，包括：从法国人手中强占的毛里求斯、塞舌尔群岛、多巴哥和圣卢西亚，从荷兰、西班牙、丹麦等国手中强占的开普敦、锡兰、马耳他、特立尼达、赫尔戈兰等。

总之，到 1815 年拿破仑战争结束时，随着帝国版图的迅速扩大，第二帝国基本定型。如果说第一帝国的中心是北美十三州殖民地，那么，日益兴盛的“日不落帝国”的中心则是远东的印度。印度对于帝国的重要性，曾担任印度总督的寇松是这样评价的：

只要我们统治印度，我们就是世界上最强大的国家；可一旦丢掉了印度，我们的地位将一落千丈，只能降格为一个三流国家。

更多的人则形象地将印度誉为“帝国王冠上最珍贵的宝石”。

1815 年之后，英国的商船与战舰出现在全球各个角落，他们获取领地、开设口岸、掠夺原料、倾销产品。19 世纪中叶的两场鸦片战争打开了中国的市场；1858 年，英国与法国、荷兰一起强迫日本签订了一系列不平等条约；1836 年和 1857 年，英国与伊朗签约；1838 年和 1861 年，英国与土耳其签约。这些条约内容虽不尽相同，但有一点是共同的，即英国要求得到贸易、投资等方面的特权。为确保帝国安全以及贸易的通畅，英国这一时期还占领了一些军事要塞与贸易据点，如 1819 年占领新加坡，1839 年占领亚丁港，1841 年占领香港。

在 18 世纪，英国的海上霸权还时不时地会受到法国的挑战，而整个 19 世纪，这一霸权已经是无可争议和不可撼动的了。大英帝国的海军游弋在世界各大洋维持秩序与安全，海上交通的重要据点比如直布罗陀、马耳他、苏伊士、好望角、新加坡、香港统统都由帝国军队来控制，其他国家在服从英国领导的前提下，可以自由地在海上通行，进行贸易和殖民地开拓。

在海军、殖民地之外，支撑英国“日不落帝国”地位的另一个支柱就是工业革命所造就的英国世界工业霸主地位。1850 年，英国生产了全世界金属制品、棉织品和铁产量的一半，煤产量的2/3，其他如造船业、铁路修筑都居世界首位。1860年，英国生产了世界工业产品的40%~50%，欧洲工业品的55%~60%。1850年，英国对外贸易占世界贸易总量的20%，10年后增至40%，英镑成为国际货币。1851年在伦敦召开的第一届世界博览会向全世界展示了英国工业化的成果，并宣告英国成为世界上最强大的工业化国家。

对此，英国人洋洋得意地宣称：

北美和俄国的平原是我们的玉米地；芝加哥和敖德萨是我们的粮仓；加拿大和波罗的海是我们的林场；澳大利亚、西亚有我们的牧羊地；阿根廷和北美的西部草原有我们的牛群；秘鲁运来它的白银；南非和澳大利亚的黄金则流到伦敦；印度人和中国人为我们种植茶叶；而我们的咖啡、甘蔗和香料种植园则遍及印度群岛；西班牙和法国是我们的葡萄园；地中海是我们的果园；长期以来早就生长在美国南部的我们的棉花地，现在正在向地球的所有的温暖区域扩展。

维多利亚（1837~1901年在位）时代是大英帝国的鼎盛时期。它以占世界2%的人口统治着全球大约四分之一的人类、五分之一的陆地面积，地球上的24个时区均有大英帝国的领土。与历史上庞大辉煌的罗马帝国相比，英国人的成就远在其之上，因为前者不过是一个以地中海为中心的区域帝国，而英国人建立的“日不落帝国”却是一个真正的世界帝国。维多利亚女王也是第一个以“大不列颠与爱尔兰联合王国女王和印度女皇”名号称呼的英国君主。

维多利亚女王（1819~1901）

1887年是维多利亚女王登基50周年，处在国力巅峰状态的大英帝国以前所未有的排场来进行这次金禧庆典。庆典当天的晚宴就邀请了50个国家的君主和各殖民地自治领的总督，帝国治下的殖民地更是派出大批当地精英“朝贡”英国。英国本地的普通百姓也纷纷张灯结彩喜迎庆典。诗人丁尼生在为金禧庆典所做的诗中这样写道：

商业拓展的五十年！

科学昌明的五十年！

帝国扩张的五十年！

就连对自己庆典不太感兴趣的女王在看过游行场面的时候也承认：

难以形容群众的热情，令人惊讶，令人动容，欢呼声震耳欲聋，每一张脸上似乎都洋溢着喜悦。

英国的大国形象与力量，英国人的自信与骄傲，各国对英国的仰慕，无不透过金禧庆典而展现出来。

Chapter Ⅷ

Franco-Prussian War and the Rise of Germany

第八章
普法战争与德国的崛起

19世纪，德意志地区民族主义思潮高涨，统一已是大势所趋。普鲁士宰相俾斯麦抓住机会，通过三次王朝战争最终统一德国。普法战争之后，德国崛起成为欧洲大陆头号强国。

在中国，有很多关于“德国制造”的传奇故事。

帐篷的故事。2008年中国汶川地震后，灾区陆续收到各国援助的帐篷等救灾物资。有记者在采访中了解到，灾民们相互打听住的是哪个国家的帐篷，住德国帐篷的灾民往往引来周遭羡慕，因为德国帐篷的质量是最好的。

钟表的故事。德国殖民时期在青岛江苏路修建的基督教堂的钟表迄今运转正常。2010年，在华投资生产大型齿轮的一名德国商人陪父亲在青岛游览时看见了这座钟表，老人顿时认出了钟表所用的齿轮便是由他的家族企业供应的。在接受记者采访时，该德国商人表示：“根据目前的使用情况，这些齿轮没有任何问题，还能再用上300年，真要维修时，恐怕要到我的曾孙一代了。”

桥梁的故事。1906年，德国泰来洋行承建甘肃兰州中山桥，1909年建成。合同规定，该桥自完工之日起保证坚固80年。在1949年解放兰州的战役中，桥面木板被烧，纵梁留下弹痕，但桥身安稳如常。1989年，距桥梁建成80年之际，德国专家专程对该桥进行了检查，并提出加固建议，同时申明合同到期。如今，中山桥仍然照常使用，并被列为市级文物保护单位。

油纸包的故事。青岛的城建人员在整修德式下水道时发现有零件损坏，到处找不到合适的，最后求助于德方，结果对方很快回复说，不用担心，在那个损坏的零件周围三米范围内，肯定有个地方藏有备件，工程人员细心查找，果然在附近一个小箱子里找到了油纸包着的零件，拆开看还锃光瓦亮呢。

济南老火车站的故事。济南老火车站即津浦铁路济南站，1904 年由德国人修建。1992 年拆除时，因为修建得非常坚固，也因为距离火车道太近，只能人工拆除，用了一个月左右的时间才拆完。车站的钟楼内部很多地方不是用的钢筋，而是铁轨，加上石材质量也很好，所以拆起来特别费劲。

这些故事不管是真是假，都指向了德国制造最核心的特征：耐用、务实、可靠、安全、精密。根据环球网和德国驻华使馆的调查结果，中国网友（37.3%）对德国印象最深的是其“牛气十足的工业制造业”。越来越多的中国人感叹于德国的锅可以用一辈子、德国的刀可以传世、德国的钟可以世代走下去。

但很多人可能并不知道，就在 100 多年前，“德国制造”还是“价廉质低”的代名词，被扣上“偷窃、复制、伪造”等帽子，其尴尬处境多少有些类似今天的“中国制造”。

工业革命开始于 18 世纪 70 年代，英国是其发源地，而传到欧洲大陆已经是拿破仑战争之后的事情了。在欧洲大陆，德国的工业革命又晚于低地国家和法国。当时，德意志还仅仅是一个地理概念，由众多独立的邦国组成，邦国之间、邦国内部关卡林立，严重妨碍了工业的发展。30 年代，特别是 50 年代之后，随着关税同盟的建立和铁路的修建，德意志地区经济开始起飞。

但作为后发的工业国家，德国与英法美等工业强国之间的差距是显而易见的。为追赶先进，起初只能以剽窃设计、伪造商标等“卑劣”手法仿造先进国家的产品，靠低廉的价格占领市场。在 1876 年费城世博会上，“德国制造”被评为“价廉质低”的代表，遭到了工业强国的唾弃。1887 年 8 月 23 日，英国议会通过了侮辱性的《商标法》条款，规定所有从德国进口的产品都须注明“Made in Germany”，以此将劣质的德国货与优质的英国产品区分开来。

然而，不到 20 年，德国制造就发生了翻天覆地的蜕变。英国的罗斯伯里伯爵在 1896 年表示：“德国让我感到恐惧，德国人把所有的一切……做成绝对的完美。我们超过德国了吗？刚好相反，我们落后了。”

其实，从德国制造耻辱地诞生那一时刻起，德国人就开始奋起直追。他们紧紧抓住国家统一和第二次工业革命的战略机遇，大力发展钢铁、化工、机械、电气等制造业和实体经济，催生了西门子、克虏伯、大众等一批全球知名企业。到第一次世界大战前，德国已成为欧洲第一工业强国。当年英国人故意贬低德国商品而催生的“德国制造”终于被严谨勤奋的德国人打造成高质量产品的代名词。

直到今天，在美英等西方国家纷纷把制造业向发展中国家外包、自己转向服务业的情况下，德国仍将主要精力放在制造业产品质量与技术水平的提高上。这种制造业立国的发展战略不仅让德国保持了较高的就业率，促进了德国科技创新能力的提高，也使得德国具备了抵御金融危机冲击的坚实产业基础。据说，英国首相布莱尔曾向德国总理默克尔询问德国经济成功的秘诀，默克尔回答说：

“我们至少还在做东西，布莱尔先生。”

15~17 世纪是欧洲近代民族国家形成时期，但是神圣罗马帝国，也就是德国，仍然处在分崩离析的状态。根据 1648 年的《威斯特伐利亚和约》，大大小小的诸侯都成为主权国家，仅莱茵河左岸 2 万多平方公里的土地上就有差不多 100 个小国。在德意志诸侯当中，实力最强的是普鲁士和奥地利。拿破仑战争终结了神圣罗马帝国，根据维也纳议定书，新成立的德意志邦联有 39 个邦和 4 个自由城市，邦国数量虽然大大减少，但德意志离一个统一的国家仍有不小的距离。可是，就在维也纳会议结束之后的半个世纪，1870年，在普鲁士的主导下，一盘散沙的德意志居然奇迹般地统一了，并且随即成为欧洲大陆头号强国。德国崛起改变的不仅是日耳曼民族的命运，对整个欧洲、对世界历史都产生了极其深远的影响。

一、拿破仑战争之后的普鲁士

拿破仑战争（1799~1815）对于德国统一来说至关重要。这场战争的结果是突出了普鲁士在德意志诸邦中的地位。虽然普鲁士在战争中的表现非常糟糕，但是战后为了遏制法国、保持均势，英国极力加强普鲁士的力量。根据《维也纳议定书》，普鲁士放弃瓜分波兰的大部分土地而在德意志内部得到补偿，这使它变成了一个民族成分相对单一的国家，即民族国家。在此后的民族主义时代里，民族国家身份使普鲁士更具凝聚力，也为它在几十年之后统一德国有了一个坚实的基础。而且普鲁士的运气也特别好，几年之后，莱茵河左岸就发现了煤和铁，这个地方很快由一派田园风光变成军火制造业和重工业基地，成为欧洲大陆工业革命的中心。

而奥地利虽然在意大利获得大量土地，表面上看是获益了，可是在民族主义浪潮高涨的世纪里，这样的领土获得将不是它的力量而是它的弱点。很快，在奥地利的领地上就开始了民族独立运动，到19世纪60年代，意大利赶走了奥地利人获得独立。所以，拿破仑战争之后德意志内部的力量对比从长远角度看有利于普鲁士而不利于奥地利。

取代神圣罗马帝国的德意志邦联政治实体大大减少也同样有利于德国的统一。再加上在拿破仑战争当中被激发出的德意志民族主义，所以，不管人们的主观意志怎样，拿破仑战争、《维也纳议定书》让德国统一变得不再遥远。

拿破仑战争之后，普鲁士开始为崛起和统一做准备。其中有三个重要的战略举措或者说创新：关税同盟、铁路网和军事改革。

关税同盟的倡议者是李斯特。当时，德意志内部关卡林立，仅普鲁士一国领土内就有 67 种不同的关税，近 3000 种商品须缴纳关税；对外，它与 28 个国家接壤。这些关税一方面严重地阻碍了内部贸易，另外一方面也阻碍着德国经济的发展和德国产品在国际上的竞争力。李斯特认识到，除非德意志各邦之间的关税壁垒能够被打破，否则英国货就会继续在德国境内泛滥，德国也无法实现工业化。李斯特预见到一个崭新的和更大的德国，由内部自由贸易、对外关税保护以及全国性邮政和铁路系统统一起来，最终崛起为欧洲大强国。关税同盟的建立与他的不懈努力有直接关联。

作为建设关税同盟的第一步，1818 年，所有在普鲁士境内的关税都被取消了。普鲁士废除内地关税对其他邦国有很大影响。在普鲁士带动下，北德 6 个邦国于 1826 年成立关税同盟，参加同盟的各邦国之间取消了关税。1827 年，南德两个大邦国巴伐利亚和符腾堡组成南德关税同盟，后来其他一些南德邦国也参加进来。1828 年，汉诺威、萨克森、图林根各邦国和汉萨城市组成了对抗普鲁士的中德关税同盟，但在普鲁士的压力下于 1831 年瓦解。1833 年，由普鲁士领导的德意志关税同盟组成，参加的各邦国订立了为期 8 年的关税协定，协定自 1834 年 1 月 1 日起生效。以后，每逢协定到期即再行延长。

1834 年 1 月 1 日零点，在德意志 18 个邦国的边界上，载满货物的四轮马车等待通过边境线。几百年来第一次，它们无须在边界停下来交纳过境税。德意志关税同盟建立了，它预示着德国内部市场商业流通扩大的开始。

起初，关税同盟联合了北德 18 个邦国，之后，巴登公国、拿骚公国和美因河畔的自由城市法兰克福于 1835 年加入，所覆盖的领土共计 8.2 万平方英里（超过当时德国领土的 2/3），人口 2500 万人。只有汉诺威等一部分邦国未加入同盟。

建立关税同盟是资本主义生产力发展的要求，它使商品、资本、劳动力得以自由流通，从而有利于统一的民族市场的建成。关税同盟组成后，德意志地区的工业生产特别是纺织业生产有了迅速发展。1834~1838 年，仅在萨克森就兴建了 45 座大型纺织厂，到 1840 年代，普鲁士拥有蒸汽机 1000 多台，柏林成为重要的工业中心。莱茵河中游的莱茵－威斯特伐利亚省一带煤铁储藏量丰富，资本主义工业在全德最发达。到 19 世纪中期，关税同盟地区工业总产量位居欧洲第三（仅次于英国和法国），德意志经济统一目标已经实现。

经济上的统一必将引发政治上的团结，从长远来看，它为德国统一创造了前提。普鲁士接受李斯特的建议，主导了关税同盟的建立，把握住了历史发展的大趋势，实际上也就将自己推到未来德国统一领导者的位置上。

由于担心贸易转向以及由此带来的财政损失，同盟各邦都把改善交通视为克服这一危险的好办法。铁路自 1830 年代开始受到各邦政府的重视，1850~1880 年代，铁路资本占全部投资的比例从 2.8% 增长到 7.4%。1850 年，铁路长度为 5856 公里，到 1870 年就达到 18876 公里。铁路路线的选择明显受到关税同盟的影响，铁路枢纽往往是扼贸易咽喉的城市，如柏林、莱比锡、科隆等。

铁路网虽然因经济需要而形成，但其对德意志的意义并未止步于经济。李斯特对现代战略做出的一项重要贡献，就在于他系统研究了铁路对军事力量对比的影响。铁路出现之前，德意志的战略位置在欧洲是最为不利的，地处欧洲中心的它历来是欧洲大陆的传统战场。而李斯特则敏感地认识到蒸汽动力运输的出现对德意志的战略含义。他第一个预见到，铁路将使德意志的地理位置成为其力量的一个源泉。他认为，由于全国性铁路网加强了政治上的统一，德国能够被塑造成为欧洲心脏地区的一个防御堡垒；动员的加速，部队从国土中央被迅速投送到边缘，再加上铁路运输其他明显的内线之利，对德国将比对任何其他欧洲国家更有好处；完善的铁路系统将使整个国家领土变成一个庞大堡垒，既容易保卫，付出的代价也最低，对国家经济生活的破坏也最小。战争结束后，部队能同样便捷地返回家园。李斯特于 1933 年为德国设想的国家铁路网大体上就是后来的帝国铁路。从普法战争的情况看，普鲁士的确从铁路当中获益良多，当时普鲁士的部队能以 6 倍于法军的速度得到运送。

受益于关税同盟和铁路的修建，19 世纪五六十年代成为德意志资本主义经济迅速发展的时期。德意志重工业部门的产量平均每 10 年增长 1 倍多。1850 年煤的产量为 700 万吨，1860 年为 1700 万吨，1870 年为 3400 万吨。铁的产量在 1850 年是 20 万吨，1860 年为 50 万吨，1870 年为 140 万吨。机器制造业也发展起来。1846 年有机器制造工厂 131 家，1861 年增至 300 多家。大工厂出现了，黑森的克虏伯工厂在 1860 年已有工人和职员 2000 人，1870 年增至 16000 人。纺织机 1849 年有 5018 架，1861 年 15258 架。仅普鲁士铁路的长度在 1850 年到 1870 年间就由 3800 多公里增至 11000 多公里。到 19 世纪 60 年代，德意志工业已经赶上了法国。

关税同盟、铁路网在促进经济发展的同时也为德意志国家统一创造了必要的前提条件，但真的要将分裂了几百年的德意志统一成一个国家，没有强大的武力是绝对办不到的。在某种程度上，这也是实现统一最为关键的一步。

而普鲁士在 19 世纪所进行的军事改革恰好使其具备了统一国家所必备的军事实力。在腓特烈大帝时代，军队是一支与普通民众毫无关联的雇佣军，只有贵族军官的荣誉感和忠心才受到赞扬，普通士兵则靠残酷的军纪维持在一起。普鲁士的军事改革者们正确认识到，在拿破仑战争中产生的新的战争方法反映了法国大革命所造成的社会与政治变更，普鲁士需要将专制主义时代的军队改造成一支类似法国那样的国民军。为实现这一目的，他们采用了一种比较激进的普遍征兵制。当时，所有欧洲大陆国家都已经采取了征兵制，但是在普鲁士以外，征召的都是穷人，因为富人被允许为服役支付赎金，或者雇人代役。而在普鲁士，所有各阶层的人都必须服役。因此，普军比任何其他军队更能称得上是一支公民军队。

在普鲁士的军事改革当中，最为重要的一个方面是建立了成为军队大脑和神经中枢的参谋本部，这可谓是普鲁士人在19世纪最杰出的军事创新，至20世纪已成为各国军队的“标准配置”。

在18世纪王朝战争时代，军队的数量和会战的规模都相当有限，作战指挥往往由军事统帅带领少量的随从人员就可以完成了。到拿破仑时期，他仍然坚持对军队的一人统治和一人指挥，他的参谋班子仅仅是个汇集他所要求的情报、传递报告和指令的组织，参谋人员既不制订战略计划，也没有形成一种在他的战略和作战意图框架内独立决策的体制化能力。如果拿破仑的军队在同一个大战区打仗，那么还不致造成什么恶果。但是，随着各路军队人数增多，并且在分布广泛的几个战区作战时，拿破仑的战略控制就不复存在了。所以，越到战争后期，缺少专业化的参谋本部的弊端就越明显。这说明，随着军队规模越来越大，随着战场空间越来越广阔，随着部队的动员、部署工作越来越复杂，单一个人已经无法掌控战争这个庞大的机器了，需要有专业化的军官队伍对其进行操控。

普鲁士人首先对战争的这一新需求做出了反应。1809年，他们改组陆军部时创立了一个特别的分支机构，其职责包括：拟定组织和动员计划，军队在和平时期的训练和教育，通过情报和地形研究为作战做好准备，战术和战略的准备与指导。这一机构即为参谋本部。1821年，参谋总长被指定为国王在作战事务方面的最高幕僚，陆军部则限于负责对军队的政治和行政控制，军政与军令之间开始有了较为明确的区分。到1866年，参谋本部在军令方面的权威已经变得至高无上了。

因为有了一个杰出的参谋本部，普鲁士军队比其他国家军队更早和更深刻地认识到了铁路与武器技术的变化在未来战争中能够提供的优

老毛奇（1800~1891）

势。1858年担任参谋总长的老毛奇尤其热衷于铁路建设，他本人也在投资铁路债券中发了财。普鲁士参谋部系统地构想了如何最佳地利用不断发展的铁路的潜力，为调动和部署部队服务。普鲁士军队还第一个在欧洲使用了后膛装弹的步枪即撞针枪，这使它的士兵装弹时间比对手要快3~4倍。

到19世纪60年代初，普鲁士统一德国的种种客观条件已经具备：由关税同盟而实现融合的经济、四通八达的铁路网、一支高效的军队。现在，需要的是正确的战略和精明的政治行为将上述潜力转变为现实。19世纪60年代初，普鲁士国王要求国会支持一个为期3年的军队服役期，国会拒绝提供经费。绝望中，威廉一世求助俾斯麦来打破僵局，后者最终成为德国统一的总设计师和实施者。

二、铁血宰相俾斯麦与走向统一的德国

在德国统一和崛起的过程中，有一个极其关键的人物——俾斯麦。在某种程度上，他就是为德国统一而生的。

1848年，德意志的多个邦国爆发了推翻君主专制、建立君主立宪制的革命，革命在短时间内几乎全部取得成功。解决德意志的统一是这场以资产阶级为主体的革命运动的首要任务。各邦国代表在法兰克福组成了全德意志议会，试图通过协商的方式，建立一个像美利坚合众国一样统一而自由的联邦国家。

但是，当议会还在无休止地辩论和争吵时，旧政权迅速集结反击，德意志各邦很快恢复了各自的君主专制，全德意志议会的议员们

纷纷被各邦国召回。

1848 年资产阶级民主革命的失败使德国失去了通过和平、民主的方式来实现统一的机会。那么，接下来德意志统一的道路该如何继续？既然资产阶级无法承担起这一任务，那么这个重任又将落在谁的身上？

这个人就是有“铁血宰相”之称的俾斯麦。

俾斯麦（1815~1898）

俾斯麦于 1815 年 4 月 1 日出生于普鲁士勃兰登堡的一个大容克贵族家庭。他具有强烈的功名心和权力欲，重于行动，富于情感，性格暴烈，意志坚强，精通权术和弄虚作假，善于捕捉时机但又懂得节制；他具有估量对手的非凡能力，是一位一流的政治家；他还有一个赌徒的直觉，知道何时下注、何时离桌，决不恋战。当时，克劳塞维茨的《战争论》虽然已经问世，但真正理解“战争是政治的继续”这句话的人没有几个，俾斯麦就是其中之一。他对于自己没有赶上拿破仑战争总是耿耿于怀，经常说：“要是我生在 1795 年就好了，这样 1813 年也就有我的份了。”甚至后来在议会演讲时他也公开表示：“解放之战时，我尚未出世，对此我很是遗憾。”

其实，俾斯麦不必遗憾，因为他后来亲身经历和创造了更伟大的历史时刻——德国统一。

1851~1858 年，俾斯麦被任命为普鲁士邦驻德意志联邦代表，1859 年任驻俄公使，1861 年改任驻法公使。10 年的外交生涯让他开阔了视野，积累了丰富的外交经验。

1860 年，普鲁士政府锐意推行军事改革，以便为用武力统一德国做准备。但是这个军事改革却引起了一场所谓的“宪法纠纷”。议会拒绝批准政府提出的军事拨款，否决了军事改革法案。国王威廉一世为此甚至想过退位。1862 年，威廉一世请俾斯麦出来组阁。俾斯麦态度极其强硬，他对议会说：

德意志所瞩望的不是普鲁士的自由主义，而是普鲁士的武力……当代重大问题不是用说空话和多数派决议所能解决的，而必须用铁和血来解决。

这就是“铁血宰相”称呼的由来。这篇演说也表达了俾斯麦对如何实现德国统一的态度。面对议会的反对，俾斯麦不经议会同意而擅自动用国家大量款额去推行军事改革计划。为了压制舆论，政府还下令严格取缔新闻自由。

此时，整个欧洲的大环境也有利于德国统一。那个时代，欧洲人普遍低估了经过工业和军事革命后的普鲁士国家的潜力，等到它们清醒之后已经面临了无可更改的既成事实。从大国关系方面看，1853~1856 年，俄国与英国、法国、奥地利之间发生了克里米亚战争，在这之后，维也纳会议所建立起的大国协调彻底破裂，各国之间很难再像过去一样通过协商采取一致行动。英国逐步从大陆事务中抽身，更为关注帝国和国内问题；俄国需要时间从失败的耻辱中恢复；奥地利因为在战争中站在

克里米亚战争
（1853~1856）

英、法、奥斯曼帝国和撒丁王国结成同盟同沙皇俄国进行的一次战争。战争起因是沙皇提出将奥斯曼帝国境内所有东正教臣民（居住于巴尔干半岛）由沙皇俄国来“保护”，实则是要控制巴尔干半岛。俄国的这一企图自然为英法所不能容忍。在英法的支持下，奥斯曼帝国苏丹拒绝了俄国的最后通牒，双方爆发战争。起初俄国获得胜利，后英、法等国介入，俄军战败。根据 1856 年 3 月 30 日签署的《巴黎条约》，俄国放弃所有占领地区，列强共同保证土耳其的“独立与完整”，黑海中立化，禁止各国军舰通过两海峡，禁止俄国在黑海沿岸建立或保有兵工厂。

英法一边而与俄国交恶；法国皇帝好大喜功，在战略上没有一个有效的聚焦点。

俾斯麦就是在这样的权力真空中利用大国之间的钩心斗角和错综复杂的矛盾以及各自的弱点，采用一套灵活多变、不择手段的外交权术，使它们不能联合起来反对普鲁士。他的基本手腕和策略可以概括如下：对俄国，通过支持镇压波兰起义和强调两国宫廷的亲戚关系而表示友好；对法国，通过含糊地承认它的扩张要求而进行诱惑；对英国，通过保证不破坏大陆均势而施以安抚。就这样，俾斯麦顺利地摆平了欧洲三个大国，使它们置身于德国统一战争之外。之后，俾斯麦在短短的 8 年里，通过三次王朝战争最终使统一成为现实。

俾斯麦发动的第一场战争是对丹麦战争。德意志北部的两个公国石勒苏益格和荷尔施泰因是德意志邦联的成员，但同时也是丹麦国王的个人领地，只是没有与丹麦合并，两公国的居民多数都是德意志人。1863 年，丹麦宣布合并两公国，这在德意志引起许多人的反对。1864 年，俾斯麦利用德意志的民族情绪，拉上奥地利发动了对丹麦的战争。这场战争的结果是丹麦惨败，被迫将荷尔施泰因割给奥地利，石勒苏益格割给普鲁士。

接下来，俾斯麦要解决的就是奥地利了。一直以来，在德国统一问题上始终存在大德意志道路与小德意志道路的争论。大德意志道路就是由奥地利来领导统一，小德意志道路就是以普鲁士为核心，排斥奥地利。事实上，奥地利对统一德国并不感兴趣。一个是它的经济不发达，缺少统一的经济动力；二是奥地利在德意志之外有众多领地，它既无法解决这些领地与统一后的德国的关系，也最担心德国统一所引发的示范效应和连锁反应。很多德意志邦国因为担心失去独立地位也站在奥地利一边反对统一。所以，对普鲁士统一德国而言，奥地利是一个必须尽早踢开的绊脚石。

1866 年 6 月，普奥战争爆发。这场战争是对普鲁士参谋本部工作能力和成效的第一次检验。在战争中，老毛奇利用北德的铁路系统，将三支军队快速部署在奥地利边境，让他们在波希米亚会和。而奥地利的参谋工作却很糟糕，反映出奥地利人在过去几十年里对军队职业化表现出的漫不经心的态度。7 月 3 日，双方在萨多瓦进行决战，23.8 万奥军与 29.1 万普军对抗。普军不仅在人数上胜过奥军，而且其装备和武器也都比奥军好。当时普军已经使用后膛的撞针发射枪，奥军却仍在使用老式枪，因而普军的火力要高出奥军好几倍。最终普军大胜，并于 7 月 14 日逼近维也纳。7 月 20 日，普奥达成停战协定，8 月 23 日签订和约，奥地利同意解散德意志邦联，组建没有它参加的联邦。在这次战争中，普鲁士完全有能力进军维也纳，让奥地利割地赔款，但是俾斯麦极力劝说国王和总参谋长老毛奇不要这样做，甚至以辞职相要挟。他的理由是：

我们应当避免使奥地利遭受严重创伤，避免不必要给它留下长期的痛苦，致使其切望复仇。

这正是俾斯麦的高明之处——有战略眼光，懂得分寸，进退有据。1867 年 7 月 1 日，北德意志联邦正式成立，由 21 个邦和 3 个自由市参加，德国统一最重要的一步完成了。奥地利被俾斯麦从德意志赶出之后，于 1867 年 2 月和匈牙利组成了二元帝国，奥匈帝国由此而来。奥地利的皇帝兼任匈牙利的国王，但双方各有自己的立法系统和行政机构。

俾斯麦因其为统一做出巨大贡献而威望大大提高。普鲁士议会以压倒多数追认了自“宪法纠纷”以来俾斯麦政府的一切财政支出，俾斯麦也表示了和解态度，他公开宣称过去内阁没有议会同意而征税是非法的。议会欢迎俾斯麦的转变。

为了表彰俾斯麦所立下的汗马功劳，普鲁士议会向国王建议，奖励俾斯麦 40 万塔勒。40 万塔勒不是一个小数字。在 1860~1862 年的宪法纠纷过程中，议会否决了 1000 万塔勒尔的军费，给俾斯麦的奖励相当于几年前国家军费开支的 4%！

三、普法战争与德意志第二帝国的建立

1867 年之后，奥地利之外的德意志地区就剩下南部的四个邦国还游离在联邦之外，这四邦是巴伐利亚、符腾堡、巴登、黑森—达姆斯塔特。统一南德的阻力在于拿破仑三世治下的法国。

拿破仑三世（1808~1873）

拿破仑三世原名是路易·波拿巴，拿破仑的弟弟路易的儿子，其母是拿破仑的继女（即约瑟芬之女）。在拿破仑帝国崩溃之后，路易·波拿巴长期在外流亡。此人虽然才能与伯父相去甚远，但是极有野心，企图继承拿破仑的事业，建立一个新帝国。1848 年法国发生了革命，七月王朝被推翻，路易·波拿巴回国参加选举。他自封是拿破仑的继承人，又做了很多充满诱惑力的许诺，最后以绝对优势当选为总统。1852 年 12 月，路易·波拿巴政变成功，加冕为皇帝拿破仑三世（二世的称号留给了拿破仑早夭的儿子罗马王），法兰西共和国也就摇身一变成为法兰西第二帝国。

拿破仑三世是一个典型的投机分子，好大喜功，爱慕虚荣，到处伸手，总想在国际上扩大法国的威望和权势，特别是他这个皇帝当得有些名不正言不顺，自己也颇为心虚，所以非常在意公众舆论，总想做出惊天动地的大成就以博得民众崇拜，为自己的皇位增加合法性。下面的这则小故事说明了那个时代出身的重要性：

拿破仑三世称帝之后，照例各国都要发贺电。按照欧洲王室文书来往的习惯，君主之间互称“君主和亲爱的兄弟”，毕竟，欧洲的王室之间都有着千丝万缕的联系，它们是一个有着共同利益、共同理念，甚至

共同血统的封闭的小团体。但是，沙皇尼古拉一世决定要羞辱一下拿破仑三世，因为他认为，拿破仑家族永远无权充当“君权神授”的君主，他们是“篡位者”。所以，尼古拉就打破惯例，故意称拿破仑三世为“君主和亲爱的朋友”，用“皇帝路易·拿破仑”的称号代替“皇帝拿破仑三世”，以此来表达对这个平民而非正统出身的皇帝的蔑视。

正因为没有那些正统出身的君主的天然合法性和底气，拿破仑三世就更要追求功名，追求荣誉。

19 世纪 60 年代，视威望为生命的拿破仑三世遭遇了两个重大挫折：一个是眼睁睁地看着普鲁士飞速地强大起来却没有得到任何补偿，第二是侵略墨西哥失败。所以，此时的拿破仑三世比任何时候都更需要提升自己的威望。他不能允许德国统一，因为这会削弱法国的力量，妨碍法国在欧洲称霸。在他的阻挠之下，南德四邦留在了联邦之外。他主张南德另外成立联邦，实际上就是要在法国的控制之下。当时法国掌握着斯特拉斯堡这个要塞，法国军队随时可以长驱直入南德诸邦，所以它们不敢和拿破仑三世翻脸。1868 年，拿破仑三世狂妄地宣称：

只有俾斯麦尊重现状，我才能保证和平；如果他把南德意志邦拉进北德意志联邦，我们的大炮就会自动发射。

所以，德国要想最后统一，就必须要和法国打一仗。

当时总体形势对普鲁士是有利的。英、法在海外的争夺非常激烈，英国不愿意法国在欧洲进一步扩张，所以希望普鲁士的实力得到加强以牵制法国。对俄国，俾斯麦开出的价码是支持俄国废除 1856 年的《巴黎条约》有关黑海中立化的条款，这对俄国非常有吸引力，因为黑海中立化使俄国不能在黑海拥有舰队；而法国支持波兰起义、反对修改黑海中立化条款则让俄国耿耿于怀；法国和奥匈帝国接近、奥匈帝国在巴尔干半岛的推进又引起俄国的不安。这一切，使俄国站在了普鲁士的一边。意大利因为教皇国被法国占领，不仅国家统一尚未最后完成，首都也不能迁到更具号召力的罗马，所以决不会帮助法国。奥匈帝国虽然最有可能站在法国一边，但是内部矛盾重重，其领土又被普、俄、意三国包围着，它的皇帝也认为，这场战争法国一定会获胜，等法国打得差不多了奥匈再参战。如此一来，在未来的战争当中，将不会有哪个国家帮助法国对付实力已经今非昔比的普鲁士。

现在，万事俱备，只欠一个开战的借口。这个借口也很快就找到了。1868 年 9 月，西班牙发生革命，女王被推翻，逃往法国。西班牙人准备把王位献给普鲁士霍亨索伦家族的利奥波德，此人是普王威廉一世的远亲。但是，威廉一世反对利奥波德接受王位，认为西班牙几十年来一个革命接着一个革命，一个外来的王室很快就会威信扫地，不可能坐稳王位。但是俾斯麦对此很有兴趣，所以鼓动西班牙再三提出请求。最后，威廉一世同意了。1870 年 7 月 3 日，消息传到法国，引起了爆炸性的反应，法国的报纸和民众掀起了抗议浪潮，他们要求普鲁士撤回候选人，否则就兵戎相见。7 月 9 日，拿破仑三世派驻柏林大使去埃姆斯温泉，与在此疗养的国王进行了四次会晤。在国王的劝说下，7 月 12 日，利奥波德宣布放弃西班牙王位。

威廉一世（1797~1888）

至此，事情已经解决。但是法国国内不依不饶，出现了狂热的战争叫嚣。7 月 13 日早晨，法国驻柏林大使接到本国外交大臣指示，紧急要求普王接见他。威廉一世决定把接见安排到晚上，他想和俾斯麦派来的使者先商量一下。可是法国大使特别任性，把国王堵在了公园里，非让他保证在将来永远不赞成霍亨索伦家族的成员登上西班牙的王位。这个要求实在是太过分了，完全想挑起战争，或者让普鲁士蒙受巨大耻辱。威廉一世当然拒绝了法国大使的无礼要求。可是大使纠缠不休，当天晚上还想再见国王提出这个问题。一位侍从副官告诉大使，国王认为这件事已经结束，已没有什么可对他说的了。国王让外交部的官员把这件事电告俾斯麦，允许他把此事转告新闻界和驻外使节。

事情发展到这一步，按理战争的危险已经过去。可是，俾斯麦要的不是和平，他希望法国人干蠢事侮辱普鲁士人，激起他们的民族感情，让他以普鲁士拯救者的身份对法国进行一场民族战争。在埃姆斯的谈判让俾斯麦心情非常郁闷。13 日晚上，他与总参谋长老毛奇、陆军部长罗恩在一起喝闷酒，突然接到从埃姆斯发来的急电。他发现这个电报可以派上用场，就把电报做了巧妙的修改，使它具有了侮辱法国和最后声明的性质。电文本来是这样的：

……他（国王）决定不再接见贝内代蒂伯爵（法国大使），并通过副官转达现在无法告诉他更多消息。

俾斯麦把它改成：

……国王不愿再次接见大使，令值日副官转达无可奉告更多消息。

他把改过的电文给老毛奇和罗恩念了一遍，老毛奇说，“语调变了，原来听起来像是退兵号，现在就像是迎战的号角。”俾斯麦估计，电文一发表，午夜就会传遍巴黎，将起到“红布对高卢牛的作用”。果不其然，加工过的电文在法国引起了狂怒，巴黎的群众开始鼓噪了，原来被禁止的《马赛曲》又高唱了起来，并且高喊着“战争万岁，打到柏林”的口号。而普鲁士人则欢呼俾斯麦对法国人挑衅所做出的回答。两边的民族主义情绪都陷入了一种歇斯底里的状态。拿破仑三世被彻底激怒，7 月 15 日，法国议会通过战争拨款。法国军人扬言，8 月 15 日到柏林给拿破仑三世过生日。7 月 19 日，法国正式对普鲁士宣战。

从当时普法两国的力量对比看，普鲁士在武器方面并不占优势。普鲁士步兵装备的是从 1841 年开始使用的撞针枪，而法国步兵所用的是后膛枪，可以瞄准到 1200 米，为针发枪的 2 倍。但是，法国却缺乏一个有效的参谋本部，这是双方最致命的差距。当战争爆发时，法国参谋本部的军官们都是一些只会耍笔杆子的人，年轻的与军队完全没有接触，年长的都忙于例行公事。对此，法国驻柏林的武官斯多夫中校在1868 年 2 月 25 日的报告中大胆预言：

一旦战争爆发，在普鲁士的各种优势中，最重要的却莫过他们的参谋本部的军官团。我们根本无法与之比较。在下一次战争中普鲁士的参谋组织将为其制胜的最重要因素。

果然，以老毛奇为首的普鲁士参谋本部对战争做了精心准备，拟定的作战计划非常周密，对一切可能预见到的困难都制定了克服的办法。他们对法国铁路的运输能力调查得一清二楚，发给普军的莱茵河与巴黎之间的地图，比法国人的还准确。普鲁士为了把军队迅速运到前线还修了战略铁路。后勤工作安排得井井有条，从肩上扛的来复枪到口袋里的手帕都准备好了。普鲁士人甚至连法国可以动员的兵力、军队的集中地都做出了非常精确的估计。虽然法国的后膛枪要优于普鲁士的撞针枪，但普鲁士修正了自己在大炮上的弱点，后膛装弹的铁炮在速度和炮火的准确性上都要优于法军。

反观法国，虽然首先宣战，但战争准备一团混乱。战斗打响之后，普鲁士人在边境地区集中了 38 万人，而法国只有 22.4 万人，法国的士兵找不到军官，大炮没有炮弹，马匹没有马具，军粮供应不足，军官甚至没有必要的地图。所以，这完全是一场一边倒的战争。

9 月 2 日，法军在色当惨败，皇帝成为俘虏。9 月 4 日，巴黎发生革命，法兰西第二帝国被推翻。之后，普军长驱直入，9 月 19 日包围巴黎。1871 年的 1 月 28 日，法国政府向德国投降，签订停战协定。之后，巴黎工人在 3 月 18 日起义，在 28 日成立了人类第一个无产阶级专政的政权——巴黎公社。

就在普鲁士大军在战场获得节节胜利的时候，德国的统一也最终完成了。1870 年 11 月 25 日，俾斯麦与南德四邦缔结了联合条约，实现了德国统一。1871 年 1 月 18 日，普王威廉一世在凡尔赛宫镜厅举行了加冕称帝仪式，德意志第二帝国诞生。1701 年的这一天，是勃兰登堡—普鲁士由选侯变成王国的日子，170 年之后，王国又变成了帝国。而当年修建了凡尔赛宫的路易十四绝对不曾想到，他所钟爱的镜厅居然被另一个国家的皇帝作为加冕的地方，而那个国家在路易十四时代还完全是一盘散沙，是他的马蹄可以随意践踏的地方。

为了表彰俾斯麦对德国统一所做出的巨大贡献，德皇威廉一世送给了俾斯麦一份特殊的生日礼物——一幅油画。油画所展现的场景就是 1871 年 1 月 18 日在巴黎凡尔赛宫镜厅所举行的德国皇帝登基仪式。皇帝希望能够在这幅画中突出俾斯麦的个人形象，所以画师就给俾斯麦画上了白色的制服。

结束普法战争的《法兰克福条约》于 1871 年 5 月 10 日签订。这是一个非常苛刻的条约，内容如下：

（一）法国把阿尔萨斯和洛林的大部分割让给德国。这两个省在历史上属于神圣罗马帝国，但在 17、18 世纪相继划归法国，已经成为法国重要的工业区。

（二）法国向德国赔偿 50 亿法郎，年内交付 10 亿法郎，其余在 3 年内交清。

（三）在赔款付清之前，德军对法国三分之一的领土实行占领，法国负责供应占领军的给养。

普法战争和《法兰克福条约》的影响极其深远。如此难看的失败、如此屈辱的条约严重地挫伤了法国人的民族自尊心，让法国人对德国产生了无法调和的仇恨，从此法德成为宿敌，陷入了冤冤相报的恶性循环。法国一心要复仇，而德国则千方百计要孤立、削弱法国，双方都要寻找盟友。在此后的 30 年当中，以德、法为核心，欧洲逐渐形成了两大对立的军事集团，并最终导致一战爆发。

普法战争以及此前普奥战争的速战速决还导致了当时欧洲人的一种错误认识：工业化时代的战争将是短促的、相对不那么痛苦的。若干年之后，欧洲国家带着这一乐观心态走进了第一次世界大战。而事实完全相反。武器的进步提高了战场的杀伤力，铁路的使用可以集中更多的部队、在更大的范围内供应军队，大众政治的兴起则使战争成为全民族的战争。最终，工业化时代的战争变成漫长、残酷的总体战。只是由于俾斯麦出色的领导才能、普鲁士杰出的参谋本部、它的军队的作战技巧以及对手的无能，才使普法战争和普奥战争成为速决战。

四、一个全新的德意志

与英、法相比，德国是一个后发国家。当英国开始了第一次工业革命的时候，德意志还是一盘散沙。但是，在统一之后，德国以自己独特的方式走上了现代化道路，实现了经济的跨越式发展。

1873~1875 年，德国颁布了货币法及银行法，限制滥发纸币，实行以金马克为单位的统一币制；统一了民法、刑法、商法、破产法以及裁判所组织法，这些都大大便利了工商业活动，有利于经济的发展。

1879 年，德国颁布保护关税法，大大提高了进口税率，结果使政府的关税收入几乎增加了 2 倍。税率的提高起到了对民族工业的保护作用。

在政府的强力保护和支持下，从 19 世纪 70 年代开始，德国的工业生产步入了一个惊人的增长期。1871 年生铁产量为 156.4 万吨，1891 年增至 464.1 万吨；钢产量在 1871 年为 25.1 万吨，1891 年达到 235.2 万吨；煤产量在 1871 年为 379 万吨，1891 年为 942 万吨；从 1871 年到 1900 年，铁路长度增加了 1 倍多。以德国生铁产量在世界生铁生产中的地位来说，1870 年德国占第四位，而到 90 年代初已跃居世界第二位，仅次于美国。

在德国的工业中，重工业特别是军事工业占有支配地位。新兴的电气工业、化学工业和光学工业也是德国工业的特色，德国成为欧洲大陆 19 世纪 60 年代开始的第二次工业革命的中心。

工业的扩张必然带来对外贸易的增长。1870 年，德国的对外贸易占世界第三位，到 1900 年已跃居世界第二。到 1910 年，德国的工业总量超越了所有欧洲国家。

德国工业的成就在其产品质量上得到了充分体现。1876 年，在美国费城举行的世界商品博览会上，价格督查、机器建造技术专家若洛克斯对参加展出的德国商品的评价是“便宜而拙劣”。1887 年 8 月 23 日，英国议会通过了侮辱性的《商标法》条款，规定所有从德国进口的产品都须注明“Made in Germany”（德国制造）。“德国制造”由此成为一个法律新词，用来区分优质的“英国制造”。

而到了 19 世纪末，英国人开始认识到，许多德国商品是他们日常生活中必不可少的，比如铅笔、玩具、药物、钟表、啤酒、棉布、铁器切削工具、钢琴、家具等，而且，这些德国产品质量也不再存在问题。

1897 年，就在“德国制造”这个耻辱印记被英国人强行打在德国商品上的 10 年之后，英国的殖民地事务部大臣约瑟夫·张伯伦在他的考察报告中将德国产品一一列出并加以评价：

服装：价格更便宜而实用；

武器和子弹：价格便宜而美观；

啤酒：明亮而好喝；

水泥：价格更便宜，质量上乘；

化学产品：科研出色，质量上乘；

钟表：价格更便宜，且充满艺术品位而引人注目；

棉布：价格更便宜，外观好看；

家具：价格更便宜，轻巧，供货及时；

玻璃制品：价格更便宜，质量更好；

钢铁制品：价格更便宜，更实用；

切削刀具：价格更便宜；

工具：价格更便宜，更实用，款式新颖；

铁器产品（包括铁钉、铁线和钢材）：价格更便宜，质量与英国货不相上下或者更优良；

羊毛产品：款式更时尚。

至此，在短短的10年时间里，“德国制造”就由质量低劣的代名词变成了物美价廉的好东西。

由于德国制造的产品质量不断提高，在1883年至1893年间，德国销往英国的货物增加了30%，德国的一些企业也纷纷在伦敦开设了自己的分公司，比如钢琴制造商贝西斯坦（Bechstein）和缝纫机制造商普法夫（Pfaff）等。

几个世纪以来，欧洲几个大国之间始终维持着权势大致均等的局面，拿破仑帝国是一个短暂的例外。但是，德国在1870年的统一和随后的快速发展彻底打破了维也纳会议在欧洲大陆所建立的均势。这个全新的德国有着俄国之外欧洲最多的人口、最大的版图，经济总量已超越英国成为欧洲第一。在素有均势传统的欧洲，其他国家对于中欧突然崛起一个如此强大的德国非常不安。

好在德国有精明的俾斯麦。他对统一后的德国所面临的危险形势极具洞察力，深知德国必须低调谨慎、节制欲望，才不致引起他国的关注和嫉妒。所以，俾斯麦一再表示，德国是一个满足了的国家。在行动上，俾斯麦韬光养晦，一心扑在欧洲大陆，拒绝走对外扩张的道路。

威廉二世（1859~1941）

而这一切在威廉二世1888年6月即位之后迅速发生了变化。威廉二世是威廉一世的孙子，这个年轻人不像他爷爷那样对俾斯麦言听计从，更不像他爷爷那样，认为德国需要俾斯麦更甚于他。威廉二世有自己的想法，他要超越欧洲，推行世界政策，要为国力蒸蒸日上的德国争取“阳光下的地盘”。

威廉二世很快就与宰相俾斯麦在政见上发生分歧。威廉二世对俾斯麦的良苦用心不理解，对欧洲中心主义不感兴趣。君臣二人的分歧最终导致俾斯麦于1890年辞职。摆脱了俾斯麦束缚的德国从此走上了夺取殖民和势力范围、发展海军的道路。

德皇威廉二世所煽动的德意志民族沙文主义浪潮和所采取的扩张攻势，成为这个初露头角的国家全部活动的主旋律。威廉时代，整个德国的特点是灿烂辉煌的物质繁荣伴随着军国主义、民族主义的大发展，对于政治和工业成就的民族自豪感，以及对未来前景的乐观展望，成为当时德国社会的普遍心态。1913年，威廉二世即位25周年的庆典声势浩大，社会各界一齐高唱赞歌，其盛况超过对以往所有的德国帝王。对此，只有少数人发出了不和谐之音。左翼《新观察》杂志就曾悲叹：

现今的德国人变得非常耽于声色，实利主义，而且几乎完全成了头脑空空的专业人员。他们已逐渐变得冷酷而实际，对一切不能立即增强经济力量的活动都抱怀疑态度。

对于这些批评者，德皇不屑一顾，称他们是“绵羊脑袋”、“阴郁的悲观者”。在他心中，统治世界的梦想早已使扩张的欲望不可抑制地膨胀起来。

但威廉二世走的是一条注定要和现有世界霸权——英国发生冲突的道路。而这场冲突的结果不仅断送了威廉自己的皇位，还给欧洲几百年在世界政治、经济、军事中的主导地位画上了句号。最终，一个非欧强国——美国在欧洲的废墟之上崛起了。

Chapter Ⅸ

Russo-Japanese War and the Rise of Japan

第九章
日俄战争与日本的崛起

直到19世纪中叶，日本仍然是一个闭关锁国的落后国家。但半个世纪之后，经过了明治维新的日本就打败了公认的西方强国——沙皇俄国。日俄战争是非西方人对西方人的首次胜利，日本从此告别亚洲国家的身份，成为欧洲列强的一员。

1853年，美国东印度舰队司令佩里率军舰4艘由上海驶入东京湾。由于这些蒸汽动力战舰漆成黑色，因此，被称之为“黑船事件”。第二年，佩里又来了。这次带来7艘军舰，装备更为精良。德川幕府在武力逼迫下，接受了美方的条件，签订条约，被迫开国。

佩里叩关之后，随着外国人的到来，日本国内出现攘夷浪潮，外国人相继被杀。其中最严重的一起事件就是生麦事件，也称理查森事件。

1862年9月14日，萨摩藩主监护人岛津久光在700藩兵组成的仪仗队护卫下前往京都，在途经武州生麦村（今横滨鹤见区）碰到了四名骑马的英国人。按照惯例，平民如遇到大名的仪仗队须下跪及退让。可是四名英国人没有下跪，武士们于是认为洋人不懂礼节。恰好此时一匹马受惊冲入仪仗队，最终导致一名外国人即理查森被武士砍死，另外两人受伤。由于幕府没有接受英国要求赔偿和惩罚凶手、保护英国侨民的最后通牒，英国决定对攘夷大本营萨摩藩进行炮击。

1863年8月11日，7艘英国军舰驶入鹿儿岛湾，双方展开一场激战，停泊在湾内的萨摩藩船3艘被击沉，大量炮台和鹿儿岛约十分之一市区被毁。之后，双方达成协议：（一）萨摩藩如抓获生麦事件的犯人，立即在英国士官的面前处罚；（二）英国为萨摩藩购买军舰进行斡旋。以上述两个条件为基础，萨摩藩承诺支付赔偿金5000英镑。这次炮击鹿儿岛事件使萨摩藩见识了英国的实力，从而意识到攘夷并非明智之举。之后，萨摩藩的立场戏剧性地从攘夷转变为采取和英国接近的方针。

同样的情况也发生在另一个攘夷中心长州藩。1863年5月10日，长州藩炮击停泊在下关的美国商船，而后又向法国和荷兰的军舰发炮轰击。美国和法国决定报复。7月16日，美国军舰奉命进入下关海峡，与长州藩海军交战，战斗进行了1小时10分，结果长州藩视做宝物的壬午丸、庚申丸被击沉，另一艘军舰遭受重创。几天后，2艘法国军舰抵达下关，于7月20日向长州藩发起攻击。法军毁坏炮台，打开弹药库，将炮弹投入大海。1864年8月28日、29日两天，英美法荷4国联合舰队共17艘军舰、288门大炮、5014名官兵抵达下关。9月5日，联合舰队炮轰下关炮台，双方展开激战。仅3天，炮台即被联合舰队占领。根据最后的媾和协议，日本向各国赔偿300万日元作为舰船损伤和远征费用。凭借此次炮击，长州藩不但没有与西方各国结下仇恨，反而建立了亲密关系。

作为攘夷中坚的萨摩藩和长州藩，在接受了西洋近代化军事力量洗礼后，积极推动国家采取开国方针。1865年11月22日，天皇终于对已签署八年"安政五国条约"给予敕许。

日本在被迫开国后之所以对外国的态度会发生180°大转弯，从狂热排外到和解友好，武士"崇尚武力，愿赌服输"的性格是一个重要原因——因为"亲眼看到敌人的强大，于是便向敌人请教。"这种性格令日本人在极其顽固的同时又具有令人瞠目的灵活性，他们可以很从容地从一个极端转到另一个极端。所以，在中国人看来非常耻辱的事情日本人却可以坦然接受。当中国人还在纠结于"体""用"问题的时候，日本已经欣然"脱亚入欧"了。

这两种不同的民族心态也许在一定程度上影响了近代中日两国的命运。

自从15世纪末地理大发现以来，随着西方社会向外扩张，它们与非西方社会开始了激烈的碰撞。几乎没有什么例外，等待非西方社会的都是失败、屈辱和臣服，唯一的区别是速度和程度。哪里有压迫哪里就有反抗，非西方社会从遭遇失败的那个时刻起，就在寻找摆脱困境的出路。1905年是一个让非西方社会看到希望的年份，因为这一年，日本赢得了日俄战争的胜利。这场战争不能简单地被视为帝国主义重新瓜分世界的战争，它还是一场黄种人第一次打败白种人的战争，一场经过改革的非西方国家打败一个公认的西方大国的战争，几百年来非西方社会逢西方必败的历史因此而改写。在结束日俄战争的《朴茨茅斯和约》当中，割地的变成了西方国家。

一、被迫开国与变法图新

差不多与中国同一时间，日本也被迫向西方"开国"，并签订了一系列不平等条约。但是，中日两国命运迥异，一个沦为西方的半殖民地，一个却跻身列强行列。日本之所以能够创造奇迹且成功逆袭，关键就在于进行了一场全方位的变革——明治维新。

从17世纪开始，日本的最高权力就已经由天皇手中移到了幕府大将军的手中。封建诸侯被称为大名，每个大名都有自己的武士，他们生活在古老的传统之中，反对一切与欧洲人的接触。1638年之后，除了在对马小岛上荷兰人还保有一个小型的贸易据点以外，所有在日本的基督教和对外贸易均为幕府所禁止，一切与西方的接触都被切断。

但树欲静而风不止，至19世纪中叶，闭关锁国的日本继中国之后也被迫与西方势力遭遇了。1853年7月间，美国准将佩里率4艘军舰到达日本，以美国政府的名义要求与日本天皇签订一个友好条约。这个要求被拒绝。第二年3月，佩里又带了7艘军舰来到日本，幕府在他的大炮威胁下签订"日美条约"，日本开放下田、函馆等港口以供美国商人进行贸易，并同意在下田设立美国领事馆。至此，日本两个世纪闭关自守的状况终于被打破。不久，英国、俄国、荷兰、法国等国纷纷向日本援例要求，也都获得了同样特权。1858 年，美国又强迫日本签订了新的条约，开放更多港口给美国商人，确认美国在日本享受治外法权，降低日本对于从美国进口商品的进口税。接着，其他列强也强迫日本订立了同样的条约。

外国势力的突然入侵加剧了日本国内危机，并且导致了德川幕府统治的崩溃和皇权的恢复。幕府将军对美国和欧洲代表的顺从激起了保守的大名和天皇的反对，天皇对不平等条约中的屈辱条款更是感到愤怒，并因其向蛮族屈服而质疑幕府将军统治日本的权力。反对德川幕府统治的情绪迅速扩展，南方的长州和萨摩两藩成为不满武士聚集的中心。到 1858 年，长期被排斥在外，无法插手政治事务的京都朝廷成为反对的中心。不同政见者在“尊王攘夷”的口号下集合在一起。

但不久之后发生的一件事使西南藩武士改变了盲目排外的立场。事件缘起 1863 年长州藩炮轰美、法、荷兰等国军舰，结果招致列强报复，于 1864 年 9 月炮轰下关，登陆后肆意烧杀。长州藩无力抵抗，最后以 300 万日元赔款才得以了结。萨摩藩武士制造的“生麦事件”也导致英国军舰炮轰鹿儿岛。民族危机使日本有识之士开始思考国家前途，他们感到，盲目排外不但于事无补，而且只能带来损失和恶果。因此，尊王攘夷派转而采取了倒幕开国的决策，尊王攘夷运动发展为倒幕运动。倒幕派的主要代表人物有

幕 府

幕府本指将领的军帐，但在日本演变成一种特殊的政治体制。日本古代就有军人干政的习俗，幕府政治即为日本封建武士通过幕府实行的政治统治，又名武家政治，其最高权力者为征夷大将军，亦称幕府将军。大部分幕府将军形式上取得天皇授权，实为以军事统治凌驾于正规的文人中央集权政府机构。日本幕府政治始于 1185 年，终于 1867 年，共经历了镰仓幕府、室町幕府、德川幕府三个历史时期。

高杉晋作、木户孝允、西乡隆盛、大久保利通等。

1867 年 10 月 14 日，西乡隆盛、大久保利通、木户孝允等倒幕首领从新即位的天皇睦仁手中得到一份给萨摩、长州二藩的“讨幕密敕”，命令二藩举兵征讨幕府。1868 年 1 月 3 日，两藩倒幕派在军队的帮助下发动政变，用天皇的名义发布“王政复古”诏书，宣布废除幕府将军制，将政权还给天皇。王政复古后，朝廷同德川庆喜就辞官纳地进行了交涉，但以破裂告终，双方还发生了武装冲突。朝廷决定对德川庆喜进行征讨。1868 年 1 月 31 日，明治天皇发出了讨伐德川庆喜的敕令，1868 年 6 月 27 日，新政府军攻克幕府残余势力的最后据点北海道，统治日本 265 年的德川幕府终于结束。此次战争被称作“戊辰战争”。1868 年 9 月 8 日，新政府定年号为明治。

“戊辰战争”在日本历史上具有重大意义。一方面，不仅萨摩和长州藩出身的藩士开始掌握政治权力，而且以后长州藩成为陆军的重要势力，萨摩藩则成为海军中的主要势力，这两者都是 20 世纪上半叶日本对外侵略的推动者。另一方面，明治天皇为祭祀戊辰战争中阵亡的 3500 多名官兵，在江户修建了东京招魂社。之后，在日本内战中为明治政府奉献生命的战士，均作为护国的英灵被合祀在东京招魂社。1879 年，日本政府取义中国古籍《左氏春秋》中“吾以靖国也”（镇护国家，使国家永保安定之意）一句，将东京招魂社更名为靖国神社。以后，日本历次对外战争的战殁者均被合祀于靖国神社。

1868 年 4 月 15 日，明治天皇颁布了《五条誓文》，这是一个推动国家变革、开启变法图强的总纲领。从此，日本进入了一个被称为明治维新的时代。

明治政府成立后面临两大任务：一是要把封建的国家改造成资产阶级国家，二是要进行新国家的建设工作。维新元老们认识到，要想把日本建设成一个资本主义强国，必须要向西方学习。因此，明治维新从一开始就采取了向西方全盘学习的态度，而不是像其他落后国家那样仅仅局限在军事技术领域。1871 年 11 月，日本派出了一个包括 40 人的大型使节团前往欧美国家进行考察。使节团到 1873 年 9 月陆续回国，前后将近 2 年。他们一共去了美国、英国、法国、荷兰、德国、俄国等 12 个国家。在国外期间，他们认真、细致地考察了西方国家各个方面的情况以及经验，途中就不断给国内写信，随时介绍情况，让国内第一时间学到西方先进的经验。

根据考察的经验并结合日本的国情，维新元老们提出了三大政策：殖产兴业、文明开化、富国强兵，涉及经济、教育、思想、科学技术、生活方式、国防建设等多个领域，其改革范围之广、程度之深，在世界历史上也是极为罕见的。

（一）殖产兴业。明治政府为促进日本资本主义经济的发展采取了三个措施：

第一，用国家的力量扶持资本主义。以 1880 年为分水岭，之前主要采取了“官营示范主义”和“技术移植主义”的方针，大办官营企业，由国家投资，引用西方先进技术设备，聘请外国技师，作为示范供私人资本主义企业效仿。政府在大办官营企业的同时，也以公司补助金的名义给予大资本家以巨额补助金，大力扶持和保护私人资本。1880 年 11 月以后，明治政府开始把官营企业划归私人经营，进入了全面扶植和保护私人资本主义的阶段。所有官营企业均按低价、无息、长期分期付款的办法出售。三井家购买了三池煤矿、新町纺织所、富冈制丝所。三菱公司购买了长崎造船所、佐渡金矿、生野银矿。这样一来，原来主要是从事商业和金融活动的大资本家变成了大工矿企业主，从而奠定了他们后来发展成为财阀的基础。

第二，用国家力量促进资本的原始积累。到 1885 年，明治政府为了兴办官营企业共拿出 2.1 亿日元。此外，由于在改革华族、士族俸禄时发给他们大批公债，政府也因此付出巨额资金。

第三，用国家力量引进西方先进技术及设备，聘请外国专家和派遣留学生。以内务省为例，它所办的轻纺工业企业大部分是用从西方引进成套设备的办法建立起来的。当时，一个外籍专家的月薪最高可以达到两千日元，是明治政府高官的 3 倍多。

殖产兴业的成功在很大程度上归因于日本政府的一个基本认识，即在兴办产业方面，政府不能与民争利，官营企业出售就是这种认识付诸实施的集中体现。相比之下，采取官办、官督商办等形式开展洋务运动的清政府却没有这种意识，中国民族资本主义特别是民间企业在官商和洋商的夹缝中求生存、图发展，举步维艰。日本在殖产兴业方针的引导下，资本主义得到迅速发展。

（二）文明开化。文明开化意味着学习西方资产阶级的科学技术、文化教育乃至思想风尚和生活方式，把日本从封建社会迅速改造成近代化社会。当时，政府尽管在财政上十分困窘，但仍将最多的资金用在了学校建设上。1872 年，文部省仿照欧美实行资产阶级教育制度，建立了小学、中学、大学的完整近代教育体制，并且确立了普及小学教育原则；同一年，宣布成立师范教育；1873 年，决定振兴实业教育，以造就科学技术骨干力量。这样，维新后的日本建立了普通学校、师范学校、实业学校三个教育体系，这是明治政府一项具有重大战略意义的国策之一。

（三）富国强兵。富国强兵是维新的终极目标。为了富国强兵，就必须效仿西方资产阶级的军事制度。1872 年 11 月，明治政府颁发征兵诏书；1873 年又颁发征兵令，正式着手建立新式常备军。到 1890 年左右，新式军队中的陆军已经拥有 7 个师团现役 5.3 万人，预备役 25.6 万人，海军拥有 25 艘军舰和 10 艘鱼雷艇，总计 5 万余吨。

启动变法维新时的日本其社会发展程度大致相当于 14 世纪的欧洲，可是当它踏入 20 世纪的门槛时，就已经变成了一个工业、陆军和海军强国。从 1868 年到 1900 年，不过一代人的时间，日本所达到的成就相当于欧洲人在 20 代人中完成的积累。这是日本上下一心、锐意图强的结果。1899年，西方国家取消了在日本的治外法权（即西方人在日本犯罪，可以由日本的司法机构审判了）。这是日本进入所谓文明世界的标志。

日本人将自己国家的巨大转变归功于“黑船事件”的刺激和激励，佩里因此被视为“文明的传播者”而非入侵者。有人以蒸汽机的日文谐音“上喜选”作歌，对此做了形象的概括：

名茶上喜选，
只消喝四碗，
惊破太平梦，
彻夜不能眠。

为纪念“黑船事件”，在横须贺当年美军登陆之处，矗立着一块纪念碑，上有伊藤博文的手书“北米合众国水师提督伯理上陆纪念碑”。直到今天，日本人每年都会在这里举行一场相当有特色的祭典——黑船祭。人们装扮成19世纪美国海军的模样，重新模拟当年的“黑船事件”。对于他们而言，1853年的事件不是什么耻辱，而是打破闭关锁国、走向现代文明的重要一步。日本启蒙运动者福泽谕吉曾写过这样一句话：

嘉永年间（1848~1854），美国人跨海而来，仿佛在我国人民的心头燃起了一把烈火，这把烈火一经燃烧起来便永不熄灭。

正是这把火，让日本有了明治维新的成功，因而也有了与中国不同的命运。

二、甲午战争——从亚洲脱颖而出

明治维新使日本走上了资本主义道路，但是，它的国内市场狭小，资源匮乏，不对外扩张就无法发展经济。那么，哪里是适合日本扩张的目标呢？到19世纪晚期，整个地球几乎被西方列强瓜分殆尽：美洲是美国人的后院，非洲是欧洲国家的殖民地，印度已经被英国独占，东南亚则属于法国、英国和荷兰。只有中国和朝鲜，既是独立国家，又和日本近在咫尺，并且资源丰富，日本要扩张只能指向这两个地方。中国对朝鲜享有宗主权，即便首先侵略朝鲜，也绕不开中国这一关。所以说，中日之战是明治维新的必然逻辑后果。

日本人很早就着手对中日战争进行准备。1885 年 6 月，日本政府采纳了伊藤博文等人的建议，提出了一个以 10 年为期的扩军计划，作为发动对华战争的准备。1887 年，日本一些军国主义分子制定了《征讨清国策》，提出“以五年为期作为准备，抓住时机准备进攻”，对中国进行一场以“国运相赌”的战争。1890 年之后，日本以国家财政收入的 60％来发展海、陆军。从 1893 年起，明治天皇又决定每年从自己的宫廷经费中拨出 30 万元，再从文武百官的薪金中抽出十分之一，补充造船费用。日本举国上下士气高昂，把超过中国北洋海军作为奋斗目标。1890 年时，北洋海军 2000 吨以上的战舰有 7 艘，共 27000 余吨；而日本海军 2000 吨以上的战舰仅有 5 艘，共 17000 余吨。到了甲午战争前夕，日本已经建立了一支拥有 63000 名常备兵和 23 万预备兵的陆军，并拥有排水量 72000 吨的海军舰只，总吨位大大超过北洋海军。另外，日本参谋本部还不断派特务间谍潜入中国，窃取各种情报，秘密绘制了东北和渤海湾的详细地图，做好了对华发动大规模战争的准备。

伊藤博文（1841~1909）

引发中日战争的导火索是朝鲜。1884 年，日本策划朝鲜亲日派官员发动了“甲申政变”，朝鲜国王在清军的帮助下镇压了政变。但日本政府以此对清政府进行要挟，于 1885 年春派伊藤博文为特派全权大使，到中国谈判朝鲜问题。根据中日两国 1885

年签订的《天津条约》，朝鲜今后若发生重大变乱事件，中日两国或一国需要出兵朝鲜，必须事先相互知照。如此一来，日本就在朝鲜取得了与中国对等的权利，朝鲜被置于中日两国的共同保护之下，是为甲午战争的爆发埋下伏笔。1894 年 5 月，朝鲜爆发东学党起义，6 月 3 日，朝鲜国王请求清政府派兵协助镇压。日本政府早就料到朝鲜会向中国求援，它准备乘中国出兵机会进行挑衅，所以极力怂恿清政府出兵，并说日本“必无他意”。李鸿章轻信了日本的保证，决定派兵前往朝鲜。这样就落入了日本人的圈套。

李鸿章是 6 月 4 日才发出派兵指令的，而日本早在 6 月 2 日的内阁会议上就已决定派兵朝鲜，并于 6 月 5 日在参谋本部设置大本营，而中日两国互相照会出兵是在 6 月 7 日。这说明，日本早就有了挑起战争的决心。此后在不到一个月的时间里，日本以各种借口陆续出兵朝鲜 1 万余人，逐渐包围了驻守牙山的清军；同时，在外交上步步进逼，不断向清政府提出各种无理要求，极尽挑衅之能事。它的战争意图已经非常明显了。

当时，清廷内部分成主战派和主和派。主战派以光绪帝和他的汉文师傅户部尚书翁同龢为首，包括一些和他们亲近的朝臣，如翰林院侍读学士文廷式、礼部右侍郎志锐等。这些人是所谓“帝党”。帝党拥戴光绪暗中和西太后为首的“后党”相对抗。帝党的主战立场不能简单地解释成爱国，在一定程度上也反映了帝、后两派之间的权力斗争和私人恩怨，如翁同龢就与李鸿章不和，他因此扣压给北洋水师的军费，主战的动机里也不排除要看李鸿章笑话的意思。

当然，真正具有决定清政府对外政策权力的还是后党。后党的代表人物是直隶总督兼北洋大臣李鸿章，他对和日本打仗持消极态度，是主和派。

李鸿章之所以主和，一是因为他要保存自己的地盘和实力，不愿意拿苦心经营多年的北洋海军冒险，生怕有所闪失而影响自己的地位和前程。况且他也清楚，北洋海军是盛名之下，其实难符，自1888年正式建军后，就再没有增添任何舰只，1891年以后，连枪炮弹药都停止购买了。到甲午战争之前，北洋海军不仅在总吨位上落后日本，而且舰龄老化，行动缓慢，火力也差，缺少快舰和速射炮，在总体实力上与日本联合舰队相形见绌。

李鸿章主和的第二个原因是为了迎合西太后的意旨。1894年是西太后的六十大寿，为了准备生日庆典，她不愿意打仗，希望和解。

李鸿章既然不想和日本打仗，就把迫使日本从朝鲜撤兵的希望寄托在了列强的“调停”上。但列强出于自身利益的考虑，拒绝了他的请求。由于李鸿章一心想依靠外国干涉解决问题，所以不认真备战，并且严令驻朝清军“静守勿动”，结果把自己推向被动和危险的境地，最后让日本在7月25日对中国海陆军发动突然袭击，不宣而战。1894年是农历甲午年，所以这场战争被称为甲午战争。

日本在战争中海陆并进。9月，清军在平壤战役和黄海海战当中受挫。10月，日军分海陆两个方向进攻中国东北。到1895年2月，日军攻占威海卫，北洋海军全军覆没。3月，山海关外的牛庄、营口、田庄台等军事要地纷纷落入日军手中，辽东半岛全部被敌人占领，侵略军已逼近锦州。

事已至此，只有求和一条路了。1895年4月17日，李鸿章代表清政府签下了屈辱的《马关条约》，主要内容如下：

（一）确认朝鲜“独立”。所谓朝鲜的“独立”只不过是日本并吞朝鲜的一个过渡步骤。在日本控制之下，朝鲜从此成为日本侵略中国的桥头堡。

（二）割让辽东半岛、台湾和澎湖列岛。后来由于俄、法、德三国的干涉，日本被迫吐出了辽东半岛，但又勒索了3000万两的“赎辽费”。“三国干涉还辽”成为19世纪末帝国主义瓜分中国的开端。三国借口还辽有功向清政府索取租借、势力范围和各种利权，其他国家也趁机提出种种补偿要求。

（三）赔军费库平银2万万两，分8批于7年内付清。条约还规定，在赔款未付清和通商行船章程未经批准互换之前，日军不从威海卫撤退；又规定赔款如能在3年之内付清，可免付利息。当时，中国每年财政收入不过8000余万两，为了使日军早日从威海卫撤退，并且为了免付利息，只有向外国借债，而借债就必须以各种利权作抵押，这样的结果，就是清政府进一步受制于人。

值得注意的是，日本在甲午战争中从中国得到的实际银两并不止2亿两军费和3千万两赎辽费，还包括：威海卫驻军费150万两，“以库平实足”勒索1325万两，从“镑亏”一项得1500万两，共计2.597亿两，是日本实际军费开支的2.6倍，年度财政收入的4.87倍。这笔巨款大部分用于扩充军备，但在日本金融、工业和经济发展上起到了不可替代的决定性作用，使日本得以打破资金不足的瓶颈，快速实现了第二次工业革命。

（四）扩大了帝国主义在华的通商特权。加开沙市、重庆、苏州、杭州四处口岸，日船可沿内河驶入以上各口；日本可在中国各通商口岸设厂制造，产品运销内地只按进口货纳税。按照最惠国待遇条款，这些扩大的通商特权都为其他国家所享受。从此，列强在中国从事工业投资活动取得了更稳固的保障，严重地冲击了中国民族资本的发展。

甲午战争和《马关条约》对日本和中国都产生了深远的影响。日本因此在亚洲脱颖而出，迈入了帝国主义强国行列，甲午战争成为日本国家发展史上的分水岭、转折点。伊藤博文在签下《马关条约》后曾自豪地说：

经这场日清战争，西洋人相信不会再把日本国旗中央的红球比喻为一块封住信封的红蜡印，以嘲笑日本的锁国落伍。相反的，日本国旗将回复原来的意义，红球将象征一颗东升的太阳，与世界各文明国家为伍，不断地向前和向上移动。

而清政府的腐败无能在战争当中暴露无遗，国际地位一落千丈，很快就招致了列强的进一步掠夺和侵略。

三、日俄战争——非西方国家对西方的首次胜利

甲午战争及“三国干涉还辽”埋下了日俄在10年之后发生战争的种子。长期以来，俄国利用地缘优势向中国扩张，不仅割走了大片土地，而且还在东北获得了各种特权，同时积极插手朝鲜。其他帝国主义列强因为距离中国遥远，且主要的利益在东南亚地区，所以默认了俄国在中国东北的优势地位。

但是日本的崛起改变了远东力量对比关系，基于同样的地缘优势，日本的扩张也指向了中国东北和朝鲜，日、俄两个帝国主义国家的冲突在所难免。1895年俄国带头搞“三国干涉还辽”，既表明俄国不会容忍日本在东北立足，也让日本开始对俄国怀恨在心。“三国干涉还辽”后，日本统治阶层以军部提出的“坚忍不拔、卧薪尝胆，图军备之充实和国力之培养，以期卷土重来”为方针，利用和煽动受到还辽刺激的国民感情，将以往“维持主权线”的“大陆政策”向“扩大利益线”转变，从而使日本和俄国围绕中国东北地区和朝鲜半岛的争夺日趋激烈。在义和团运动期间，沙俄趁机出兵占领中国东北，而且在《辛丑条约》签字之后拒不撤军，促进日俄矛盾进一步激化。

英国对俄国也很不满。当时，英俄之间在中亚的竞争非常激烈，它想利用日本的力量在中国牵制俄国，加强自己在远东的地位。日本当然更想结交这个世界头号强国。1902年1月，《英日同盟条约》缔结。条约规定：如果缔约一方与第三国发生战争，另一方严守中立，但是如果有第四国加入到第三国作战，那么缔约的另一方就要给予支援。当时法、俄之间已经有了同盟关系，所以条约对于日本的意义在于，如果它和俄国发生战争，可以把法国的力量排除在外，因为法国一旦参战，必然面临与英国为敌的问题。显然，法国并不愿意和英国打仗。

就这样，一纸英日同盟条约造成了远东新的国际关系格局，俄国被有效地孤立起来，有了条约壮胆的日本气焰更加嚣张。从1903年7月开始，日俄两国就中国东北和朝鲜问题进行谈判。直到1904年2月，谈判仍然没有实质上的进展。日本的立场是，独占朝鲜，有保留地承认俄国在东北的特殊地位；俄国的立场是，独占东北，有保留地承认日本在朝鲜的特殊地位。2月6日，日本宣布中止谈判，与俄国断交。2月8日夜，日本联合舰队偷袭了停泊在中国旅顺港内毫无准备的俄国太平洋舰队，日本不宣而战，日俄战争爆发。10日，日俄两国政府相互宣战，英、美、法、德宣布中立。

战争爆发之后，绝大多数欧洲人都认为俄国将轻松取得胜利，抛开种族偏见的成分，从整体的军事和经济实力上看，日本的确不占上风。其实，很多日本人都对此次战争抱有孤注一掷的赌徒心理。首相伊藤博文表示：

本次战争陆海军均无胜利可能。由于日本是赌一国一战，因此我眼中没有胜败。

参谋本部次长儿玉源太郎则表示：

由于本次战争胜利的可能性不大，因此如果俄军出兵1万，我军必须以3万之众迎之。总之，一开始就要以3倍之兵力力挫敌士气，寒其心胆。

海军大臣本权兵卫在回答对战争前景的估计时放言：

我首先有日本军舰可能沉掉一半的思想准备。即便如此，我军仍将获胜。

但是，貌似强大的俄国却面临着几个非常严重的问题：

一是距离战场太远。从欧洲到远东，要跨越上万公里，当时虽然已经有了西伯利亚铁路，但它是一条单轨铁路，而且在贝加尔湖被切断，所有的物资必须在湖的这边先卸下来，运到湖对岸，再装到列车上去。所以，俄国在中国东北能够部署的军事力量受到很大限制，通常把一个营的兵力从莫斯科运到旅顺港要花一个月以上的时间。而日本却可以非常容易地经朝鲜向东北调兵。战争一开始，俄国只有 10 万人的兵力，而日本却迅速投入了 25 万人。在过去的若干世纪里，俄国因为对东方享有技术优势，所以距离的远近或许无关紧要。但是，现在它所面临的对手已经拥有了同样先进的武器和技术，还有它所没有的高昂士气和忠君爱国、勇于牺牲的品质。

二是没有海上优势。日本海军拥有各种舰艇 152 艘（26 万吨），其中联合舰队主力由 6 艘现代化的战列舰及 6 艘装甲巡洋舰组成（即“六六舰队”）；俄国的太平洋分舰队辖舰艇 62 艘（19 万余吨），主要作战舰艇的装甲厚度、航速以及火炮射程均不如日舰。装备的劣势再加上战术错误使俄国太平洋舰队在开战之初就丧失了海上主动权，阻止日军登陆的作战企图没有实现。太平洋舰队打算等波罗的海舰队援兵到达后再实施海上决战，可是，等到波罗的海舰队绕道好望角，经过了 7 个月、2 万英里的航行（相当于地球圆周的 2/3）到达远东的时候，俄国败局已定。波罗的海舰队在 1905 年 5 月 27 日的对马海战中被日本海军歼灭。此役日本联合舰队仅损失 3 艘鱼雷艇，俄军 38 艘战舰被摧毁或捕获，成为世界战史上损失最为悬殊的一场海战。

三是俄国政府和军队管理混乱、效率低下、任人唯亲。比如在旅顺港，俄国自己的军官被禁止查看要塞附近的地形，而日本参谋本部的人员化装成洗衣工和苦力却可以在炮台附近到处乱转而不受阻止。私用和军用的电话线没有分别，所以一切重要的军事通信都可以被窃听。宣战之后，沙皇的宠臣、远东大总督阿列克谢耶夫海军上将尽管毫无军事经验，却被指派为远东海陆军总司令。这一切和刚刚经过维新、正处在上升阶段的日本形成了鲜明对比。俄国失败之后国内马上就发生了革命，说明矛盾已经积累到了非常严重的程度。

四是俄国处于孤立状态。而日本却得到了英国和美国的大力支持，它们给了日本大量的军事贷款和战略物资，日本战费的将近一半是靠英、美提供的。另外，英国还表示严守同盟义务，有效地阻止了法国介入。英国还不允许俄国的黑海舰队通过黑海海峡去支援远东作战，也不让波罗的海舰队过苏伊士运河。实际上就是堵死了欧洲的俄国军事力量通过海上支援远东作战的路径。

当然，说俄国有多少问题并不意味着日本的这一场仗打得很轻松。到 1905 年春天，虽然日本在战场获得了重大胜利，但也付出了昂贵的代价：所耗战费 15 亿日元，国内金融已经接近崩溃边缘；动员兵力近 110 万，日本陆军的 13 个师团全部投入战场，服役年龄从 32 岁延长至 37 岁，后备力量几近枯竭。在很多战斗中，日军的伤亡都超过了俄军，仅旅顺战役，日本第 3 军就伤亡 59400 人，其中死亡约 15400 人（包括乃木的两个儿子），以致回国后在天皇为忠勇将士举行的隆重的凯旋仪式上，司令官乃木希典发言的第一句话就是："吾乃杀乃兄乃父之乃木希典。"所以，在战争后期就出现了一种非常罕见的现象：战胜国比战败国更急于求和。在美国的调停下，1905 年 9 月 5 日日俄两国在美国新罕布什尔州的朴茨茅斯签订了和约。《朴茨茅斯和约》的主要内容如下：

（一）俄国承认日本在朝鲜的政治、经济和军事上均享有"卓越之利益"；

（二）东三省的行政权应全部归还中国，日俄军队应在 18 个月之内撤走，但旅大租借地内的行政权及驻军皆不在此限；

（三）经中国认可，俄国将旅大租借地及其一切权益、公产等转让给日本，将长春至旅顺的"南满铁路"连同支路利权、煤矿等无偿转让给日本；

（四）俄国将萨哈林岛，也就是库页岛的南半部及附近的一切岛屿让与日本，这些地方在第二次世界大战之后才被苏联收回，而且苏联还顺手占领了原本就属于日本的北方四岛；

（五）双方均可在各自铁路线上驻扎护路兵，但每公里不得超过 15 名。

四、日俄战争的影响

中国与朝鲜是日俄战争和《朴茨茅斯和约》的最大输家。特别是中国，日俄两国在中国的国土上厮杀了一年多，清政府把辽河以东划为交战区，中国的土地和人民遭到日俄两国的蹂躏；战争结束之后，中国的处境是前门拒狼，后门进虎，俄国走了，但取而代之的日本野心更大、也更凶残。从此之后，就开始了日本对中国逐步蚕食的过程，日本成为20世纪对中国危害最大、作恶最多的国家。和约承认日本在朝鲜的独占实际上开启了日本吞并朝鲜的大门，1910年，日本宣布日韩合并。

和约的大赢家是日本。它确立了日本的强国地位。通过日俄战争和之前的中日战争，日本夺取了相当于本土面积76％的殖民地，初步建成了一个殖民帝国。在远东的国际关系格局中，日本的地位越来越重要。随着此后欧洲局势的不断紧张，列强的注意力越来越集中于欧洲，日本则趁机不断扩大自己的权势。一战爆发后，日本于1915年8月23日对德国宣战，但它不派一兵一卒去欧洲，却在远东趁火打劫。当年9月，日本夺取了德国在太平洋上的殖民地，同时出兵中国山东半岛，占领了德国的租借地青岛。

一战结束后，根据1922年2月6日签署的华盛顿《五国海军条约》，五国海军主力舰的吨位比例是5（美）：5（英）：3（日）：1.75（法）：1.75（意），日本的海军规模仅次于美英。条约还规定，美国不得在阿留申群岛、萨摩亚、关岛及菲律宾建立新的海军基地和要塞；英国保证不在香港以及东经110度以东的岛屿属地设防，但加拿大海岸附近、澳大利亚和新西兰除外；日本则承诺不在台湾、澎湖列岛、琉球群岛、千岛群岛、小笠原群岛、奄美大岛以及日本在太平洋中现有和将来取得的一切岛屿或属地上新建军事基地。根据条约，英美在远东的海军基地仅剩下新加坡。这样一来，除新加坡，英美所有的海军基地都在远离日本本土5000公里至6000公里以外，而日本在海军基地建设方面基本没有受到束缚，这使它在新加坡以北的太平洋水域占有优势，也是日本在太平洋战争初期大获全胜的重要原因。

日俄战争开启了沙皇俄国灭亡的进程。俄国在战争中的失败引发了国内革命。虽然革命未能成功，但是沙皇专制制度已不可能再按照旧的方式继续下去了。之后，沙皇政府召开了国家杜马（议会），允许人民有言论、出版、集会、结社等自由，扩大了选举权。当 1917 年失败再一次来临的时候，俄国没有挺过去。

日本在日俄战争中的胜利还产生了另外一个深远的影响——鼓舞了亚洲人。亚洲人都在欢呼日本的胜利，在他们看来，这是亚洲人第一次战胜欧洲人，增强了对欧洲列强争取民族独立的信心。日俄战争之后亚洲发生的一连串民族主义运动与日本人胜利所带来的鼓舞、信心是分不开的。狄赛是一位曾在非洲住过 40 年的英国人，他在《埃及的前途》一书中曾经有过下述的评论：

在过去，土人们都深信即令他们再勇敢，也还是注定了必然会被欧洲人所击败，可是现在却突然地觉醒了。因为俄国一向被人认为在欧洲具有最强大的军事力量，现在却居然被日本击败了。它的陆军败逃，海军毁灭，要塞被攻占。日本是一个比较弱小的国家，不管其他的情形怎样，日本人却既不是高加索人又不是基督徒。诚然，这些非洲土人对于日本的情形一无所知，可是所有的非洲人，却都直接或间接地知道了，在远东的俄罗斯侵入军，已经为一个素不知名的非欧洲民族所击败了。

普拉德汉在《印度的独立奋斗》一书中写道：

日本的胜利对于印度人心的影响，是不可能再加以夸大的了。印度学生开始研究日本历史，想要发现其战胜欧洲最大强国的原因。他们所发现的答案为日本的爱国心、自我牺牲和民族团结。这才是军事能力以外的奇迹力量。1907 年、1908 年和 1909 年，印度学生纷纷到日本去留学，他们回国之后，遂成为印度独立运动的中坚分子。

孙中山先生也写道：

我们认为，日本对俄国的胜利是东方对西方的胜利。”“自日本战胜俄国那天起，亚洲各国人民就抱有摆脱欧洲压迫的希望；这一希望在埃及、波斯、土耳其、阿富汗，最终在印度引起了一系列独立运动。……如果我们要恢复自己的权利，就必须诉诸武力。

事实上，日本明治维新的成功、日本在日俄战争当中的胜利对当时中国产生了非常大的震动。在 20 世纪初，很多先进人士纷纷东渡日本取经，他们认为，中日国情相近，日本已经成功，中国向日本学习比向西方学习更便捷、更有效。中国近现代史上的很多知名人物都曾经在日本留学或生活过，比如秋瑾、梁启超、孙中山（中国同盟会就是 1905 年在日本成立的）、章炳麟、陈天华、黄兴、杨度、沈钧儒、廖仲恺、何香凝、王国维、曹汝霖、胡汉民、宋教仁、蒋介石、鲁迅、阎锡山、陈独秀、汪精卫等等，日本也是中国维新派、革命家的流亡之地。1905 年，中国在日本有留学生 8000 人，到 1907 年达到 17860 人。作家周作人后来写道：

现在中国青年大抵都已不知道了，就是日本人恐怕也未尝切实知道，那时日本曾给予我们多大的影响，这共有两件事，一是明治维新，一是日俄战争。当时中国知识阶级最深切地感到本国的危机，第一忧患的是如何救国，可以免于西洋各国的侵略，所以见了日本维新的成功，发现了变法自强的道路，非常兴奋，见了对俄的胜利，又增加了不少勇气，觉得抵御西洋，保全东亚，不是不可能的事。

Chapter Ⅹ

World War Ⅰ and the Rise of USA

第十章

第一次世界大战与美国的崛起

美国是一个年轻的国家，但是却在短短两百多年的时间里演绎了大国崛起的罕见奇迹，创造性地走出了一条属于自己的强国之路。自19世纪末成为世界第一经济强国以来，美国的权势逐渐扩张至政治、军事、金融等领域，并在科学、文化、娱乐等诸多方面拥有庞大的影响力。时至今日，美国仍然是世界第一强国。

1620 年 9 月 6 日，一艘名为“五月花”号（May flower）的帆船在牧师布莱斯特率领下由英国普利茅斯出发横渡大西洋，船上载有包括儿童在内的 102 名男女清教徒。这群新教的少数派在英国为国教所不容，于是拖家带口移民至北美新大陆，去建设自己理想中的“美丽新世界”。

经过 2 个多月艰苦的航行，11 月 21 日，“五月花”号到达科德角，即今天马萨诸塞州的普罗文斯敦。在登陆前，为解决日后殖民地的管理问题，这些清教徒们制定了一个共同遵守的《五月花号公约》，由船上 41 名自由成年男性签署，内容如下：

“为了上帝的荣耀，为了增加基督教的信仰，为了提高我们国王和国家的荣耀，我们飘洋过海，在弗吉尼亚北部开发第一个殖民地。我们这些签署人在上帝面前共同庄严立誓签约，自愿结为民众自治团体。为了使上述目的能得到更好的实施、维护和发展，将来不时依此而制定颁布被认为是对这殖民地全体人民都最合适、最方便的法律、法规、条令、宪章，我们都保证遵守和服从。”

《五月花号公约》是美国历史上第一份重要的政治文献，它的签约方式及内容代表着“人民可以由自己的意思来决定自治管理的方式，不再由人民以上的强权来决定管理”。这个团体基于被管理者的同意而成立，而且将依法而治，蕴含了日后美国立国的基本政治理念。

清教徒在普利茅斯离岸后正值冬天，寒冷的天气加上食物不足、传染病肆虐和过度劳累等原因，这批移民一下子死去了一半以上。第二年春天，当地印第安部落给了清教徒谷物种子，并教他们打猎、种植庄稼、捕鱼等新大陆的生活技能。在印第安人的帮助下，清教徒们当年获得了大丰收。首任总督威廉·布莱德福为此建议设立一个节日，庆祝丰收，感谢上帝的恩赐。1621 年 11 月下旬的星期四，清教徒们和印第安人欢聚一堂，庆祝美国历史上第一个感恩节。

一直以来，“五月花”号移民都被看成是美国精神的体现：他们是坚守信仰的理想主义者，为捍卫宗教自由不惜远涉重洋；他们举家前来是要在新大陆生根发芽，用勤劳的双手创造出一个“新世界”；他们制定了自我管理的《五月花号公约》，体现了宝贵的法治与民主思想；他们感恩上帝和帮助过自己的印第安人，与土著共进晚宴，庆祝第一个感恩节。毫无疑问，在美国人看来，这些人才是他们民族的典范和榜样。

但真实的历史并没如此简单和理想化。其实，“五月花”号不是从英国移民驶往北美的第一艘船只，早在 1606 年 12 月，就有三艘帆船从伦敦港启航驶往新大陆。船上共载有大约 150 个成年和少年英国男子，没有女性，为首的是克里斯托弗·纽波特船长。他们受伦敦弗吉尼亚公司的派遣，揣有英王詹姆斯一世的特许状，有三个主要目的：寻找黄金（像西班牙人在南美洲那样）；将西班牙人拒于北美大陆之外；探寻通往富裕东方的新路线。显然，居家过日子不是他们的打算，他们的使命用探险来形容更合适，而支撑探险的则是对财富的追逐。

经过 144 天的艰难航行，在付出将近 40 人葬身海上的代价之后，1607 年 5 月 14 日船队驶进北美洲中部东岸的切萨皮克湾，在位于目前弗吉尼亚州东南部的一个沼泽地半岛登陆落脚。这是英国人在北美第一个成功的据点。根据英王的名字，这些殖民者将当地注入大西洋的河流命名为詹姆斯河，定居点就叫詹姆斯敦。整个新殖民地被称为“弗吉尼亚”，意即“处女之地”，以纪念 1603 年去世的“童贞国王”伊丽莎白一世。正是从这里，现代美国的历史开始了。

不过，殖民者最初的日子并不顺利。他们一抵达北美，就赶上了一场大旱，酷热和劳累很快就夺去半数人的生命。1609年，他们又遭遇寒冬，由于得罪了向他们提供粮食的印第安原住民，饥馑使很多人“像苍蝇般死去”，据记载还发生了人吃人的惨状，500个定居者一度锐减到仅剩60人。他们也没有处理好与土著的关系，1622年和1644年印第安人的两次大规模袭击分别导致350个和500个定居者丧生。

1612年之后，烟草种植业的引进使詹姆斯敦繁荣起来，并成为弗吉尼亚殖民地的首府，北美殖民地第一次立法代表会议就在詹姆斯敦召开。为了解决劳动力不足的问题，1619年，詹姆斯敦购进了第一批非洲黑奴，开始了美国的奴隶制。但好景不长，1676年，反抗州长的弗吉尼亚人一把火将该市夷为平地，1699年州府迁往威廉斯堡使詹姆斯敦进一步走向没落。再后来，连当年定居点的最初遗址也被河水淹没。

不同于“五月花”号的自由、民主、法治以及感恩，詹姆斯敦的历史充斥了贪婪、残酷、暴力与压迫，也正因为如此，数百年来美国人一直羞于谈到它。事实上，“五月花”号与詹姆斯敦恰好构成了一个完整的美国，它们都是现代美国的渊源，呈现了它矛盾而复杂的特征。

维尔托克维尔（1805~1859）

美利坚合众国由50个州和1个联邦直辖特区组成，东濒大西洋，西临太平洋，北靠加拿大，南接墨西哥，国土面积超过962万平方公里，位居全球第三，人口总量超过3亿。这是一个地理位置优越、自然资源丰富的国家，早在19世纪30年代，法国人托克维尔在造访美国后就这样写道："美国和俄国似乎由天意挑选将支配地球一半命运的。"(《美国的民主》) 这一预言在第二次世界大战之后得到证实，在长达 40 多年的时间里，美苏两极格局主宰着世界，而美国的超强地位却在第一次世界大战之后就开始了，并延续至今。

一、得天独厚的强国之路

乔治·华盛顿（1732~1799）

500 年前，美洲这片广袤辽阔的陆地是印第安人世代生活的家园。15 世纪末欧洲人发现了新大陆后，移民蜂拥而至，一个个殖民地相继出现。到 18 世纪，英国在北美大西洋沿岸陆续建立起 13 个殖民地，美利坚合众国正起源于这 13 个英属殖民地。1775 年，北美殖民地爆发了反对英国殖民者的独立战争，1776 年 7 月 4 日在费城召开第二次大陆会议，组成"大陆军"，由乔治·华盛顿任总司令，通过了《独立宣言》，正式宣布建立美利坚合众国。1783 年独立战争结束，1787 年制定联邦宪法，1788 年乔治·华盛顿当选为美国第一任总统。

美国问鼎强国的历程可分为三个阶段。从 1783 年至 1815 年是第一阶段。其间美国的主要任务是维持自己的独立。一方面，它要克服独立之初中央政权虚弱不堪的状态，并建立一支足够的军事力量，如此才能在一个敌对的世界中生存下来；另一方面，它还不得不在"准战争"中同法国交手，在 1812 年战争中同英国打仗；第二阶段从 1815 年后到内战前。这一阶段美国经历了惊人的经济和人口增长，马不停蹄地完成了大陆扩张，将其商业扩展到世界各地；第三阶段从内战结束到 19

世纪末。内战使美国得以保持为一个单一实体，巩固了联邦政府对于各州的最高权力，这些确保美国在不久的将来成为一个真正的强国。到 19 世纪末，美国的工业生产已跃居世界第一位。

乔治·华盛顿
（1732~1799）

乔治·华盛顿是美国首任总统（1789~1797 年在任），独立战争时期大陆军总司令。在两届任期结束后，华盛顿自愿放弃权力不再续任，隐退于弗农山庄园，因此建立了美国历史上总统不超过两任的传统，维护了共和国的发展。由于他扮演了美国独立战争和建国中最重要的角色，通常被称为美国国父。学者们则将他和亚伯拉罕·林肯并列为美国历史上最伟大的总统。

独立之初，美国的未来并不乐观，不要说实现伟大辉煌，就连维持独立都存在问题。根据《邦联条例》成立的邦联，虽然拥有按照欧洲标准看非常庞大的领土，但缺乏强大的中央权威，而且在军事上是个侏儒。原因显而易见：各州拒绝向中央政府交出任何一点主权，尤其是拒绝赋予它征税权。因为缺乏必要的经费，1785 年，邦联卖掉了大陆海军的最后一艘战船，仅维持美国第一团作为其“陆军”，兵员为当初授权的 700 人。

没有海军，陆军又极其弱小，在这种情况下，邦联解决不了自身的诸多内外安全问题。当时，新生的邦联几乎面临来自四面八方的威胁。在西北地区，英国人拒绝撤出要塞，他们借助于这些要塞进行获利丰厚的毛皮贸易，插手印第安人事务，阻挡美国向西部扩张；在佛罗里达和路易斯安那，西班牙行使着与英国类似的影响力，并且保持对密西西比河的遏制；强大的印第安人部落也同白人殖民者争夺通向西部的道路；在地中海，北非海盗劫掠美国商船，迫使美国政府用贡金买保护。1786 年秋天，一场国内危机进一步暴露了邦联的虚弱。一位名叫丹尼尔·谢司的革命战争老兵领导马萨诸塞西部的农民叛乱，反抗债务和税收，而邦联既无法征召人员，也无力筹集资金平息这场危机。

值得庆幸的是，美国开国元勋们不愿看到这场争取自由的伟大实验以失败告终。1787 年，来自独立后的 13 个小邦国的 55 位头面人物聚会费城，他们制定了对美国历史影响深远的《1787 年宪法》，并据此建立了一套新的政府框架。

首先，宪法明确了地方（州）和中央（联邦）的权力分配。宪法将外交权、宣战权、管理州际贸易和对外贸易权、货币发行权等权力授予联邦政府，其余权力归各州。如此，既满足了建立统一的中央政权的需要，同时又最大程度保护了各州的独立性。

其次，建立了由立法（国会）、执法（总统）和司法（联邦法院）三个部门组成的联邦政府，这三者之间既相互独立，又相互制衡。只有国会才能制定和通过法律，但这些法律需要总统签署才有效；总统可以否决国会立法，国会则能够以 2/3 多数推翻总统否决。而且，国会还可以对民选的总统和终身任职的联邦法官提出弹劾。作为军队总司令，总统可以动用军队，但无权对外宣战，宣战权在国会。联邦法院的法官由总统任命，但终身任职，不再受制于任何个人和党派。联邦法院拥有解释宪法的权力，任何法律一旦被判违宪即失去效力。

再次，在立法机构和选举制度上平衡大州与小州的利益。国会分成众、参两院，众议院议席按人口的多寡成比例分配，由此来满足大州的要求，而参议院则不论大州小州，一律只有两个议席，这样小州的利益也得到照顾。任何法律都必须由两院同时通过。与此相关的问题是，代表全国的总统该如何产生？如果总统的选举完全由选民直接选举的话，那么，来自人口大州的候选人就会占便宜，其当选的可能性远大于小州的候选人。于是，宪法的制定者们又设计出独特的总统选举人院，由各州选出与其国会议员数目相等的总统选举人组成，由他们来选举总统。

1787 年宪法体现了开国元勋们对以洛克为代表的英国政治哲学的信奉：权力产生腐败，绝对的权力产生绝对的腐败。因此，他们要限制一切权力，不论是君主（联邦）的主权，还是民众的主权，都必须受到约束。而且，他们还特别防止出现所谓的“多数的暴政”，对作为社会少数的富人和小邦的权力也予以保护。美国著名法学家伯纳德·施瓦茨为此认为：

美国对人类进步所作的真正贡献，不在于它在技术、经济或文化方面的成就，而在于发展了这样的思想：法律是制约权力的手段。

他甚至不无偏见地声称：

在其他国家，权力之争由武装部队来解决；在美国，权力之争由法律家组成的大军来解决。

《1787 年宪法》使新生的美国成为一个真正意义上的国家，确保了美国持续至今的政治稳定，是美国能够登顶世界权力巅峰的制度基础。

在完成了国家重构之后，特别是在 1812 年战争结束后（这场战争使美国的独立不可逆），美国国家全方位的快速发展开始了。美国独立革命后，英国将阿巴拉契亚山与密西西比河之间的所有土地割让给了这个新生国家，使其领土面积翻了一番。1803 年，急需资金的拿破仑将路易斯安那（从密西西比河到落基山的一大片土地）卖给美国，一夜之间，美国的领土又翻了一番。此后，通过 1846~1848 年的美墨战争和《瓜达卢佩·伊达尔戈条约》，美国用 1500 万美元强买下了德克萨斯、加利福尼亚和新墨西哥。1790 年，美国的领土为 88.8811 万平方英里，到 1853 年就扩展到了 302.2387 万平方英里。

1800 年，美国已经拥有了大量的土地和自然资源，但是缺乏企业投资所需的劳动力和资金，来自欧洲，主要是英国的移民和投资满足了这一巨大需求。大批移民横渡大西洋的结果是美国人口出现了爆炸式增长，由 1790 年的不足 400 万发展到 1880 年的超过 5000 万。资源丰富、政治稳定、主要由英国移民后裔组成的美国也是欧洲银行家和商人寻找投资机会、建立企业的理想之地。19 世纪 20 年代，美国开始工业化。

但美国广阔的领土对于工业家而言还有着不利的一面——地区之间

的交通和联系不够便利。为了促进交通和运输，政府着手开凿运河，私人投资者建立轮船航线和铁路网络。到 1860 年，东北部的工业企业、南部农业区以及中西部城市圣路易斯和芝加哥之间已有铁路相连。

到 1850 年代，美国的商业已扩展至全球，1860 年，美国已成为世界第二经济大国。

19 世纪中叶，有一个难题或者说考验又摆在美国面前，即如何解决南方与北方之间不同的发展道路问题。在建国之后，美国南北方遵循的是不同的制度模式：北方走自由资本主义道路，南方则实行奴隶制的大种植园主经济。经过半个多世纪的平行发展之后，南、北方之间两种制度的分歧和斗争愈演愈烈，南方的奴隶制已经成为国家经济发展、社会进步的巨大障碍。参议员亚伯拉罕·林肯在 1858 年预言：

分裂的家庭是不能持久的。我相信，政府不能容忍永远的半奴役半自由……国家要么完全这样，要么完全那样。

1860 年，反对黑奴制度的共和党人林肯当选总统，南部奴隶主发动叛乱，南北战争爆发。

这是一场实力完全不对称的战争，工业化的北方远远压倒奴隶制的南方。战争爆发时，联邦有白人 2000 万，南方只占 600 万，而且移民和黑人应征入伍又增加了北方的人力供给；北方有 11 万家制造工厂，南方各州却只有 11 万名产业工人，留在联邦的各州生产了全国工业产品总量的十分之九以上；北方有铁路 2.2 万英里，南方只有 9000 英里。为了赢得战争，北方投入了大量资源，大约 90% 的工业生产都为战争服务，全国 2/3 的铁路线都用来运送装备。大约有 155.6

亚伯拉罕·林肯（1809~1865）

万名士兵在联邦军队中服役，伤亡总数为63.4万。大约有80万人在邦联军队中服役，约48.3万人伤亡。

所以，尽管南方的总统杰斐逊·戴维斯受过西点军校教育，在美墨战争中有过英勇的战绩，还当过4年的陆军部长，但他也无力打赢这场实力悬殊的工业化时代战争。犹如林肯在1864年12月指出的那样：“联邦能够无限期地打下去，因为比起战争开始时它拥有更多的人员和物资，且其资源显然用之不竭。”1865年，战争以北方获胜而结束。

内战对美国的发展意义重大。首先，它粉碎了联邦内部的分离势力，并且大大削弱了各州主权。在联邦体制内部，力量对比从有利于各州变成有利于联邦政府，人们不再用复数说美利坚合众国（are），而是用单数说这个国家（is）。

其次，黑奴的解放、奴隶制的消失使美国的生产力得到了充分的释放。再加上源源不断的移民、英国的投资以及连接国内各地的铁路的修建，美国经济在19世纪最后30年开始起飞。1870年，美国生铁产量为190万吨，到1890年增至1030万吨；钢产量1880年为120万吨，到1900年为1020万吨；煤产量在1870年为3310万吨，1900年为26970万吨；棉花消费量在1880年为157万包，到1898年为346.5万包。随着内燃机的应用，美国对石油的需要量大增，1870年石油开采量为2亿加仑，1900年增至27亿加仑。从19世纪晚期到20世纪初期，美国工业资本主义的发展速度是当时世界少有的。

在运用最新科学技术成就的基础上，美国又出现许多新的工业部门——机床制造业、食品工业、化学工业、橡胶工业、电气工业和汽车工业。电灯、电话、打字机、留声机、照相机、摄像机、电动机等一系列新发明都在这一时期出现。

到1890年，美国工业生产较之1860年增长了6倍。1860年，美国的工业生产占世界第四位，1894年跃居世界第一，1900年，美国的工业产值约占世界工业产值的30%。

内战还显示了美国具备产生巨大军事力量的能力。这一军事力量立等可取，只要美国领导人愿意去“支配世界的命运”。两次世界大战充分证明了这一点。

对于美国时至 19 世纪所取得的巨大成就，德国重商主义学者李斯特早就预料到了。他在 19 世纪 30 年代写道：

使得大不列颠上升到现在显赫地位的同一些原因，将使得美利坚合众国（很可能在下一个世纪里）在工业、财富和权势方面上升到如此地步，以至远超过英国目前的地位，就像英国现在远超过小小的荷兰一样。按照自然进程，美国人口在那一时期里将增至上亿，它会将自己的人口、制度、文明和精神散布到整个中美和南美，正如它现在已经将这些散布到邻近的墨西哥地区。美利坚联邦终将囊括这些辽阔地区，几亿人民将开发一个大陆的资源，它在幅员和自然财富方面远远超过欧洲大陆。西方世界的海军力量将超过英国，其程度恰如它的海岸和河流在范围和规模上超过英国的。

美国日后的发展恰如李斯特所描述的那样。

二、走向战争的欧洲

就在美国已经站在了崛起的临界点之际，一场爆发于欧洲国家间的战争最终将美国送上世界首强位置，美国崛起的历程在匆忙之中完成了。

如前所述，1815 年的维也纳和会及其建立起来的维也纳体制保证了欧洲大国在随后 40 年的和平。之后，欧洲列强之间虽然爆发了多次战争，如 1853~1856 年的克里米亚战争，德国统一过程中的三次战争，但总的来说，这些战争持续的时间都不算长，波及的范围也相当有限，并未打破欧洲总体上的和平局面。

但是，19 世纪 70 年代之后，一股巨大的破坏力量开始在欧洲内部发育成熟了，这就是统一之后的德国。1888 年即位的德皇威廉二世决意走“世界道路”，争夺“阳光下的地盘”。这是一条注定要与守成大国——英国产生矛盾的发展路径。

英德矛盾首先体现在海军建设上。19 世纪末，德国海军实力在世界排名第六位，甚至次于意大利。为迅速增强海军实力、缩小与一流海洋强国的差距，德国国会于 1898 年 4 月 10 日通过一项扩建海军法案，计划6年内把舰队扩建为一支拥有19艘战列舰、8艘装甲巡洋舰、42 艘小型巡洋舰的舰队。两年之后，国会对海军法案进行了修改，批准的舰队规模为战列舰 38 艘、大型巡洋舰 20 艘、小型巡洋舰 38 艘，比 1898 年的计划翻了一倍。到 1906 年英国“无畏”号战舰出现之前，德国海军已经拥有 24 艘战列舰（其中 2 艘“德意志”级在建），完成了从一支以岸防为主要任务的小型海防舰队向远洋海军转变的过程。

当拥有大口径火炮和高航速的“无畏”号出现后，德国加快了对其大型主力舰的更新换代。德国国会于 1906 年通过第三个海军法案，决定开始建造德国的无畏舰。海军紧急修改图纸，将 1906 年计划建造的新战列舰由 14000 吨级、混装 305 毫米和 240 毫米主炮的旧式战列舰

英国“无畏”号战舰

改为19000吨级、装备12门280毫米主炮（6座双联炮塔）的全新设计。1908年，德国通过第四个海军法案，计划1908~1911年每年建造4艘无畏舰，1912~1917年每年建造2艘。对于视海军为国家安全与繁荣支柱的英国来说，德国咄咄逼人的海军发展势头无疑是一个巨大威胁。

殖民地是德国向英国发起挑战的另一个领域。德国工业的起飞加剧了帝国主义国家间经济发展的不平衡，这个后起的现代化工业强国不能容忍老牌资本主义国家只留给它一点残羹剩饭。因此，德国统治集团叫嚷着“缺乏空间”、“领土太小”，迫切地要求重新瓜分世界市场和殖民地。时任德国外交大臣的比洛就公开宣称：

德国占有陆地，让邻居拥有海洋的时代已经过去，我们必须要求德国大使、德国商人、德国货物、德国的旗帜和德国的商船在中国像在其他国家一样受到尊敬——我们不想让任何人都相形见绌，但我们也需要阳光下的地盘。

德皇威廉二世则表示：

我们不会使自己放弃与其他大国平起平坐的机会——有一段时间德国只是一个地理名词，他不被视作一个大国，今天我们已经成为一个大国了：我们希望在上帝的帮助下，使我们永远是个大国。我们不会取消和限制自己对于建立在理性和思考基础之上的世界政策的要求。

1905年，他在一次酒会的致辞中清楚地表明德国已经做好了战争准备：

无畏舰

通常意义上的“无畏舰”有两种含义。狭义上，指英国于1906年下水的“无畏”号战列舰。广义上，也是较多情况下则指各国以“无畏号”为模板设计建造的“全重型大炮战列舰”，是20世纪初起各海军强国竞相建造的一类新型主力舰的统称。它取消了以往战列舰上用于攻击的第二口径主炮，装备了同一口径统一型号的主炮，保留了用于防御轻型军舰的副炮，以及使用高功率蒸汽轮机做动力。该舰成为现代战列舰的始祖，确立了其后达35年世界海军强国战列舰大炮与动力的基本模式。

火药是干的，剑是磨过的，目标明确。

德国在海上霸权和殖民地方面对英国越来越明显的威胁、德国领导人在外交上所表现出的骄横态度、德国在欧洲大陆越来越明显的优势、德国民众狂热的民族主义情绪等等，都加深了英国对德国的担心，改变了英国对威胁的判断。而德国与法国本来就因普法战争而结下仇恨，对德复仇是此后法国国家政治、外交、军事生活的主旋律；德国对小兄弟奥匈帝国无条件的支持又将沙皇俄国推向法国的一边。这一切，最终促使了英、法、俄三国的接近，因为与德国的威胁相比，它们彼此间的争夺与矛盾已经不是那么重要了。

1904 年 4 月，《英法协约》签署；1907 年 8 月，《英俄协约》签署。至此，一直困扰英国与法、俄两国在殖民地和势力范围的争端得到解决。协约虽然不是一个正式的同盟，但解决问题本身就迈出了合作的第一步，为它们在接下来的日子里共同对付德国奠定了基础。

至此，欧洲国家经过 10 多年的明争暗斗，终于分化成两大对立的同盟集团：以英国为首的三国协约（英、法、俄）VS 以德国为首的三国同盟（德、奥、意）。这是近代以来欧洲国家首次在和平时期形成军事同盟，原有的那种弹性结盟方式已一去不复返。此后，每当发生重大争端时，两大集团的成员哪怕对争端持怀疑态度，也必须支持自己直接参与争端的盟国。如果不这样，它们担心同盟会瓦解，自己将因孤立而遭受危险。所以，每次争端往往都会扩大为重大危机，而战争的发生不过是迟早的事。1914 年 8 月战争爆发之后，一位德国官员这样评论道：

这一切都来自这种该死的联盟体系，它们是现代的祸根。

大战的导火索最终在巴尔干半岛点燃。这一地区本是奥斯曼帝国的领地，后来由于其国力衰落，逐渐受到奥匈帝国和俄国的蚕食。另外，19 世纪巴尔干半岛又出现了很多独立小国。因此，这一地区的形势错综复杂，国家之间、帝国内部矛盾重重，民族问题十分突出，素有“欧洲的火药桶”之称。

到第一次世界大战爆发前夕，一方面奥匈帝国仍然统治着为数众多的少数民族，其中包括相当一部分南部斯拉夫民族；另一方面，塞尔维亚王国的实力不断增强，已经成为南部斯拉夫民族争取民族统一的核心，特别是奥匈帝国内部波、黑两省的斯拉夫人强烈要求与塞尔维亚合并。以塞尔维亚为中心的南斯拉夫民族统一运动对于多民族的奥匈帝国来说是一个极大的威胁，所以，两国的关系一直非常紧张。塞尔维亚背后站着的是以斯拉夫兄弟天然保护者自居的俄国，在俄国背后又是英国和法国。同样，在奥匈背后站着的是坚定支持它的盟友德国，在理论上还有意大利。所以，奥塞矛盾已不再局限在两国之间，而是牵扯到了欧洲其他大国，是同盟国与协约国的对立，正所谓牵一发而动全身。

为了恐吓塞尔维亚，奥匈帝国决定在邻近塞尔维亚的波斯尼亚举行军事演习，演习的日子定在了 1914 年 6 月 28 日。1386 年的 6 月 28 日是塞尔维亚王国在科索沃战役败给土耳其人的日子，选择这一天显然是为了侮辱、刺激塞尔维亚。而且，奥匈帝国的皇储、军国主义分子斐迪南还决定前往波斯尼亚首府萨拉热窝巡视。奥匈的挑衅行为激怒了南斯拉夫爱国者，塞尔维亚一个叫“黑手党”的爱国团体和一些波斯尼亚青年联合起来，决定刺杀皇储。1914 年 6 月 28 日，检阅完演习的斐迪南被 17 岁的波斯尼亚青年普林西波的子弹射中。这就是众所周知的萨拉热窝事件。

从 6 月 28 日行刺事件发生，到 7 月 28 日奥匈对塞尔维亚宣战，这段时间被称作“七月危机”。此前欧洲也发生了多次类似的危机，最后都化险为夷，但这一次显然不会再有同样的结果了，因为所有国家都已经迫不及待地要发动战争。

奥匈帝国本来就一心要吞并塞尔维亚，萨拉热窝事件为它提供了一个发动战争的借口，虽然已经有证据表明，塞政府并没有卷入这场暗杀。当然，奥匈也担心俄国的干预，所以它的行动取决于德国是否会支持它。

而德国恰恰渴望打仗。因为德国战备比较早，军队的训练和装备都要好于协约国，但是它知道，如果战争拖几年爆发，法俄两国就会完成新的扩军计划，俄国的波罗的海舰队和战略铁路也将建成，那时协约国的力量将大大增强，而德国的盟友奥匈帝国的实力正在日趋衰落，意大利又不可靠，两方的力量对比会大大不利于同盟国。所以，它认为现在进行战争最有利。正如总参谋长小毛奇说的那样："我们已准备就绪，在我们是越快越好。"奥匈皇储被刺之后，德皇威廉二世很快就表示，全力支持奥匈对塞尔维亚采取军事行动，这相当于给了奥匈一张可以随意填写的空白支票。

俄国和法国也在积极备战。特别是俄国，在前面几次危机当中都作了屈辱的让步，这一次它不会再退缩了。

英国也认为晚打不如早打，拖下去对自己不利。1870 年，作为第一个工业化国家，英国几乎生产了世界工业产品总量的 32%，而德国只有 13% 的份额。到 1914 年，英国所占的份额已经下降至 14%，基本上与德国相同。照此势头发展下去，德国在海军方面超过英国是迟早的事情。所以，英国希望在自己还有海上优势的情况下打败对手。

但即便如此，战争也不是非爆发不可，在这儿，英国起到了一个关键作用。英国作为世界头号强国，它的行为对其他国家的决策有着至关重要的影响。如果它一开始就表明自己想打仗的立场，德国和奥匈帝国很可能知难而退，但是不表明态度的话，法、俄又不敢轻举妄动。所以，英国就采取了明里一套、暗里一套的做法。一方面，英国外交大臣格雷告诉德国驻英大使，英国与法俄没有任何同盟关系，不受任何义务约束，英国的态度是尽一切可能防止在大国之间发生战争。就在奥匈对塞尔维亚宣战前两天，英国国王乔治五世在与威廉二世的弟弟、也是其表弟亨利希的会谈中还说："我们将竭尽全力保持中立而不卷入战争。"英国这么做是防止德国悬崖勒马，从而失去战争机会。同时，英国暗地里又极力怂恿法俄两国对奥作战，保证给它们支持。

7月28日，奥匈对塞尔维亚宣战，第二天，英国暴露出了它的真实面目。格雷告诉德国大使，如果冲突仅限于俄、奥之间，英国可以保持中立；如果德法两国卷入，英国就不能袖手旁观了。威廉二世得知这个消息之后气得破口大骂。他本想来个急刹车，但是他的将领们不同意，而且奥匈已经宣战，没有德国的帮助，它注定会被俄国击败。所以，威廉二世已无路可退。8月1日，德国向俄国宣战，到8月6日，除了意大利，欧洲五大国都卷入了战争当中，第一次世界大战开始了。

在几乎整个欧洲都在欢欣鼓舞地投入战争之际，英国外交大臣格雷却悲观地预测：

整个欧洲的灯火都在熄灭，在我们的有生之年将不会看到它们被重新点燃。

最终的结果被格雷不幸言中了。

三、一场全新的战争

第一次世界大战开始后，所有民族都满怀信心地期待着一场像普法战争那样短暂而又胜利的战争。很多人对战争渴望已久，把它看成是释放已持续多年的政治、社会和经济危机的突破口。哲学家罗素评论说：“普通英国人肯定渴望战争。”法国作家阿兰－福尼尔写道：“这场战争是美好的、正义的和伟大的。”欧洲各国首都的民众在街头跳舞以示对宣战的庆贺。当第一批士兵开往前线时，欢乐的人群向他们抛撒鲜花，以为他们很快就会凯旋。德国士兵在1914年夏天向亲人们告别的时候总是说：“当树木落叶的时候，我们就又回来了。”即便当时最优秀的军事家也很少关注防御，他们都幻想着要快速取胜。

谁都不曾想到的是，这场战争会持续4年，而且很多人再也没有回来，回来的人当中很多也是伤残在身。更重要的是，欧洲各国没有一个真正的赢家。因为，这是一场全新的战争，是人类经历的第一场真正意义的总体战。与以往战争相比，第一次世界大战表现了革命性的变化。

首先，从地域上看，这场战争超过了以往所有战争，席卷了五大洲的男女老幼，几乎每个人都在不同程度上、以不同方式参与了战争，或受到战争的影响。战争夺去了 1500 万士兵的生命，2000 万受伤。

其次，为赢得这场漫长而残酷的战争，所有交战国都加大对社会的控制，如限制个人自由、重组工业生产、延长工作时间、控制工资和价格、扩大服役范围等，以动员所有可获得的人力和物资资源。战争不再是两军对垒，整个社会以前所未有的深度和广度卷入战争，一切都为打赢战争服务。这也使得全面的胜利成为唯一可以接受的结果，只有这样才能为方方面面的巨大牺牲找到一个合理的理由。

再次，战争中的宣传日益增多。交战双方都在捏造事实，故意宣传对方是如何残酷野蛮。所有国家都带有一种疯狂的歇斯底里心理，不惜使用一切的卑劣和残暴的手段来打击敌人。欧洲战争中的道德和礼貌或者说绅士风度的传统消失了。德国的宣传将俄国人描画成半亚洲的野蛮人，法国当局讥讽“德国佬”在比利时的暴行。1917 年，伦敦《泰晤士报》刊登了一条消息，称德国人把人的尸体做成肥料和食物。后来一则新闻又含蓄地承认了这条消息来自于草率的翻译：德国单词马被错误地翻译成人。将对手妖魔化的结果是消灭了战争双方达成妥协的空间，使战争必须以某一方无条件投降而结束。

最后，这场战争的手段也发生了革命性的改变。这是战争历史上的第一次，工厂之间的较量变得与军队之间的战斗具有同样重要性，武器的生产能力要比人员的征召更具有决定性。在这场巨大的消耗战中，战争的结果取决于一个国家如何有效地调动它的经济以支持战争。

战争开始之后，德国在西线的闪击战很快破产，阵地战开始形成。由于自动武器（特别是机枪）、堑壕、带刺的铁丝网的广泛使用，致使防御方对进攻方拥有巨大优势。攻方每推进 1 公里都要付出惨重的代价，相比之下，防御方的损失却微乎其微。所以，在长达 3 年的时间里，西线的战线在任何一个方向的移动都没有超过 10 英里，双方为了突破僵局而发动的几场大战役最终变成了尸横遍野的绞肉机。如1916年的凡尔登战役，胜利的法国战死31.5万人，而被击败的德国损失28万人；在索姆河战役中，英国夺回了几公里的土地，代价却是伤亡42万人。正是因为战场上出现了这种僵持现象，战争的主动权也就由参谋本部手中逐渐转移到双方的工业能力上，更能经得住牺牲和消耗的一方将赢得战争的胜利。

在这一情势下，协约国的海权优势对战争结局发挥了决定性作用。它以封锁的方式切断了同盟国的工业资源补给和其他生活必需品的来源，而它自己却可以不受限制地从海外得到供应，特别是借助于美国的庞大资源。所以，最后打败同盟国的是饥饿、破产和社会秩序的崩溃。这是海权对陆权的胜利，虽然整个战争期间只有一次真正意义的海战。

协约国的海上优势也是造成美国后来参战的重要原因。欧战爆发后，美国总统威尔逊于1914年8月4日发表“中立”声明。当时，美国国内反战情绪高涨，威尔逊在1916年的大选中以“使美国免于战争”作为口号连任总统。美国资产阶级也希望通过中立大发战争财。中立的确给美国带来了巨大的好处。趁欧洲国家忙于打仗之机，美国开足马力生产。从1914年到1916年，美国的工业总产值由242亿美元增加到624亿美元，由债务国一举变成债权国。到1917年参战前，美国已向协约国贷款23亿美元。起初，美国与交战双方都有贸易关系。但是随着时间的推移，在协约国成功对同盟国进行了封锁之后，美国的生意伙伴和贷款对象就只剩下了协约国。1917年2月，德国宣布进行“无限制潜艇战”，使美国的商船遭到重大损失，严重损害了美国与协约国的贸易，美德之间矛盾激化。此时，欧战已经进入第四个年头，但两大军事集团都已精疲力尽，德国取胜的可能性不能排除，特别是协约国之一的俄国于1917年3月发生二月革命，随时有可能退出战争。如果协约国失败，美国的贷款就会付诸东流。显然，继续隔岸观火已不符合美国利益，1917年4月6日，美国对德宣战。

美国宣战之时正是两个阵营僵持不下之际，美国的介入彻底打破了双方的平衡。1917 年 6 月，美国派出几十艘军舰协助英国海军，进一步控制了德国海军的活动，至大战结束，共派出 85 艘驱逐舰参加反潜作战，美国海军参战是德国无限制潜艇战失败的重要原因。参战之初，美国只有 30 万陆军，但在 1917 年 5 月实行了义务兵役制后，迅速将军队规模扩展至 300 万，到 1918 年夏天，美国的军事装备、弹药和 150 万大军陆续运到欧洲，迅速改变了敌对双方的力量对比关系。与此同时，美国不仅完全中止了对德、奥的军火供应，而且大幅度提高对协约国的贷款，共达 350 多亿美元，从物资上为协约国的最终胜利奠定了基础。

伍德罗·威尔逊（1856～1924）

无限制潜艇战

德国海军部于 1917 年 2 月宣布的一种潜艇作战方法，即德国潜艇可以事先不发警告而击沉任何开往英国水域的商船，其目的是要对英国进行封锁。德国在第一次世界大战开始后，就对协约国实施潜艇战，给英国的海上运输造成沉重打击，后因担心欧洲反德浪潮加剧，不得不采取“有限制潜艇战”。但 1916 年凡尔登战役和日德兰海战的失败迫使德军孤注一掷，潜艇战成为其“最后一张牌”。德国海军的一些高级将领宣称，使用“无限制潜艇战”6 个月内就可打垮英国。

1918 年 7 月 18 日，协约国开始反攻。在这之后，德国在战场上接连遭到失败，国内出现了革命的征兆，经济到了崩溃的边缘，盟国也相继投降。11 月 6 日，德国决定投降。1918 年 11 月 11 日，在巴黎东部的贡比涅森林联军司令福煦的列车上，德国代表签订了投降协定，第一次世界大战结束。

第一次世界大战是人类历史上一次空前的大浩劫。从国际政治的角度看，它的最大的后果在于欧洲的衰落和美国的崛起。

仅从表面上看，欧洲列强在一战后仍然统治着他们的旧殖民地和新的保护国，欧洲的霸权似乎比以前更稳固了。但是，这不过是一幅虚假的画面而已，与现实并不符合。一战对欧洲的权力和威望造成了不可弥补的损害，英、法等国只是徒有战胜国的虚名。

首先，这场总体战耗尽了欧洲的资源和财力，使其失去了长久以来支撑其优势地位的经济基础。战前，欧洲的海外投资额每年高达 3.5 亿英镑，1913 年世界制成品出口的 60% 来自欧洲三个主要国家——英、法、德。伦敦在很大程度上不是国内投资中心，而是世界金融中心。英镑起着共同的贸易货币的作用。著名经济学家凯恩斯用“乐队指挥”来形容英国战前的经济作用。战争使欧洲经济遭到严重破坏，其在世界经济中的主导地位被削弱。在 1913~1920 年的七年间，欧洲的制造业产量下降了 23%；英国的国外投资在 1913~1918 年之间下降了 50%，直到 1929 年才超过 1914 年的水平；英、法、德按人口平均的收入在 20 年代中期还低于 1913 年。大战前的 30 年间，欧洲制造业的产量平均每年增加 3.33%，如果战争期间维持了这种增长率，1928 年的产量水平本应该在 1921 年达到。从纯粹的经济角度来估计，由于战争，欧洲的工业发展倒退了 8 年。战争还使英国耗掉了 80 亿英镑的军费，从战前的债权国变成了债务国，黄金储备从 1913 年的 2 亿美元到 1921 年只增加了 6 亿，国际金融中心的地位开始从伦敦转移。英国已走下了世界经济霸主的宝座。

其次，战争也极大地削弱了欧洲国家在海外的威望和对殖民地的控制，这从另一个方面损害了欧洲的全球霸权。非洲、亚洲和太平洋地区的殖民地人民把第一次世界大战看作欧洲国家之间的内战，是一群自称为文明社会的人野蛮而血腥的自相残杀。在他们看来，欧洲已经分裂，变得不堪一击。所以，这些白人也不再注定是殖民地的统治者了，殖民地人民不愿意再做帝国顺从的臣民。战争期间，欧洲国家还被迫放松了对殖民地的控制，并征召殖民地人民入伍或充当劳工，加之威尔逊“民族自决”原则的广泛传播，这些都加速了民族主义在各殖民地的发展。

而且，一战的进程也表明，欧洲仅靠自己的力量甚至不能解决欧洲自身的问题。欧洲需要美国、日本、英国的海外领地和其他国家的参与，需要它们的经济、政治和军事的支援，才能最后定出战争胜负。

仅仅四年时间，欧洲就从权势的巅峰跌落下来。

美国则是第一次世界大战最大的受益者。美国的工厂在战时需求的推动下迅速地发展起来。在 1913 年至 1920 年间，美国的制造业产量增长了 22%，到 1929 年，美国的工业产量至少占世界总产量的 42%，大于包括苏联在内的所有欧洲国家的产量。

美国还成为世界上最大的债权国和最大的资本输出国。到 1919 年，欧洲欠美国的债务已达 100 亿美元，其中英国 40 亿、法国 30 亿，欧洲有 17 个国家欠了美国的债。美国的国外投资从 1913 年的大约 20 亿美元增加到 1930 年的 150 亿美元，其中 30% 投放在欧洲。黄金储备从 1913 年的 7 亿美元增加到 1930 年的 45 亿美元。

现在，美国成为新的世界银行和世界工厂了。

当然，如果我们是站在 1919 年而不是后来看美国，那么它仍然难以称得上是世界首强。虽然美国在战争期间显示了惊人的经济与军事实力，但外界仍怀疑它是否拥有在世界政治中起重大作用所必需的目的一贯性和政治技巧。与英法等老牌强国相比，这个只有 100 多年历史的年轻国家无疑稚嫩、青涩了许多。美国在第一次世界大战后突然置国际责任于不顾任性地退回孤立状态，只是证实了这一怀疑。然而到 1945 年，已经没有任何人能够怀疑美国权势的现实了。事实上，经历了两战期间的磨砺和二战的锻造，美国已脱胎换骨成为一个有明确目标、政治和外交上成熟的国家，强大的国力终于毫无保留地转换成影响世界的能力。

四、重建欧洲秩序的凡尔赛体制

1919 年 1 月 18 日，为重建战后秩序，战胜国在法国巴黎的凡尔赛宫召开和平会议。1871 年的 1 月 18 日，德意志第二帝国在凡尔赛宫的镜厅宣告成立，1701 年的 1 月 18 日，勃兰登堡选侯升格为普鲁士国王，显然，选择这个日子是为了羞辱德国，替法国报普法战争的一箭之仇。

参加和会的国家虽然有 27 个，但是真正的主宰者是三巨头：法国总理克雷蒙梭、英国首相劳和·乔治和美国总统威尔逊。巴黎和会主要解决的是对德和约问题。1919 年 6 月 28 日，以战胜国为一方，以德国为另一方签署了《凡尔赛和约》，巴黎和会到此结束。之后，协约国又陆续与奥地利、保加利亚、匈牙利、土耳其签订了和约。

《凡尔赛和约》及对奥、对保、对匈、对土的和约主要内容包括：

（一）关于国际联盟。国联是美国总统威尔逊倾注热情和心血最多的一件事，有人甚至形容，“国联是威尔逊的产儿”。《国联盟约》列为对德、奥、保、匈、土和约的第一章。国联的组织机构有大会、行政院和秘书处，第一次开大会时有会员国 42 个，到 1937 年增加到 63 个，中国是创始会员国。根据国联宗旨，它的基本任务是解决国际争端，维持世界和平。

（二）关于德国。这是整个条约体系当中最重要的问题。关于战争责任，条约把它完全推给了以德国为首的战败国。对于这一点，德国人最为不满，他们认为，战胜国对发动战争也负有一定的责任。事实也的确如此。如果没有英国人的两面派做法，战争有可能不会发生。

在领土方面，德国损失惨重，不仅吐出了在普法战争当中法国割让的阿尔萨斯和洛林，而且还丢掉了之前 100 多年里扩张来的很多领土。特别让德国不能忍受的是，为了给刚刚诞生或者说重生的国家波兰一个出海口，德国的领土生生被分成了两部分，中间是一个通往海边的狭长的波兰走廊。西部的莱茵河右岸 50 公里以内为非军事区，左岸划分成三个占领区，分别由协约国占领 5 年、10 年和 15 年。德国总计失去八分之一的领土和十分之一的人口。关于德国的殖民地和海外权益，全部由战胜国加以瓜分。

德国的军备受到严格限制。和约规定，取消德国普遍义务兵役制和参谋本部以及军事院校，陆军总数不得超过 10 万人。德国不准拥有重炮、坦克和空军。海军限定为战斗舰和轻型巡洋舰各 6 艘，驱逐舰和鱼雷艇各 12 艘，不得拥有主力舰和潜艇；海军兵员不得超过 1.5 万人。

关于赔偿问题，因为法国与英、美的分歧太大，所以交给一个特别委员会确定。

在几百年的欧洲近代史上，大国之间的战争总是以恢复均势为目标，鲜有割地赔款的情况，只有普法战争是一个例外。那么，此时为什么要如此苛刻地对待德国呢？一个重要的因素就是这场战争所进行的广泛的政治动员、民众的大规模参与、关于战争罪行的认定等等。既然战争双方存在是非对错，既然人民为所谓的正义事业付出了代价，那么，像拿破仑战争之后对侵略者那样的宽宏大量就是不可接受的。

（三）建立了一系列新的国家。按照所谓的民族自决原则，在德意志帝国、奥匈帝国和俄罗斯帝国的废墟之上出现众多“继承人”国家。波兰在消失了 120 多年之后复国了。捷克斯洛伐克成为独立国家。南斯拉夫民族第一次建立了统一的国家，称塞尔维亚—克罗地亚—斯洛文尼亚王国（1928 年改称南斯拉夫王国）。罗马尼亚虽然早已经存在，但在牺牲匈牙利的基础上领土几乎增加了一倍，俨然也是一个新国家。匈牙利与奥地利分手，丧失了旧日领土的 71.4%。奥地利成为有 8.4 万平方公里领土、800 万人口的单一民族国家。条约禁止奥地利与德国合并。

这些所谓的继承人国家虽然是按照民族自决的原则建立的，但是并没有完全解决民族问题，几乎每个国家都有人数众多的少数民族。另外，新诞生的国家之间也有领土冲突，也有既得利益者和受损害者。这些都是日后纷争的根源之一。

《凡尔赛和约》及对奥、匈、保、土和约虽然具有帝国主义分赃和压迫性质，但也不乏进步色彩。它们的进步性首先表现为“民族自决”的原则。虽然这个原则只应用于欧洲，但它毕竟使存在了几百年的多民族大帝国失去了合法性，并永远地从欧洲消失了，欧洲在历史上第一次按照民族分布相对合理地划分了边界。而且，这个原则一经提出和实施，它就肯定会对欧洲之外产生影响，促使被压迫民族的觉醒和独立。

第二个进步的方面是“公开外交”的提出。过去的外交都是秘密外交，人民大众既不参与外交的决策，也不知道外交的结果，但却要为秘密外交带来的后果埋单。虽然公开外交的“公开”也是有限度的，是过程保密结果公开，但民众毕竟有了“知情权”，所有的条约结果公布于众，对于幕后决策的政治人物而言，必须要考虑到民众对结果的可能反应。

进步的第三个表现是关于德国的战争罪行问题。以往，战争是国家的合法权利，发动战争是不受到惩罚、更不受谴责的。而在对德和约当中，第一次提到战争是一种罪行，要有人对战争负责。当然，这是胜者对败者的审判，但无论如何，战争从此之后不再是国家可以随意使用的政策工具了。

最后，进步还体现在国际联盟的建立上。这是人类第一个普遍性的国际组织，它希望用集体的力量对付侵略，希望用合作实现和平，虽然它失败了，但没有这个失败的尝试，就不会有后来联合国的成功。

以《凡尔赛和约》为主的这些条约最大的问题是它的不稳定性、脆弱性，它埋下了第二次世界大战的种子，它所建立的和平只摇摇欲坠、危机四伏地存在了 20 年。那么，究竟是什么原因导致和平如此的短命呢？

第一，它对战败国过于苛刻，并带有明显的复仇色彩。《凡尔赛和约》等条约对于战败国，尤其是德国的掠夺、限制和羞辱是以往的和约从未有过的，它严重地伤害了德国人的民族自尊心。而且，对德国的苛刻在很大程度上是为了满足法国对德国的复仇心理和安全需要，英国和美国出于均势的考虑，反对过分削弱德国，它们从一开始就没有强制德国实行条约的打算。一个过于严厉、但又无法落实的条约只会激起德国人强烈的复仇欲望。况且德国人对他们的失败是很不服气的，在德国投降的时候，它仍然占领着法国、比利时和卢森堡的大片土地，协约国军队并没有打进德国，所以，德国人在心理上对战败的结局不能接受。眼下它虽然被迫在凡尔赛和约上签了字，但只要实力一恢复，它就势必会千方百计地翻案复仇。严格意义上说，每一个德国人都是修正主义者，都对凡尔赛和约不满，只是表现形式和程度不同而已。否则十几年后也不会出现希特勒振臂一呼德国人就群起响应的现象。从当时的情况看，战败的德国在人口、领土、工业潜力、科技创新能力等方面在欧洲仍然位居前列，它传统的政治和社会结构也没有受到破坏，所以，德国的重新崛起指日可待。

造成和平短暂而脆弱的第二个原因是，一系列新国家的诞生埋下了新的危险。过去，德国与大国为邻，现在，它的东部和南部出现了很多新生国家，这些国家的出现有协约国遏制德国的战略考虑，但是事实证明，这些弱小的国家非但不足以承担遏制德国的重任，反而为德国提供了对外扩张的机遇。德国在地理位置上更靠近这些国家，有公路和铁路连接，它也很容易吸收这个地区的剩余农产品，用这些国家急需的机械和军事装备进行交换，但是农业大国法国和有着大帝国的英国却做不到。所以，一旦德国经济恢复稳定，它才是这些国家的天然贸易伙伴。到 30 年代，它们已经成为德国的经济附属地，受到它某种程度的控制。而且，由于西方国家推行绥靖政策，在希特勒的战争威胁面前不仅不为这些小国撑腰，而且还把它们作为讨好希特勒、换取自身安宁的筹码。所以，遏制者最终成为被遏制者的猎物。

第三个原因在于，条约造就了一大批不满现状的国家。在德国之外，还有许多国家对凡尔赛条约体系不满。意大利是一个，因为实力弱，它的要求在和会上得不到三巨头的支持，很多愿望没有满足。匈牙利、保加利亚因为和约受损，也是对现状的不满者。这些国家后来都成为希特勒的盟友，构成了对凡尔赛体系发难、发动战争的轴心国集团。在推翻凡尔赛体系方面，德国并不孤独。

最后一点就是国联的先天不足、后天乏力。所谓先天不足，是因为这个组织一诞生就有问题。国联虽然以解决争端、维护和平为己任，但它的行政院并没有采取强制行动的权利。法国人就曾经对这种依靠道义力量维护和平的想法进行过辛辣的嘲讽：我们是在和平会议还是在疯人院？后来的事实证明，对于墨索里尼、希特勒和东条英机这样的侵略者来说，道义的力量是多么的苍白。所谓后天乏力，是因为它是一个完全没有代表性的国际组织。首先，国联排斥了战败的德国；其次，把新生的苏维埃社会主义俄国拒之门外；再次，最热衷于它的美国由于参议院否决了《凡尔赛和约》最后也没有参加进来。尽管从表面上看这三个国家在当时实力还不算多强——一个战败了，一个战败之后发生革命又退回到孤立状态，一个虽然是世界首富但却是国际政治的新手，实际上它们却真正是最有潜力、最有前途的国家，整个世界认识到这一点要等到差不多 20 年之后。缺了这三个国家，指靠老迈的英国和法国支撑，这个组织注定了无法维护凡尔赛条约体系所建立的和平。

在《凡尔赛和约》签署 10 年后，一场规模空前的经济大危机席卷整个资本主义世界，最终，凡尔赛体系土崩瓦解，欧洲主要国家又卷入战争。这场大战不仅最终确认了欧洲的衰落和美国的崛起，而且还催生出了另一个超级大国——苏联。

Chapter XI

World War II and the Rise of USSR

第十一章

第二次世界大战与苏联的崛起

从1917年十月革命开始，苏联——这个占世界陆地总面积近五分之一的国家，在不到二十年的时间里发生了翻天覆地的变化，以令人难以置信的速度走完了欧美国家几十年，甚至上百年才能走完的工业化路程。当第二次世界大战结束时，托克维尔100多年前的预言终于成为现实，一个统治地球另一半的超级大国在欧亚大陆诞生了。

十月革命后诞生的苏维埃政权几乎是在一片废墟上起步的。15年后，即1933年1月，在提交给苏联共产党中央委员会的报告中，党的总书记斯大林是这样概括第一个五年计划（提前一年实现）的目标和成就的：

五年计划的基本任务是将苏联从一个依赖于反复无常的资本主义国家的农业弱国改造成一个工业强国，实现完全的独立自主，不再依赖于世界资本主义的反复无常。

五年计划的基本任务是将苏联改造成一个工业国家，彻底清除资本主义因素，扩大社会主义经济形式的战线，为废除苏联的阶级和建设社会主义社会构建经济基础。

五年计划的基本任务是将小的和分散的农业改造成大规模的集体农业经营，以此来保证农村社会主义的经济基础，彻底消灭在苏联恢复资本主义的可能性。

最后，五年计划的任务是建立技术和经济的所有必要前提条件，尽最大力量增加国家的国防能力，使其能坚决对抗任何国外军事力量的干预和任何外国的军事侵略。

四年来工业发展的结果是什么呢？

以前，我们没有钢铁工业，这是国家工业化的基础。现在我们有了。

以前，我们没有拖拉机制造业。现在我们有了。

以前，我们没有汽车制造业。现在我们有了。

以前，我们没有机械工具制造业。现在我们有了。

以前，我们没有现代化的大型化工企业。现在我们有了。

以前，我们没有真正的生产现代化农业机械的大型企业。现在我们有了。

以前，我们没有飞机制造业。现在我们有了。

以前，在发电量上，我们位居末端。现在我们名列榜首。

以前，在石油和煤炭的产量上，我们位居末端。现在我们名列榜首。

作为以上成就的结果，资本主义因素已经被完全而且不可逆转地逐出了工业，社会主义工业成为苏联工业的唯一形式。

让我们把话题转到四年来农业发展的成果上。党用三年的时间成功地组建了20多万个集体农庄和5000多个国家农场，致力于谷物的种植和牲畜的饲养。与此同时，在四年的时间里，扩大了2100万公顷的耕种面积。党还成功地将60%以上农民的土地联合成集体农庄，涵盖了农民耕种土地的70%。这意味着我们已经三倍地完成了五年计划。党还成功地把苏联从一个小农作业的国家改造成大规模农业生产的国家。这些事实难道还不能证明苏联的农业体系优于资本主义体系吗？

最后，这些成就的结果是，苏联已经从一个没有防御准备的弱国被改造成一个防御力量强大的国家，一个时刻具有预防力的国家，一个能够大规模生产所有现代防御设施——当面对来自外界的侵犯时——能用其装备自己军队的国家。

当然，斯大林的报告不乏夸张和不实之词，比如苏联的农业集体化并不像斯大林描述的那样成功。在一些地区，愤怒的农民以屠杀牲畜、烧毁庄稼等手段来反抗政府的计划。由于不能完成产品定额，农民常常被饿死在他曾经拥有的土地上。1931年，斯大林要求停止农业集体化，并声称决策者“被胜利冲昏了头脑”。对于集体化中农民的死亡数字最谨慎的估算也在300万人。但总的来看，到1933年，苏联已经由一个落后的农业国变成了强大的工业化国家，拥有门类齐全的现代化工业体系，特别是重工业尤为发达。再考虑到苏联广阔的国土纵深和众多的人口，这样的国家几乎注定将成为总体战的赢家。虽然二战使苏联蒙受巨大损失，但必须承认，正是这场战争造就了苏联的超级大国地位。

摇摇欲坠的沙皇俄国终于在1917年11月倒下了，取而代之的是一个新生的苏维埃俄国。但是，对这个还在襁褓中的国家而言，十月革命的胜利只是考验的开始。之后，它经历了近三年的内战和外国武装干涉，国民经济总损失超过战前整个国家财富的1/4。最终，苏维埃俄国挺住了。1922年12月，苏维埃社会主义共和国联盟（简称苏联）宣告成立，社会主义建设也从此步入正轨。在两个五年计划之后，苏联跃居为欧洲第一、世界第二工业大国，其雄厚的工业实力是赢得第二次世界大战并完成大国崛起的关键基础。

一、在废墟上起步

1922年12月苏联成立时，距十月革命胜利已经过去了整整5年。在这内忧外患的5年里，虽然新生的苏维埃国家站稳了脚跟，经受住了一个又一个严峻的考验，但是，即将开始的社会主义建设却几乎是在一片废墟上起步的。

沙皇俄国原本就是一个资本主义未能充分发展起来的农业国，工业特别是重工业是欧洲大国当中最为落后的。革命前，工业产品只占国家全部产品的1/3，农业产品则占国家全部产品的2/3。1914年，沙俄的工业产品占世界工业产量的2.46%。如果按人口平均计算，与另一个落后的国家西班牙不相上下。沙俄不仅在经济技术上要依赖于英国、法国、德国等发达的资本主义国家，而且还要从国外输入大量的机械设备。所以，即便不考虑战争的破坏，苏联的社会主义建设也是在一个极低的起点上开始的。

让问题雪上加霜的是，俄国连续经历了7年的战乱（4年世界大战，3年内战和外国武装干涉），国家几乎遭到毁灭性的破坏。在此7年间，2000万人死亡，还有30万人投降到波兰，其中内战时期1500万人死亡，包括至少100万的红军和50万以上的白军。工厂停产和粮食奇缺引起了失业和饥荒，再加上1920年和1921年的旱灾，国家经济几乎崩溃。1920~1921年，全国就约有3300万人面临饥饿和死亡，仅1920年就有300万人死于斑疹伤寒。1920年，工业产品只有战前的14%（也有说10%），农业产量只及战前的60%（也有说50%）。

战争期间还有100万人逃离俄国，到远东或者波罗的海诸国。这些人被称为白俄，他们当中相当一部分是受过良好教育的专业人士。人才的流失也为新国家的建设带来了种种困难。

与此同时，苏联还面临着极其险恶的国际环境，英国、法国、美国等西方国家对苏联采取了敌视和不承认的政策。

苏联就是在这样的背景下开始了工业化进程。如此恶劣的初始条件决定了苏联的社会主义建设将不会走寻常路，这既是苏联成功的原因，又为其埋下了日后失败的种子。

二、一个工业强国的诞生

在外国武装干涉和国内叛乱被粉碎后，苏维埃俄国党和政府所面临的首要任务就是恢复被破坏了的国民经济。斯大林说：

我们比先进国家落后了50年到100年，我们要么努力，要么失败。

俄国历来工业基础薄弱，恢复国民经济，显然不是简单地要达到1913年的水平，因为那仍然是一个落后国家的状态。对此，列宁明确指出：

要挽救俄国，单靠农民经济收成丰盛还不够，而且单靠供给农民消费品的轻工业情况兴旺也还不够——我们还要有重工业……不挽救重工业，不恢复重工业，我们就不能建成任何工业，而没有工业，我们就根本不能维持我们成为独立国家的地位……

符拉基米尔·伊里奇·列宁
（1870~1924）

斯大林也提出：

工业化的中心、工业化的基础，就是发展重工业（燃料、金属等等），归根到底，就是发展生产资料的生产，发展本国的机器制造业。

从当时苏联的具体情况来看，选择优先发展重工业主要有两个方面的考虑。一是只有迅速地在国民经济中建立起社会主义的物质技术基础，才能使苏维埃国家从落后的状态中走上工业现代化的轨道，而重工业就是这种基础的实质。没有它，就不可能对整个国民经济包括农业在内进行社会主义改造。没有它，就不可能把落后的俄国国民经济部门装备起来。二是只有迅速地建立起强大的重工业，苏联才能够在敌对的资本主义包围之中保持自己的独立和自主的发展，才能把国防力量增强到足以捍卫伟大革命成果的水平。总之，新生的苏维埃俄国要想在充满敌意的国际环境中生存下来，要想取得社会主义建设在一国的胜利，就必须改变国民经济结构，实现工业化和农业机械化。从当时的历史条件看，优先发展重工业是一条符合苏联国情的正确道路。在整个社会主义工业化实施的过程中，苏联党和政府正是遵循这一方针规划着社会主义建设的蓝图。

苏联从 1928 年 10 月起开始实行第一个五年计划，到 1932 年底提前完成。在第一个五年计划中，工业中重工业与轻工业的发展速度之比为 1.85：1，即重工业增长 241%，轻工业则增长 130%，苏联工业总产值与 1913 年相比增加近 2 倍，工业产量在整个国民经济中的比重由五年计划初（1928 年）的 48% 增加到 70%（1932 年），其中制造生产资料的工业比重从 43% 上升到 53.3%。这些数字表明，到 1932 年，苏联已经从农业国变成工业国。同资本主义国家相比，就工业发展速度来讲，苏联已占世界第一位。

1933~1937 年苏联又实行了第二个五年计划，同样取得了巨大成绩。“二五”期间，苏联注意挖掘已建企业的潜力，同时大力发展本国机器制造业。此后，苏联基本停止了外国设备的进口，1937 年机器进口的比重仅占苏联需求量的 0.9%。这显示苏联经济的高度独立自主性。到 1937 年，苏联工业总产值比 1932 年增加了 1.2 倍，比 1913 年几乎增加了 5 倍，重工业在全部工业中占 57.8%。1937 年，资本主义世界工业产量比 1913 年增长 44.3%，而苏联则增长了 7.5 倍，比资本主义世界发展速度快了 14.3 倍！至此，苏联的工业生产总值跃居欧洲第一，世界第二。

有意思的是，虽然苏联一直强调工业发展的独立性，但事实上并未排斥借鉴引进西方的技术和人才。第一个五年计划期间，苏联利用资本主义世界遭受经济危机打击之机，从西方引进一批先进的机器设备和技术力量，还用高薪聘请外国专家和技工。到 1931 年年初，苏联同外国资本家签订了 124 项技术援助项目，三个主要钢铁厂——马格尼托哥尔斯克钢铁厂、库兹涅茨克钢铁厂、札波洛日钢铁厂以及斯大林格勒拖拉机厂、第聂伯水电站等大型项目都引进了美国、德国的设备和技术，并得到外国工程师的帮助。1932 年，工作在苏联重工业部门的各国专家约有 6800 人。1933 年 8 月 14 日，苏联杂志《为了工业化》上写道：

美国的商业和科学与布尔什维克的智慧相结合，在三四年内已经产生了巨大的效果。

在二战期间，斯大林曾告诉美国总统罗斯福：

在苏联，约有 2/3 的大型企业是在美国的帮助或技术援助下建成的……其余的，也大多是在德国、英国、法国、意大利等国的技术援助下建成的。

1938年开始的第三个五年计划由于德国法西斯的入侵而被迫中断。

经过两个五年计划的完成和第三个五年计划头两年计划的实施，苏联已经实现了社会主义工业化。其间，苏联建成6000多个大企业，建立起飞机、汽车、拖拉机、化学、重型和轻型机器制造业等部门。由于战争危险的迫近，苏联在第二个五年计划期间还特别重视和加速了对东部地区工业基地的建设，东部地区得到国民经济中全部投资的33%，得到重工业中全部投资的37%，兴建了乌拉尔—库兹涅茨克钢铁煤炭基地、新库兹涅茨克钢铁基地、伏尔加—乌拉尔石油基地等。1940年，苏联的生铁达到1500万吨，钢达到1830万吨，煤达到1.6亿吨，石油达到3100万吨，商品谷物达到3830万吨，棉花达到270万吨。

苏联的成就和它所采取的"计划"方式引起了西方世界的极大兴趣。20世纪30年代，西方人士纷纷前往苏联取经。美国的一名记者从苏联回国后告诉国人:"我看到了未来，它行得通。"

正是由于重视了重工业的发展，有了雄厚的经济技术基础，苏联才能在卫国战争期间每年制造出4万架飞机、3万辆坦克、12万门大炮和15万挺机枪。这是苏联打败法西斯成为超级大国最重要的物质基础。而在1929年，苏联还不能生产1架飞机，不能生产1辆联合收割机，也不能生产1辆汽车。

高度中央集权的计划经济体制虽然为苏联在内忧外患的情况下快速崛起做出了重要贡献，但其弊端也是显而易见的。一是经济发展不均衡，片面发展重工业，使轻工业和农业长期处于落后状态，导致人民的物质生活长期没有得到重大改善；二是长期执行指令性计划严重削弱了企业的生产自主权，制约了苏联经济的可持续发展。第二次世界大战之后，苏联没有对其经济体制和发展模式做出及时的调整与改革，使其越来越僵化，最后丧失了自我完善的功能，这也成为苏联解体的重要因素。

同时，强力推行工业化和集体化还成为苏联20世纪30年代大清洗的导火索。在 1934 年第 17 次党代表大会上，一些代表对斯大林的第一个五年计划的实施和集体化所带来的灾难表示了质疑，党内正常的不同意见很快发展成了一场空前激烈的政治斗争，斯大林以叛国罪公开审判党内精英，2/3 的代表被清除。1935~1938 年，斯大林把被怀疑为反对者的人调离所有权力岗位，其中包括 1934 年中央委员会的 2/3 的成员和半数以上的高级军官（包括所有 11 名副国防委员，所有军区司令，最高军委会 80 名委员中的 75 名）。1939 年，有 800 万苏联公民被关押在劳动营里，有 300 万人作为大清洗的牺牲品死去了。大清洗严重打击了苏联军民的士气，这是造成苏联在卫国战争初期遭受重挫的原因之一。英国首相张伯伦就认为苏联经济力量不足，苏军在经过肃反后"实际上只能打防御战而已"。这也是造成 1939 年英法苏建立集体安全体系谈判失败的重要因素。

三、第二次世界大战爆发

20 世纪 30 年代，在苏联全力推进五年计划、加紧经济发展之际，一场新的世界大战的阴云开始在欧洲的上空聚集。这场战争虽然使苏联蒙受了巨大损失，但也为其最终崛起为超级大国提供了契机。

凡尔赛体系埋下了第二次世界大战的种子。但是种子发育、成长是需要适当条件的，1929~1933 年的资本主义世界经济大危机就是促使这颗种子发芽的温床。与以往出现的经济危机相比，这次危机生产下降幅度之大、波及的范围之广、持续的时间之长、失业率之高，都是空前的。在过去危机当中，工业生产和世界贸易最大的下降幅度是 7%，而这次危机这两项的下降幅度分别为 36% 和 67%！

可以想象这样一场危机所带来的严重的经济和社会后果，由此造成的大规模混乱必然会对各国的政治产生冲击，人们渴望有一种强有力的、能够摆脱危机的统治形式。民主制度比较牢固的国家像英国、法国、美国等经受住了考验，没有走向极端。但是，在民主根基较浅的国家，如德国、意大利和日本，危机直接导致了法西斯专政的建立或确立。据统计，在大危机的扫荡下，27 个欧洲国家只有 10 个仍保留民主政体，其他都转变为独裁体制。法西斯国家的对外政策都是以民族扩张主义为基础的，它们的出现最终将人类推向了第二次世界大战。

30 年代，在德意日走向侵略和扩张的过程当中，西方大国实行了所谓的“绥靖政策”。绥靖英文是 appeasement，原意是讲和、安抚、平息愤怒，尤其指通过让步或满足要求的方式息事宁人。这个词原本是褒义，可是后来却成为贬义词，它指的是西方国家面对法西斯政权的侵略扩张行为所采取的姑息纵容政策，以牺牲弱小民族换取自身的安宁。绥靖政策最为经典的体现是对希特勒德国，它的登峰造极之作就是 1938 年 9 月宰割捷克斯洛伐克的《慕尼黑协定》。

西方为什么要对侵略者实行绥靖政策？从英国的角度看，它原本就认为《凡尔赛和约》是有问题的，对德国一直抱有同情和宽容的心态，对法国坚持和约的苛刻条款不满。英国也一直以世界大国自居，为维持所谓的欧洲均势历来有扶弱抑强的传统，这里的弱强分别是德、法。其实这完全是表面现象，法国的强是虚幻的，德国的弱也是暂时的。英国庞大的帝国、繁杂的殖民地事务也让它难以分出更多的精力去关注欧洲大陆。

西方国家作为一个整体，对德国，也包括意大利和日本在内的侵略者，实行绥靖政策主要有这样几个方面的原因：第一个原因就是和平主义思潮的泛滥。20 世纪 30 年代距离第一次世界大战才十几年的时间，大部分人对战争所带来的苦难、牺牲、毁灭记忆犹新，恐战、厌战的情绪非常流行，民众迫切要求避免另一次战争。而且一战之后，公众舆论对政治的影响越来越大。和平主义思潮促使政治家们不惜代价避免战争。可悲的一点在于，民主国家的和平意愿却遭遇了法西斯国家的战争渴望。

第二个原因是英法两国实力的衰落。一战让它们元气大伤，大危机更是对它们的沉重打击，它们不得不把更多的精力用于解决国内问题，减少在军备方面的投入。1936年，英国的军费开支在增长的情况下也只相当于德国的1/3或1/4。没有强有力的经济和军事做后盾，英法自然不会对侵略者采取强硬政策。

第三个原因是当时大多数政治家，特别是英国首相张伯伦对希特勒的本质认识不清，认为一定程度的让步可以满足他。岂不知希特勒是千年一遇的狂人，他的目标是征服世界，怎么会把小范围的领土调整看在眼里！

阿道夫·希特勒（1889~1945）

希特勒是在1933年上台的，他和他的纳粹党的崛起速度堪称是一个政治奇迹。1928年，纳粹党在议会选举中获得12席，2.6％的选票；1930年，获得107席，18.3％的选票；1932年，获得230席，37.4％的选票，成为议会第一大党。造就这个奇迹的就是经济大危机。社会心理学的研究表明，在社会和政治大动荡时期，当正常人不能够对付社会问题的时候，像希特勒这种个性异常的人就容易获得权力。无论是普通的民众还是大资产阶级，都把摆脱困境的希望寄托在了这个狂热的政治强人身上。凡尔赛体系的压迫、强烈的复仇心理、前所未有的经济困难，这些因素综合在一起很容易使一个民族的情绪走向极端，再加上德国的民主政体本来就基础薄弱，所以，希特勒轻而易举地就在德国建立了独裁统治。

希特勒一上台就开始扩军备战，他首先要做的，就是突破《凡尔赛和约》对德国施加的种种限制。希特勒的方法是通过冒险造成既成事实，再以和平姿态缓解紧张，以此试探其他国家的反应，然后决定他下一步的行动。从 1933 年 10 月退出裁军会议和国联，到 1935 年 3 月宣布重建空军和实施普遍义务兵役制，再到 1936 年 3 月出兵进驻莱茵非军事区，希特勒的每一个冒险都大获成功。这些成功不仅使他的胃口越来越大，而且也极大提高了他在国内的威望和权势。在冲破了《凡尔赛和约》的束缚之后，羽翼丰满的希特勒走上了对外扩张的道路。

希特勒扩张的第一个目标是奥地利。1938 年 3 月，德国以武力为后盾合并了奥地利。对此，英法只是做了一个抗议的姿态而已。

希特勒的下一个目标是捷克斯洛伐克。捷克斯洛伐克与德国接壤的苏台德地区生活着 300 多万德意志人，希特勒打着建立大德意志的旗号，在苏台德地区扶植纳粹势力，进行种种阴谋破坏和分裂活动。在他们的煽动下，德意志少数民族开始反对捷克斯洛伐克的统治。

1938 年 9 月 30 日凌晨，英法德意四国签署了人类历史上臭名昭著的《慕尼黑协定》，主要内容包括：

（一）原则上将捷克斯洛伐克苏台德地区及同奥地利接壤的南部地区移交给德国。

（二）德军从 10 月 1 日起分阶段占领德意志居民占多数的地区，在德意志居民是否占居民多数尚不能确定的地区，由四国代表组成的国际机构占领，再通过公民投票以确定其归属。

（三）由国际委员会最后确定边界。协定的附件规定，英法将保障捷克斯洛伐克新国界不受侵犯；德国和意大利允诺，在捷克斯洛伐克境内的波兰和匈牙利少数民族问题解决后，对捷克斯洛伐克给予保证。

问题是，英国、法国对德国如此的慷慨并没有换来希特勒对条约的尊重，1939 年 3 月，德国吞并了捷克斯洛伐克的全部领土。

在捷克斯洛伐克之后，波兰又成为希特勒的侵略目标。1939 年 5 月，德国与意大利签订《德意友好同盟条约》，也称“钢铁条约”，两个法西斯国家携手建立了攻守同盟。这一切都在告诉欧洲人：战争已经是迫在眉睫了。

面对咄咄逼人、拥有强大战争机器的希特勒，欧洲国家怎样才能阻止战争的爆发或者在战争爆发之后赢得战争呢？虽然英法两国政府对德国的态度已经趋于强硬，并且先后对波兰、罗马尼亚、希腊等国提供了安全保证，但是这还不够。要想遏制希特勒，必须要有一条有效的东方战线，而有效的东方战线只有苏联才能提供。也就是说，只有英法苏三国联手才有可能阻止希特勒的侵略野心。

内维尔·张伯伦（1869~1940）

1869年出生于一个政治世家。他的父亲约瑟夫曾担任伯明翰市市长、内阁殖民地大臣等职，他的异母长兄奥斯汀曾担任邮政总局局长、财政大臣、印度大臣、掌玺大臣、外交大臣、第一海军大臣等职。

英法苏三国建立集体安全体系的谈判从 1939 年 3 月拉开序幕，到 8 月结束。这个谈判从一开始就注定了它的结果凶多吉少，因为各方都给自己留了退路，在谈判的同时都在和他们要对付的敌人接触，都在做着非此即彼的准备。

英法苏谈判最后以失败告终。从表面上看，导致谈判破裂的是所谓苏军过境问题。由于苏德之间没有共同边界，只有在苏军有权通过波兰和罗马尼亚的前提下才能给英国、法国、波兰、罗马尼亚等国以援助。但是波兰政府坚决不同意苏军过境。它既担心苏军进来之后赖着不走成为新的威胁，同时也害怕允许苏军过境会招来德国的报复。英国也怀疑苏联要求过境权的真正目的。

事实上，关于苏军过境问题的争

执只是冰山的一角，谈判最后失败从根本上说是因为双方根深蒂固的不信任。英国首相张伯伦在 1939 年 3 月 26 日的一封私信中暴露出了他对苏联的真实看法。他写道：

我得承认我最不信任苏联。我根本不相信苏联有能力保持有效的攻势，即使它想这样做。而且我怀疑苏联的动机，在我看来，它的动机与我们关于自由的思想几乎没有联系，而只与使别人不和有关。

从苏联的角度看，它对英国也是疑心重重，它最担心的是西方要祸水东引，挑起苏德战争。在谈判进行的过程当中，英国的迟疑和拖延、英德谈判的消息被披露、两国的争执都加深了苏联对英国真实意图的怀疑。

由于波兰的顽固态度和英法对过境问题迟迟不作答复，8 月 21 日，谈判破裂，当天深夜，德国就宣布了外长里宾特洛甫前往莫斯科的消息。德国外长里宾特洛甫 23 日抵达莫斯科，对苏联的要求几乎是照单全收，当天晚上两国就签订了《苏德互不侵犯条约》，速度之快、过程之顺利令人瞠目。这次戏剧性的外交活动也常常被称作“外交革命”。

《苏德互不侵犯条约》包括正文和 1 项秘密附加议定书。正文是公开的，主要内容是：

（一）缔约双方保证决不单独或联合其他国家在彼此间进行任何武力行动、任何侵略行为或任何攻击。

（二）缔约一方成为第三国敌对行为的对象时，缔约另一方将不给予该国任何支持。

（三）缔约任何一方将不加入直接或间接旨在反对另一方的任何国家集团。

（四）两国将对它们共同利益有关的问题交换情报和进行协商。

（五）双方承诺，只通过和平方法解决两国间的争端或抵触。

《秘密附属议定书》划分了两国在东欧的势力范围。主要内容为：在发生领土或政治变动时，苏德在波罗的海地区的势力范围以立陶宛的北部疆界为界，在波兰的势力范围以纳雷夫河、维斯瓦河及桑河一线为界；苏联要求德方注意其在比萨拉比亚的利益，德方宣布对该地区在政治上完全不感兴趣。

希特勒从条约中收获的最大好处就是他可以对波兰放手一搏而不用担心受到英国、法国与苏联的夹击了。所以，条约直接导致了战争的爆发。8 月 22 日，送走了里宾特洛甫之后，希特勒马上就向他的军事将领们宣布：“我已经完成了政治上的准备，以后的路要由军人来走了。”8 月 31 日晚上，希特勒下达了进攻波兰的命令。9 月 1 日拂晓，150 多万德国军队突破波兰防线，分三路向华沙推进。9 月 3 日，英国和法国都对德国宣战。

就这样，在第一次世界大战结束二十年后，欧洲主要资本主义大国再一次卷入了战争的漩涡。在上一次战争中，是美国的介入打破了欧洲国家之间的僵持局面，美国借此完成了大国崛起的最后一步——调整国际权势格局、改变利益分配方式。当然，由于美国国内政治的问题，其崛起在国际层面的反应被人为滞后了，由此产生的权力真空是法西斯得以兴起的重要原因。如果说战争是大国崛起的温床，那么，这场新的世界大战又将导致怎样的后果呢？

四、两极世界的到来

第一次世界大战爆发后，西线战场在 2 个月之后就形成了阵地战，在此后 3 年的时间里双方的战线基本没有变化。而第二次世界大战的开局一扫一战令人沉闷、绝望的状态，因《苏德互不侵犯条约》而摆脱了两线作战的德国，在不到一年的时间里以“闪击战”这一重大的军事创新横扫北欧、西欧，法国投降，英国只因一道英吉利海峡才使势不可挡的德军停下了脚步。

斯大林希望与希特勒的交易能为他争取更多的和平时间，但不到两年，希特勒就撕毁了这个为期 10 年的条约。1941 年 6 月 22 日凌晨 1

点30分，在布列斯特—立托夫斯克，最后一列货运列车满载原料从苏联驶入德国领土，两个小时之后，德国炮兵从北部海角到黑海2000公里长的边境向苏联开火。

苏德战争的开局对苏联非常不利。由于苏联对希特勒的突然袭击疏于防范，以至于被打了个措施不及。在3个月的时间内，苏联丢失了西部超过150万平方公里的土地，让希特勒足足推进了1000公里，占领了它人口最稠密、工业最发达的欧洲地区，这里战前居住的人口约占全苏人口的40%，工农业产值几乎占全国的2/3。截至1941年12月1日，苏军损失700多万人、24万辆坦克、2.4万架飞机。

而且一年多的征战下来，德国变得更强大了。它的军队作战经验丰富，对手的不堪一击非但没有让它受损，反而壮大了它的实力。当希特勒调转枪口对准苏联的时候，这已经不是一场德国与苏联的战争，而是苏联与欧洲大陆的战争。也就是说，苏联红军不仅要对付德国军队，而且还要对付芬兰、罗马尼亚和匈牙利的大量军队，苏联的兵工厂除了与德国的兵工厂竞争外，还要与法国和捷克斯洛伐克的兵工厂竞争。所以，尽管1941年苏联的钢产量与德国的钢产量几乎相等，但要比德国和欧洲大陆其他国家的钢产量少一半以上。

从战略态势上看，德国也处于更加有利的位置。波兰灭亡后，德苏之间的“缓冲地带”业已消失。被德军占领的那部分波兰领土成了德国进攻苏联的军队集结地区。德国占领丹麦、挪威后，不仅改善了对西欧作战的战略态势，同时也有了东侵苏联的跳板。荷兰、比利时、卢森堡、法国投降，英国退守英伦三岛，使希特勒基本上消除了东进的后顾之忧。至1941年6月初法西斯占领了希腊等巴尔干国家后，对苏联西部的新月形包围最终完成。至1943年，在整整三年的时间里，苏联不得不承担几乎全部德国军队的压力，几乎遭到了毁灭性的打击。

在国家生死存亡的关键时刻，苏联的工业化成就发挥了力挽狂澜的作用，这不仅是指其巨大的重工业生产能力，更关键的是苏联在战前就调整了工业布局，将部分重工业向东部地区转移，如在第二个五年计划期间，在库茨涅茨克、扎巴洛日等地建立钢铁联合体，在斯大林格勒、哈尔科夫、车里亚宾斯克等地建拖拉机厂（这些拖拉机厂在战争期间都改成了坦克制造厂）。

朱可夫（1896~1974）

所以，尽管从表面上看，苏联西部的工业在战前仍然支撑着国家的经济基础，但是东部工业区的存在为苏联提供了宝贵的战时工业储备，为苏联在苏德战争初期遭受重大挫折后继续抵抗德军提供了后续的支撑力。对此，朱可夫元帅在其战争回忆录中有如下记载：

从军事观点来看，党关于加速发展东部地区工业，建立机器制造、石油加工、化学等部门的第二套企业的方针，具有极其重大的意义。在这里建设的高炉占全部新建高炉的3/4，在伏尔加河和乌拉尔之间建立了第二个巨大的石油基地，在外贝加尔、乌拉尔建立了冶金工厂，在中亚细亚建立了大型有色金属厂，在远东建立了重工业，建立了汽车装配厂、制铝联合厂、轧管厂和水电站。战争期间，这些企业加上迁来的企业，把我国东部变成为保证抵抗和粉碎敌人的工业基地。

东部在战前的发展也为苏联在战争期间工业东迁奠定了基础。到1941年下半年，苏联从西部搬迁了2593个工业企业的设备和大量物资。1942年5月，基本完成乌克兰、白俄罗斯、波罗的海沿岸地区企业的转移，第二阶段又疏散了斯大林格勒、北高加索等南部地区企业。不少内迁企业平均不到2个月就在新址开始运转。到1942年夏，苏联完成了国民经济战争转轨，有1200家东迁的工厂和850家新建工厂投产，东部地区工业产值的比重从1940年的28.4%上升到70%。所以，希特勒不会明白，已经失去西部工业基地的苏联，为什么会越战越强?

如果说在热兵器时代统帅的才能、单兵的素质、国家的财力是赢得战争的重要保障的话，那么，一场第二次世界大战这样的机械化时代的总体战，因作战物资和装备的惊人消耗，交战国要想赢得胜利，就必须拥有迅速为其军队提供足够武器装备和弹药的能力。正如英国大战略家利德尔·哈特说的那样：

维持战争的权力到了二战时期已经从军事的领域转移到经济的领域，就像机器在战场上已经压倒人力一样；在大战略的领域中，工业和经济也的确已经把军事从前台推到后台了；在外行人眼中看来，赳赳武夫所组成的行列还是威风凛凛的，但在近代战争科学家的眼里，他们不过是一种装在传动皮带上的玩偶而已。

苏联能够打败纳粹德国，靠的就是其巨大的工业生产能力，这是一场工业之间的较量。依靠战前的工业化成就和战时的经济动员，即使在最艰苦的 1942 年，苏联的飞机产量仍达到 2 万架以上，比德军几乎超出一倍。在战斗最激烈的时刻，斯大林格勒拖拉机厂的工人们驾驶着刚刚造好的坦克直接出厂，迎战德军。1944 年，苏联飞机年产量达到 40300 架，坦克 28983 辆，火炮 122500 门。

在德国败局已定的情况下，1945 年 2 月，当时世界上最有力量的三个国家——美国、苏联、英国的首脑罗斯福、斯大林、丘吉尔在雅尔塔会晤，一起商谈确立战后世界秩序。在雅尔塔会议期间的晚宴上，英美首脑对斯大林不吝溢美之词。丘吉尔是这样说的：

当我说我们把斯大林元帅的健康视为我们大家的希望和心中最珍贵之物时，这丝毫没有夸大，也绝非辞藻华丽的恭维。历史上有过许多征服者，但其中极少政治家，大多数都在战后的纷扰中丢掉了胜利果实。发现自己与这样一位不仅在苏联闻名而且誉满全世界的伟人保有友好而亲密的伙伴关系，使我在这个世界上的勇气和希望倍增。

与丘吉尔华丽的祝酒词形成对比的是罗斯福简单而温暖的话：

这个宴会就跟家人聚会一样，希望从此以后我们大家就在这个大家庭里和睦相处。

雅尔塔会议上的丘吉尔、罗斯福、斯大林（从左至右）

至此，苏联这个曾经被西方世界孤立并视为另类的国家现在已堂堂正正地成为“三巨头”之一，直接参与决定战后世界蓝图，这是西方对苏联强大的军事政治力量的承认。从这个意义上说，雅尔塔会议使苏联完成了大国崛起的最后一步——被外部世界，特别是既有强国认可，并成为国际规则的制定者。

雅尔塔会议就以下问题达成了一致：

（一）战后处置德国问题。决定由美、英、法、苏四国分区占领德国和德国必须交付战争赔偿以及彻底消灭德国军国主义和纳粹主义的一般原则。

（二）波兰问题。三国决定波兰东部边界大体上以寇松线为准，在若干区域作出对波兰有利的5~8公里的逸出，同意波兰在北部和西部应获得新的领土，其最后定界留待和会解决；关于波兰政府的组成经过激烈争论，同意以卢布林的波兰临时政府为基础进行改组，容纳国内外其他民主人士。

（三）远东问题。苏联承诺在欧洲战争结束后2~3个月内参加对日作战，其条件是：维持外蒙古的现状，库页岛南部及邻近岛屿交还苏联，大连商港国际化，苏联租用旅顺港为海军基地，苏、中共同经营中东铁路和南满铁路，千岛群岛交予苏联。

（四）联合国问题。同意苏联的乌克兰和白俄罗斯加盟共和国为联合国创始会员国，决定美、英、法、苏、中五国为安理会常任理事国，规定实质性问题常任理事国一致同意的原则。

雅尔塔会议使苏联收获颇丰：取得了分区占领德国的权力；确定了有利于苏联的苏波边界，保留了苏联支持的波兰卢布林政府；"大国一致"的原则确立了苏联在联合国的牢固地位和作用；在远东获得了极大的权益。当然，没有3年独挡法西斯德国的巨大牺牲，没有红军坦克在东欧平原的驰骋，没有似乎永不枯竭的战争资源，也就没有苏联在雅尔塔会议上的地位与影响。在某种程度上，雅尔塔会议向苏联颁发了超级大国资格的承认书和授权书。

1945年5月8日，德国投降，8月15日，日本投降，第二次世界大战结束。

如何看待第二次世界大战对苏联的影响？如果从纯粹物质角度看，这场战争极大地削弱了苏联。战争中，苏联作为主战场，军民伤亡达6000万人以上，其中死亡2700万人，苏联红军牺牲866.84万人，物质损失按照1941年的价格达6790亿卢布，在参战国蒙受的全部损失中占41%。这与美国在两次大战中的经历完全不同，美国因本土远离战场不仅未遭到任何破坏，反而受益于参战国的巨大需求而成为"世界工厂"。二战后相当长一段时间里，苏联对外表现出了明显的克制与内敛，一个重要原因就是要集中精力恢复遭到巨大破坏的国民经济。

但是，如果从国际政治和军事的角度看，苏联借助于二战又无可争议地崛起了，成为两极世界的一极。二战对苏联的重要意义主要体现在以下几个方面：

首先，二战极大地提高了苏联的威望，这威望是建立在巨大的牺牲和贡献基础上的。战争期间，苏联与法西斯德国单独作战长达3年之久，而其他任何一个欧洲国家都没有做到这一点，它们要么在希特勒的战争机器面前迅速崩溃，要么仅凭借自然因素而幸免于难（英国）。在东欧、西欧、北欧、南欧一路凯歌的希特勒最终在苏联遭遇了他人生的滑铁卢。如果说一战的胜负决定于美国参战的那一刻，那么，二战的结局在 1941 年 6 月 22 日希特勒发动苏德战争时就已经注定了。如前所述，威望是一个大国实力中不可或缺的要素，往往也是一个大国真正崛起的标志之一，苏联恰恰因其在二战中的表现而收获了威望。

其次，二战使苏联成为国际体系规则的重要制定者。事实上，在二战前夕，苏联从硬实力上看已经是一个不折不扣的大国了，但是，其大国身份在国际层面上没有得到充分的反映，即苏联尚未将硬实力转变为制定国际规则的软实力。苏德战争的爆发在将苏联推向反法西斯战争第一线的同时，更赋予了它决定战后世界的权力。一分耕耘，一分收获，没有二战中的牺牲与贡献，没有苏联红军在 1944 年之后的横扫东欧，就没有战时的三巨头会议，也就没有战后的两极世界。

最后，二战使苏联社会主义跃出一国范围，东欧和东亚国家纷纷走上社会主义道路，它们与苏联一起，构成了战后世界与资本主义对抗的社会主义阵营，世界因而分成东方（社会主义）和西方（资本主义），正在谋求国家独立的殖民地人民也因此多了一种制度选择。

Concluding Remarks

The Road to Great Powers in 21st Century

结束语

21 世纪的大国崛起之路

历史的价值在于未来，我们总结世界主要国家崛起的经验，目的是为中国今后的发展提供借鉴与启示。当下的中国，正站在民族复兴、大国崛起的关键点上，未来走向哪里，不仅国人关注，而且全世界都在关注。

历史的价值在于未来，我们总结世界主要国家崛起的经验，目的是为中国今后的发展提供借鉴与启示。

从表面上看，大国崛起的条件是相似的：稳定而强大的政权，独立而繁荣的经济，因创新而带来的较为持久的发展动力以及高瞻远瞩的领导人在关键时刻所发挥的作用，等等。但每个国家的经历又是独特的，他国的经验只能借鉴而无法简单复制。所以，一个国家必须从自身国情出发，顺应时代大势，才能走出一条属于自己的大国崛起之路。

当下的中国，正站在民族复兴、大国崛起的关键点上，未来走向哪里，不仅国人关注，而且全世界都在关注。这关注的背后，无疑有经验和偏见在作祟。

2014年是第一次世界大战爆发一百周年。在反思这场人类历史的大浩劫的同时，人们也在思考，类似的战争是否会再次发生？几乎本能地，一些西方媒体将中国与当年的德国进行了类比：

100年前，新兴大国德国为了争夺“阳光下的地盘”向守成大国英国发起了挑战；100年后，成为世界经济“老二”的中国也在诸多领域与守成大国美国存在矛盾。

100年前，民族主义情绪在德国狂飙突进；100年后，爱国主义成为中国媒体的主流话语。

100年前，德国的“无畏舰”如下饺子般进入北海；100年后，中国的海军舰艇编队频频出入西太平洋。

100年前，错综复杂的巴尔干半岛最终引爆大国战争；100年后，中日东海钓鱼岛之争有可能成为新的火药桶。

……

但表象并不等于真相。这里问题的关键是，21世纪的大国崛起是否还能走历史上的老路？和平崛起是否行得通？对此，芝加哥大学国际关系学者约翰·米尔斯海默做出悲观预测：

坦率地讲，中国不可能和平崛起。

如果从表面上看，今天的世界与100年前的世界的确有许多相似之处：

都有一个走向衰落的霸权性国家；

都有一个发展势头极其迅猛的新兴强国；

都有引发大国战争的导火索；

都有导致“多米诺骨牌效应”的军事同盟。

而且，你说经济全球化会使大国间的战争得以避免？那么我可以告诉你，1914年英德之间经贸关系之密切超越今天的中美。

如果历史就是简单的重复，如果今天就是略加修饰的昨天，那么，2014年的确如1914年一般危险，新的大国战争随时可能爆发。

但，从1914年到2014年，世界并没有原地踏步。这100年，已经有太多的变化在改变着大国崛起的模式。

首先，核武器诞生了。核武器巨大的杀伤破坏力使现今政治领导人可以准确预知战争升级的后果——彼此的毁灭，这是对大国间战争最有力的制约。美苏之所以始终未能将尖锐的冷战发展成大规模的热战，核武器的作用至关重要。我们有理由推测，假如当年德皇、沙皇、奥匈皇帝也能预知总体战的威力和一战带给欧洲的灾难，那么他们在1914年可能就不会选择战争。

第二，除非自卫，战争已为今日国际法所禁止。100 年前，战争是一国合法的政策工具，社会达尔文主义者甚至认为，应当欢迎战争，因为它会像夏天的一场痛快暴雨一样“净化空气”。1914 年的秋天，无论是同盟国还是协约国，大家是怀着对战争的极度渴望而走上战场的。而今天的世界，战争的发动者已被国际主流舆论所唾弃。一个不争的事实是，美国的软实力因伊拉克战争而遭到严重削弱。

第三，战后开放的国际贸易体系、相对稳定的国际货币金融制度为一国和平崛起提供了条件。德国、日本以及中国所取得的巨大成就说明，不通过战争的方式，一国同样可以实现经济的成长，而且经济领域的成功将必然外溢为政治上的影响力。美国总统奥巴马指责中国长期搭了现有国际秩序的“便车”，这等于从另一个角度承认了和平崛起的可能性。

最后，始于工业化时代的经济全球化在信息时代表现出本质的差异。其最核心的一点是，今天的全球化对于开放经济体来说已具有不可逆和无法退出的性质，各国经济的融合程度前所未有，不会再有哪个国家幻想自己可以建立一个自给自足的经济体系。或者，中美之间在政治和军事领域尚存在零和博弈的因素，但在经济上已完全是荣辱与共、俱损俱荣了。

这一切都说明，在 21 世纪，一个新兴强国既无必要也无可能以战争方式实现崛起。

当然，这不等于说，新兴强国在 21 世纪就必然和平崛起，也不意味着大国的崛起就不会引发灾难性后果。它实际上取决于三个因素：

一是新兴强国本身。快速的强大对一个国家来说往往更难以驾驭，更容易让人失去方向和应有的理性，德国在 19 世纪末 20 世纪初的表现就是一个典型例证。所以，对于新兴强国来说，如何在不引起整个国际体系的动荡、不引起其他国家强烈反弹的前提下实现崛起是对它的耐心、审慎和智慧的考验。

二是守成大国。守成大国应对新兴强国的合理要求和正当利益予以必要的理解和让步，以包容的胸怀让新兴强国和平融入国际体系。一个国家的强大确实会改变国际之间的力量对比，但未必意味着其他国家的绝对衰落，因为这种强大也会带来机遇。对新兴强国一味地围堵和遏制只会适得其反，将其推向对立面。

三是时代特征。一个更加开放公正的世界经济秩序、一个更加民主合理的国际政治格局——即一个更加和谐的世界，显然更适合新兴强国的发展，能够为其提供和平崛起的路径。

总之，避免因大国崛起而引发灾难是所有国家的责任，大国和平崛起造福的不仅是自己，也是整个人类。

经过 30 多年的改革开放，今天的中国正站在民族复兴、国家崛起的起点上。对于一个面临历史性机遇与挑战的大国而言，对与错往往只在一念之间。开辟一条道路的过程并不难，难的是要选择一个正确的方向。前途越是光明，我们越要小心谨慎、如履薄冰。只要我们坚持和平发展的路线不动摇，不骄不躁，中国的崛起就一定能实现！